U0581508

YAN YU BIAO DA GE AN YAN JIU

言语表达个案研究

赵贤德 著

中国文史出版社

图书在版编目（CIP）数据

言语表达个案研究 / 赵贤德著．—北京 ：中国文史出版社，2014.4

ISBN 978-7-5034-4894-2

Ⅰ.①言… Ⅱ.①赵… Ⅲ.①语言表达—研究 Ⅳ.①H0

中国版本图书馆 CIP 数据核字（2014）第 067537 号

责任编辑： 李晓薇
封面设计： 人文在线

出版发行：**中国文史出版社**
网　　址：www.chinawenshi.net
社　　址：北京市西城区太平桥大街 23 号　邮编：100811
电　　话：010－66173572　66168268　66192736（发行部）
传　　真：010－66192703
录　　排：人文在线
印　　装：北京天正元印务有限公司
经　　销：全国新华书店
开　　本：16 开
印　　张：18　　　字数：276 千
印　　数：2000 册
版　　次：2014 年 7 月第 1 版
印　　次：2014 年 7 月第 1 次印刷
定　　价：42.00 元

序　言

王希杰

唐代诗人罗隐说："若以鸣为德，鸾皇不及鸡"。（《早登新安县城》）意思是说，如果以鸣叫作为德才的标准，那么凤凰连鸡都不如，因为凤凰是轻易不叫的。这个说法不全面。事实是，言语表达是一个大问题——对于个人，对于社会，对于国家。

言语表达问题在中国尤其重要。一来，中国向来高度重视言语表达问题；二来，中国人的言语表达似乎特别复杂。言语表达在今日的中国尤其重要。从国内看，从国际看，都极其重要。这是大家都懂得的，都深深地感受到了的。

言语表达问题是传统的修辞学和现代的语用学的研究对象，也是社会学、文化学的研究对象。言语表达的研究可以从多种角度出发，这些研究可以是理论的，也可以是应用性的。既需要从纯理论角度去研究，也需要从应用的角度来研究，直接为人民群众服务。

赵贤德博士请我为他的新著《言语表达个案研究》作序，传来书稿的电子文本。个案研究不追寻构建理论系统，容易入手，便于操作，阅读也比较轻松。

个案研究的成功之道：第一，个案选择确当；第二，分析精当；第三，在正确的理论指导下的研究是分析精当的保证。

赵博士的这部《言语表达个案研究》的目标不在言语表达的理论探索或构建上，而是直接为读者提高言语表达水平服务。因为这部著作是作者在高校课堂上讲课的研究成果，直接服务于大学生言语表达能力的培养。因此，这部著作的读者对象是在读的大学生或毕业了的大学生。当然绝不是封闭的，一切想提高自己的言语表达能力的人都是可以读读的。

进行言语表达的分析之前，我们需要明确言语表达的分析和评价的标准。我个人以为，这标准是得体性，得体性是以善统帅的真善美的统一。同时需要注意整体和局部的关系，个案是局部，分析的时候不能脱离个案所从属的全体（说写者、语体、时间、场景等），不可忽视个案的时代。

我以为，今天的中国需要提倡说真话，抵制谎言、谣言、流言。这是和谐、稳定、团结所必需的。今天的中国要提倡言语美。我不认同老聃说的“信言不美，美言不信”的观念，严厉抨击粗话脏话，特别是公众场合，特别是公众人物。今天的中国需要提倡善言，坚决抵制恶言恶语。赵贤德博士的这本《言语表达个案研究》所选择的都是正面的个案，我以为再选择一些负面的个案那就更好了。如今的媒体上，负面的言语表达个案很不少，选择很方便的。正面和负面相对比，也许更有说服力，听课的大学生、阅读本书的读者，收获可能更大些。贤德博士还在讲授这门课程，不妨也分析分析负面的言语表达个案。

最后想再说一句的是：言语表达问题必须高度重视，个人要重视，社会更要重视。因为会说话的人说得人笑，不会说话的人说得人跳。

2014 年 3 月 5 日南京秦淮河畔

南京大学中文系教授、博士生导师、江苏省修辞学会原会长

目 录

第一章　学界人物言语表达研究

第一节　周有光先生作品的语言表达艺术

周有光先生是我国杰出的语言文字学家，至今已经有 109 岁了，但他依旧身体健康，精神矍铄。周有光先生文章数百篇，著作数十部，其思想内涵、精神内核将长久地给读者给后人留下深刻的印象，其影响将是深远的。每当我阅读这些作品的时候，除了精神上有一种愉悦，思想认识上有所提升之外，在语言上也是一种享受。他的文章讲常识，说道理，思路清晰，判断明确，没有粉饰，没有雕琢，深受读者喜爱。他成为社会尊重的公共知识分子。笔者阅读了周有光先生大量的作品，其思想内涵我们在此不表，单就周有光先生作品的语言艺术谈谈自己的看法。

一、语言质朴无华，通俗易懂接地气

从事语言学文字学研究的人都有这样的体会，很多语言文字学的学术论文和学术专著写得越来越长，可读性却越来越差，更不用说推广价值。且不说很多学术观点怎样，单是那些所谓的学术术语就让读者一头雾水，如坠五里云中。一本教材、一本专著或者一篇长文涉及新的术语达数十个甚至上百个不等。比如音位、音素、音节、语素、语义、语法、词法、句法、超句

法，功能主义、结构主义、解构主义、形式主义、转换生成主义等等。这些术语都是枯燥的，乏味的，抽象的，难以记忆、难以理解的，而且这些术语似乎都是远离我们日常生活的佶屈聱牙、极其难懂的词语，很容易吓走一些语言学爱好者、研究者或者读者。这样的学术作品很难达到推广普及的目的。当然，由于普通语言学理论本身是一门理论性很强的学问，因此有很多不同于一般的学术术语也是可以理解的。不过，我们认为，为了达到普及推广或者引起更多读者对语言学的兴趣，语言学作品自身更是应该注重通俗易懂，千万不要以为引述引进大量的外语词、大量的新的国外术语，作品让大家都读不懂，能吓唬人，就显得作品有水平，就以为学术含量高。其实真正的语言学大师其作品往往都是比较通俗易懂的。比如：王力、吕叔湘、朱德熙、邢福义、陆俭明、马庆株、李宇明、王希杰等语言学家，他们那些很有理论深度和实际意义的语言学作品可读性都很强，有的甚至编入中学语文教材。同样，109 岁老人周有光老先生作品的语言更是质朴无华，表达的内容晓畅明了。阅读周有光先生的作品，几乎感觉不到有难懂的术语和句子。无论是语言文字学方面的学术著作还是文化学历史学方面的学术专著，抑或是散文随笔，其语言都是实实在在的，从来没有掉书袋子卖弄学问的感觉。因此，阅读这些作品读者感觉到非常轻松愉快，没有什么压力。读者既有精神上的享受，又有知识上的增补，还有认识上的提高。

比如关于人类语言生活的历史进程，周有光先生说：

> 距今一万年前人类社会进入农业化时代，在农业化时代的后五千年中创造并传播了文字。距今三百年前进入到了工业化时代，工业化时代的语言生活发生了两件大事：一是确立和普及了共同语；二是发明发展和推广了传声技术。两次世界大战后进入了信息化时代。信息化时代的语言生活有两件突出的事情：一件是电子计算机的发明，电子计算机用于处理语言文字，并发展为信息网络；另一件是国际共同语的发展。文字、国家共同语、传声技术、电子计算机和国际共同语，这就是人类语言生活里先后出现的五件大事情。其中的文字、传声技术和电子计算机提高了语言的传播功能，国家共同语和国际共同语扩大了语言的流通范

> 围。当前，发达国家的目标是推进信息化，发展中国家的目标是追赶工业化和信息化。

这些质朴的语言将人类万年来语言生活的历史进程勾画得清晰可见，寥寥数语胜过千言万语。

又比如关于中国如何正确处理好传统文化和现代文化的关系，周有光先生说：

> 中国在现代化的路程上，一方面必须接受世界的先进文化，另一方面也必须吸收传统文化的有益成分。现代文化和传统文化是并行不悖的。利用传统的好处是行远自迩、驾轻就熟、符合习惯、事半功倍，可是利用传统文化必须警惕食古不化、以古害今。华夏文化既有光环，又有阴影，阴影有时盖过了光环。高声歌颂光环而不敢正视阴影是自己欺骗自己，正视阴影是争取进步的起点。

周有光先生的这些语言很直接地给我们指明了正确处理现代文化与传统文化关系的方法。既不要厚古薄今，以古律今，以古害今，也不要全盘否定历史的虚无主义，要相互关照，相得益彰。因为从多年的经验来看，我们时而将传统文化的历史地位拔得过高，认为其是经世济民的良药；时而将传统文化批评得一塌糊涂，认为其是祸国殃民。周有光先生的这段话使我们豁然开朗。

又比如关于文化，周有光先生说：

> 文化如水，是流体，不是固体，它永远从高处流向低处；如果筑坝拦截，堤坝一坍，就会溃决。文化有生命，需要不断吸收营养，否则要老化，以至死亡。文化有磁性，对外来文化，既有迎接力，又有抗拒力。文化像人，有健全，有病态，还有畸形。

周有光先生不是专门的修辞学家，但周有光先生对文化的比喻可以说超过了很多文化大家，不仅通俗，而且文采斐然。

所以，中国社会科学院原副院长江蓝生说："在周先生的笔下，枯燥烦琐的语言文字知识变得既明白易懂，又趣味盎然。周先生的叙述深入浅出，简约明了，就像在跟读者促膝谈心；周先生的文字自然朴实，毫无一丝斧凿的痕迹，像清泉在山间流淌，又像行云在天际飘过，给人一种说不出的舒爽和美感。"

二、语言浓缩凝练，简约明了近百姓

阅读周有光先生的作品，我们总能感受到周有光先生所思所想的深刻性，尤其是他对所思所想所观所感进行的高度浓缩、概括和综合的能力。无论多么复杂的事物和事物之间的关系，他三言两语尽得其要；无论多么复杂的问题他都能提纲挈领、去粗存精、去伪存真，用极其凝练的语言表述出来。

比如我国近代以来语文现代化的目标，他最初用"文体的口语化"、"语言的共同化"、"文字的简便化"、"注音的字母化"，这四个"化"字就准确扼要地揭示出来了。后来，周有光先生又把当今信息化时代的语文现代化也考虑在内，又增加了"两化"，即：语文的电脑化和术语的国际化。中国语文现代化的这些成就改变了中国人民的语文生活。就这点来说，我们每个人都是语文现代化的受益者。

关于现代汉字学的发生和发展，周有光先生是这样描述的："'现代汉字学'是个新名称、新事物。它播种于清末，萌芽于'五四'，含苞于解放，嫩黄新绿见于今日。"周有光先生采用排比的修辞手法，寥寥数笔，就把一个学科的历史阶段和轮廓清晰地勾勒出来，而且文字还那么形象生动新鲜，具有很强的美感，这是一般人很难做到的。

关于"五四"运动。周有光先生指出，"五四"运动不是忽然兴起的，而是逐步形成的。从鸦片战争开始，一次次的侵略激起人民的愤怒，惊醒救国的意识。经济方面：洋务运动，一战期间工业萌芽。政治方面：康有为百日维新，孙中山辛亥革命，推翻帝制，建立民国。文化方面：提倡国语、切音字、"我手写我口"。新思潮渐渐蔓延中国大地。1919 年巴黎和会外交的失败，是“五四”运动的直接导火索。“五四”运动爆发，成为全国性的救亡运动。而“五四”运动又影响了后来的知识分子。周有光先生用最简练的语言从经济、政治、文化三个方面高度浓缩了“五四”运动爆发的背景。

关于《汉语拼音方案》的原则和性质问题，周有光先生更是总结出了著名的“三原则”和“三不是”。他说“三原则”，即拉丁化、音素化和口语化。拉丁化又称罗马化，说明汉语拼音采用的是国际通用的拉丁字母；音素化是按照音素来拼写音节，语音中每一个音素用一个字母（少数用两个字母）表示；口语化就是拼写规范化的普通话。针对有些人认为汉语拼音不能像汉字那样把部首表示出来、不能拼写方言、不能拼写文言等说法，周有光先生又说了“三不是”，它不是汉字的拼形方案，而是汉语的拼音方案；不是拼写文言的方案，而是拼写白话的方案；不是拼写方言的方案，而是拼写普通话的方案。

这是何等的言简意赅！简明扼要的阐述，独到而精当。没有深厚的语言功底，没有深入持久的思考是很难总结概括得如此到位的。

关于字母的问题。周有光先生从读大学时起就对字母很感兴趣，他在英美银行工作之余收集阅读了大量字母学方面的作品，所以对世界字母有了很深刻的了解，并且出版了有关字母学的专著。周有光先生对世界众多字母研究之后，特别认可拉丁字母。他说：“拉丁字母是世界上最通用的字母，是国际文化交流的共同工具。拉丁字母在文字的结构上，是最进步的音素制度；在字母的形体上，是最简明实用的符号；在语音的表示上，有非常广泛的适应性。”正是因为对拉丁字母的深刻研究，所以在20世纪50年代，周有光先生等语言文字学家主张采用拉丁字母设计汉语拼音方案。汉语拼音方案为后来全国扫除文盲，推广普通话，汉语走向国际世界以及中文信息处理都作出了巨大的贡献。

关于社会经济、政治、思维发展的规律，周有光先生是这样概括的。他说，在经济方面，从农业化到工业化到信息化，从依赖自然到改进自然；在政治方面，从神权到君权到民权，从专制制度到民主制度；在思维方面，从神学思维到玄学思维到科学思维，从迷信盲从到独立思考。他还说，历史只有一条人类共同的现代化道路，没有捷径可以跨越，没有陈仓可以暗度。现代化的道路是公开的，自由的，竞争的，艰难的国际公路。周有光先生对现代社会的认识论比我们以往在课堂上所学习的认识论容易理解，容易记忆，比我们阅读的原典更是通俗易懂，深入浅出。

关于文艺复兴运动，周有光先生用极其简短的语言进行了概括。他说，文艺复兴的内容是从文艺创新扩大到宗教改革、科技探索、地理大发现的，主导思想是反抗宗教神学和封建专制，提倡尊重人格尊严的人文主义。人文主义反对神权和神性，宣扬人权和人性；反对蒙昧和神秘，发现理性和科学；反对来世和禁欲，重视现实和幸福；反对封建等级特权，提倡自由平等友爱。周有光先生用一组排比句将文艺复兴运动的主要内容归纳得头头是道，井井有条，将抽象的理论具体化，使读者阅读起来豁然开朗，这不能不说是语言学家很强的语言驾驭能力。

进入电脑信息化时代，周有光先生在大力提倡“拼音转换法”时语重心长地说：我们失去了一个大众化的打字机时代，现在来到了计算机时代。如果输入汉字必须经过记忆编码的特别训练，不像外国的字母文字那样方便，那么中国计算机也只能由专业者使用，不能成为大众化的语词处理机。这样，差距依然存在。我们在失去了一个大众化的打字机时代以后，不能再失去一个大众化的语词处理机时代。真正消灭差距，追回失去了的时代，出路很可能就在于采用“拼音转换法”。事实证明，周有光先生的论述是完全正确的，充分显示了其科学研究的预见性。在今天，除了专业录入人员使用编码之外，绝大多数人使用的都是拼音转化法。周有光先生给我们指明了中文输入的光明大道，使我们少走弯路，加快进入中文信息处理新时代的步伐。

关于全球化的问题。周有光先生说，全球化是不受地理限制的行为，多数国家已经实行，并且有推行到全世界的趋势。科学破除迷信，真理传播世界，这是科学的全球观。他说，从经济、政治和文化三个方面来看，地球上有很多事情已经或者正在全球化。其一，经济全球化，包括交通全球化（航海全球化、航空全球化、汽车全球化）、贸易全球化、货币全球化；其二，政治全球化，包括联合国、民主全球化；其三，文化全球化，包括历法和度量衡的全球化，信息全球化（邮政全球化、电报全球化、电话全球化、广播全球化、电视全球化、电脑全球化），科学全球化，语文全球化（英语全球化、字母全球化），体育全球化，旅游全球化等。周有光先生说，以上这些事实告诉我们，世界上大多数国家都已经进入全球化时代。世界发展的洪流滚滚向前，全球化的趋势不以个人意志为转移，我们必须遵循这个趋势和规律，不能独立于世界发展趋势之外。历史已经证明，闭关锁国，闭门造车，我行我素，脱离国际社会发展轨道的规律，是要吃亏的。

关于现代化的问题。周有光先生说，现代化是历史的前进方向。现代化不是静态的概念，而是动态的概念，不是部分的修改而是全盘的发展，不是一时的改革，而是永恒的运动。今天全世界所有的国家都在或先或后地进行现代化，在全球化的竞技场上激烈竞争。回顾历史，成败的关键在于是否遵循历史发展规律。现代化包括经济、政治、文化三个方面：经济方面的现代化，包括动力变革、制造变革、交通变革、市场变革等；政治方面的现代化，包括神权变革、君权变革和人权变革；文化方面的现代化，包括思维变革、官能变革、传信变革、文艺变革。

这些语言使读者对现代化有了更进一步的了解和理解。

周有光先生作品的语言概括能力极强，他往往三言两语就将很多复杂的关系说得清清楚楚，明明白白。这同样体现在他的座右铭上：了解过去，开创未来，历史进退，匹夫有责；体现在他对语言、文字、教育的功能的概括上，他一语道破语言文字教育的意义：语言使人类区别于禽兽，文字使人类区别于野蛮，教育使先进区别于落后。

三、语言求真务实，振聋发聩惊国人

阅读周有光先生的著作，我们可以深切地感受到他老人家实事求是的精神。他说话总是那样的平实、合情合理，从不言过其实、虚发空论。而这些实事求是的语言却振聋发聩，醍醐灌顶，以致有些好大喜功的人听起来觉得不那么舒服。即便是听起来不那么舒服，但是现实就是这样。不舒服并不能表示这种现象不存在，不舒服并不表示我们不要面对现实，因为忠言总是逆耳的。由于他会多种语言，加以国际上朋友较多，所以他的信息来源比较广泛全面而且真实。

近些年，当世界各地因中国经济发展而出现“汉语热”时，一些人推断

21世纪将是汉语遍行天下的世纪。周有光先生却保持了相当的冷静。他说："汉语的国际地位不可过高估计，也不可过低估计，应当作恰如其分的正确的估计。联合国文件的原文，80%用英文，15%用法文，4%用西班牙文，1%用阿、俄、中文。而在这1%中，汉语的国际性最弱，及不上俄语，也及不上阿拉伯语。这是很多中国人不愿意承认的，但是，不承认并不能改变事实。要想改变事实，只有首先改变汉语本身，那就是提高汉语的规范化水平，普及汉语的共同语。"周有光先生这番话意味深长，既提倡了脚踏实地的务实精神，又反过来说明了推进汉语规范化、普及共同语的必要性和紧迫性。

关于学习英语的重要性。周有光先生一方面积极推动民族共同语的普及，另一方面又提倡实行普通话和方言的双语制；他一方面积极推动汉语的规范化，为汉语走向世界而努力，另一方面又从全球化、信息时代的实际出发，提倡实行汉语和英语的双轨制。他说："任何国家要想成为一个现代化国家，必须以英语为第一外国语。英语没有国籍。谁利用它，谁就得益。"

这些大实话让有些民族主义者听起来也许不那么顺耳，但是这是事实，不顺耳也没有办法。我们总不能不面对现实，做些掩耳盗铃的事情吧。

关于科学的一元性。周有光先生说，国际现代文化的精髓是科学，包括自然科学和社会科学。自然科学是生产力的科学，社会科学是生产关系的科学；在重视自然科学的同时，必须重视和发展社会科学。不偏执于姓资姓社，不拘泥于西化东化，择善而从就能胜券在握。科学技术和一切知识都是人类共同的创造，知识在东西方之间不断流动，古代西方学东方，近代东方学西方。落后要想变为先进，没有第三条路，只有老老实实地学习。反对帝国主义，同时反对帝国主义的知识，这是把知识"图腾化"了。科学是一元性的，不分民族，不分国家，不分阶级，不分地区。任何科学都是全人类长时间共同积累起来的智慧结晶。颠扑不破的保存下来，十分难定的暂时存疑，不符实际的一概剔除。公开论证，公开实验，公开核查。知识在世界范围内交流，不再有"一国的科学"、"一族的科学"、"一个集团的科学"。学派可以不同，科学总归是共同的、统一的、一元的。这样的大实话使我们对自然科学和社会科学有了重新的认识。因为我们以往所受到的教育往往认为社会科学具有阶级性的，不同的阶层不同的阶级具有不同的科学观。现在看来过去所受到的宣传教育很多要重新认识。

关于人类的认识发展规律。周有光先生通过比较研究，认为人类的认识大致可以分为三个阶段：（1）神学阶段；（2）玄学阶段；（3）科学阶段。“神学”阶段的特点是依靠“天命”，上帝的意志是不许“盘问”的。“玄学”的特点是重视“推理”，推理以预定的“教条”为出发点。“科学”的特点是重视“实证”。实证没有先决条件，可以反复“检验”，不设置“禁区”。周有光先生对人类认识发展规律的研究结论可能与我们过去所受教育有某些抵牾，但是这种结论更有说服力。

关于苏联的政治经济文化成败。周有光先生经过反复研究后得出了结论，他认为：

苏联在经济上的成功记录是：（1）高速工业化；（2）农业国变成工业国。

失败的教训是：（1）计划经济。主要表现是：其一，僵硬：上面指令，下面执行；只可竞赛，不可竞争；效率低下，创新无能。其二，挥霍：私营浪费，公营挥霍；官办企业，无不亏损；产品粗劣，废品惊人。其三，贫穷化：社会主义工业化能使国家强大，不能使人民富裕；优先发展重工业和军事工业，工业越多，人民越穷。（2）农业集体化。结果是：发生大饥荒，饿死人数以千万计。（3）大清洗。原因：工业化，集体化，工农骚动，干部愤懑，政权发生危机，为了稳定政权，实行大清洗。

苏联在政治上成功的记录：（1）苏联大帝国；（2）卫国战争。失败的教训：专制制度。

苏联在文化上成功的记录：（1）人造卫星，开辟外空；（2）普及教育，改革文字。失败的教训：（1）禁锢思想，控制新闻；（2）伪造历史，摧残科学。

周有光先生关于苏联的这些文字记录是我们以往闻所未闻的，给读者以耳目一新的警醒。正是因为有大量真实的爆料，所以周有光先生的大作《朝闻道集》最初出版的时候遭遇到挫折，后来经过一波三折才终于新鲜出炉。2010 年，《朝闻道集》荣获深圳读书月“2010 年度十大好书”，周老本人被中华文化促进会评为“2010 中华文化人物”，《南方人物周刊》也将他评为“2010 年魅力人物”。

关于为什么美国一枝独秀？周有光先生说，客观的解释是依靠民主和科学。民主制度，不断更新，电视辩论，国际观察。自然科学领先，社会科学领先，科学全方位平衡发展。美国不搞平均地权，实行大农场、机械化；不搞节制资本，发展大资本、新技术；反对劫富济贫，实行助富济贫；反对平均主义和均贫主义，实行各得其份的共同政策。发明创新层出不穷，美国占据最大份额。开创航空时代，开创网络时代，美国是新时代的先行者。

所以周有光先生总结成三句话：竞争是动力，教育是基础，知识是资源。

我们的国家建设该怎样借鉴别人的经验，该怎样吸取别人的教训，周有光先生研究后总结的话语清晰明确，应该给我们以警醒。我们没有理由不取其精华，去其糟粕。

关于太平天国运动。周有光先生在看了电视剧《太平天国》之后，写了一篇文章《话说天国》，分了六节，每一节都是用几个词语进行概括，很有新意，也很有说服力。分别是：(1) 焦点话题，耳目一新；求实精神，启蒙开端。(2) 秀才落第，改信上帝；政教合一，天王梦呓。(3) 兄弟团员，上海交锋；洋枪大刀，武器迥异。(4) 妇女解放，妻道三从；女将风光，昙花一现。(5) 绿营腐败，湘淮并起；洋务运动，工业萌芽。(6) 礼遇受封，啼笑皆非；时代错误，时差千年。

关于太平天国运动的历史意义究竟是什么这一问题，周有光先生这样说：

> 这场大厮杀的历史意义究竟是什么呢？是一场历史的健身，还是一次历史的癫痫病呢？它留给后人的是一出肥皂剧呢，还是一堂逻辑课呢？看完电视剧，爱思考的人们开始思考了。盲目歌颂已经不能叫人心安理得。农民革命的一般模式是：民不聊生，揭竿而起；官绅压迫，天灾频仍；人口过剩，邪教成邦；游民带头，贫民跟从；周期轮回，成则为王。太平天国有哪几项超越了这个模式呢？评论历史事件不可凭胜败

定褒贬。评论历史事件的标准是看它对社会的发展是促进还是促退。促进才是革命，促退就是以暴易暴。

周有光先生关注现实，关注国际大问题，关注民生，关注民主，站得高，看得远，博览群书，独立思考，实事求是，用最精练的语言表达最深刻的思想。没有遮遮掩掩，没有故弄玄虚，而是襟怀坦白，赤胆忠心。周有光先生提醒我们，我们不能关起门来自吹自擂，自我吹嘘。我们应该要打开国门，走向世界，努力学习世界上一切先进的发达的经验和理念。

四、语言循循善诱，自然成文利众生

阅读周有光先生的语言文字学专著我们不吃力，阅读周有光先生的历史文化学专著我们不吃力，阅读周有光先生的口述历史，我们更感觉轻松愉快。无论是看到接受媒体采访的录音录像，还是已经成文的著作，它给人的总体感觉就是浑然天成，自然成文。美国普林斯顿大学教授余英时评价《周有光百岁口述》时说："20世纪是中国人受苦受难的世纪，内忧外患纷至沓来，几乎没有一天停止过。在这样一个人人朝不保夕的漫长世纪，竟有一位百二高龄的老人将他一生的经历，用生动的语言，娓娓道来，思路之清晰，判断之明确，丝毫不显衰老之象，这真是人间一大奇迹。这个人就是世界知名的汉字改革家周有光先生！"

我们阅读《周有光百岁口述》的每一段文字，就仿佛一个和善的老人给我们讲那过去的故事。从出生到读小学、读中学、"五四"运动、圣约翰大学、光华大学、拉丁化运动、与张允和的恋爱结婚、张家四姊妹、连襟沈从文、自己留学日本、抗日战争的逃难、在美国的学习工作生活、和爱因斯坦聊天、环游世界、美国归来、上海的变化、参加文字改革运动、下放宁夏"五七"干校劳动、"专门在家"、"文革"结束重获新生、重游欧美、家庭文化、晚年所思以及长寿之道……娓娓道来，清清楚楚，将一个百岁老人不平凡的一生展现在我们面前。其语言之清晰，思路之明朗，神态之自然，性格之开朗，简直让人觉得不可思议。而且我们在收看周有光先生接受采访时的视频或录像，其对中国和世界的发展趋势看得非常清楚。他声如洪钟地说：

“改革开放在共产党的历史来讲，是邓小平做了一件大事情。改革开放很难，要有邓小平这样子掌握到权力，否则改革不成功。邓小平搞改革开放是很不容易的，下这个决心是很冒险的。邓小平这一点很了不起。

我对中国未来是乐观主义，我认为中国的未来跟世界的未来是一致的。社会的发展是有一个规律的，规律可以暂时离开，不能长期离开，迟早要按照规律前进的。现在的规律是世界都向民主制度前进，美国这一点做对了，美国能够看到世界前进的趋势，就跟着这个趋势推广民主制度，这是美国聪明。民主制度是逐步前进的，第一次世界大战以后，民主大大发展；苏联瓦解以后，民主又大大发展。据外国人研究，大概需要三十年，三十年以后中国可以走上民主道路。方向都是一致的，方向一定是走向世界共同的民主道路。”

总之，仔细阅读周有光先生的文字，尤其是退休之后二十多年来的作品，我们深刻地感受到周有光先生具有世界眼光和国际视野。他思考的绝不是个人的柴米油盐酱醋茶，他思考的是国家大问题。周有光先生虽然蜗居斗室，但胸怀天下，放眼全球，这种为了世界的和平与发展，为了华夏子孙的福祉所做的深层思考不能不让我们感动！

本文资料来源：《周有光语言学论文集》，商务印书馆2004年版；《文化学论丛》，语文出版社2001年版；《周有光先生百年寿辰纪念文集》，语文出版社2007年版；《晚年所思》，江苏文艺出版社2012年版；《孔子教拼音》，世界图书出版公司2011年版；《周有光百岁口述》，广西师范大学出版社2008年版；《朝闻道集》，世界图书出版公司2010年版。

（原载《湖北文理学院学报》2013年第9期）

一对老幽默：周有光与张允和

周有光（1906—　）、张允和（1909—2002）伉俪合出了本散文集《多情人不老》。其书名取自张允和赠俞平伯夫人的诗句“人得多情人不老，到老情更好”。书名很值得玩味，既可读成“多情人，不老”，也可念作“多情，人不老”。反正一“情”定性，以情为本。

作者夫妇都是文化名人。奈何他们所从事的专业过冷，知名度仅高在圈内。现“普及”一下：周有光，著名学者，汉语拼音创始人之一。早年学经济的，跑过纽约、伦敦大码头，后因他对语言文字造诣深，“副业”比主业还令人刮目，遂奉命改行，专事语言文字研究工作。有大著《汉字改革概论》等二十余部。曾任全国政协教育组副组长，为“满园”桃李而躬耕。他大脑袋，前额广袤、光亮，一片不毛之地。牙齿是原装，但吃西瓜非但要吐渣滓，还须剔牙。耳朵不灵，助听器随身带，张嘴必须戴起来。其太太张允和，名门之后，淮军名将张树声的孙女，民国教育家张冀牖（吉友）的闺女，著名昆曲研究家，继俞平伯后任昆曲研习社社长。她自“三反”、“五反”吃了莫须有的亏，由出版社返回灶台任“家庭妇女”（自称），一任近半个世纪。擅旧诗词，工昆曲，长于演“小丑”，五十多岁时，她在昆曲《西厢记》中扮小书童，活泼可爱。一位中央首长看完演出说：“这个小伙子不错嘛，有没有女朋友呀？”她脸部符合黄金分割，鼻子挺拔，不输给洋人，发型别致，黑丝绒缠银丝发，梳成辫子挽在头顶。爱着中装，上街买油打醋，回头率让小姑娘们都生醋意；还是一个“无齿之徒”，一口假牙，但不说假话；不时掩口一笑，样极妩媚，在周有光看来，仍是动人无比的。

这是一对老幽默。

晚年他们深居简出。平日两人在家常相向而坐。先生打电脑写文章，“脑”耕不辍，太太披阅书刊、剪报，手忙不停。划疆而治，相安无事。多是夫唱妇随：他手一离键盘，要活络筋骨了，她即扮书童，奉上香茗一盅。有朋自远方来，他们共品茗、听音乐、唱昆曲、侃大山，围桌话诗。有时老太太会撒娇，老头儿喊生姜，她偏叫“不辣”！

周有光博学，素向谈锋甚健，且语出必幽。某年，全国政协请委员们看戏，他带了只象牙望远镜，不时地拉近与舞台上的大红大绿男男女女的距离，逗得邻座眼馋，三番五次借观。中场休息时，大家都把目光投向他的邻座，看把戏似的。事后他问朋友，那邻座是谁。朋友说是溥仪。周有光听了，不露声色地说了一句：“早知道他是皇上，我就进贡给他了。”他们家访客奇多。每每有客造访，他与夫人都喜欢争着跟客人说话。“我让你，我让你。”张允和有时体谅他耳背，不与他争。笔者拜访时亲历其境。是日，我请教周先生高寿几何。他答：“我今年十二岁零×个月外加×天。”张允和赶忙作注：他自己认为，人活到八十岁，已算“尽数”，后面的应从零开始计算。周有光眼明耳不聪。俗言“聋者好打岔”。他曾“岔”出一个让人笑掉下巴的故事。一次，他的新认领的“编外”孙女曾蔷小姐到周府向二老请安。大家以说笑话取乐。这天，张允和争宠，不让老伴的档，她要先说。她说了一个曹禺当年亲自向他俩说的故事：曹禺夫人郑秀有洁癖，曹禺有书癖。某年夏日，郑秀照例倒好洗澡水，叫曹禺洗澡。曹禺读书正在兴头上，“嗯嗯”应诺，动嘴不动手。郑秀再次发号。有点惧内的曹禺挟着书到洗澡间。隔壁的郑秀见半天没动静，又厉声施令。曹禺急中生智，一手捧书，一手把澡盆里的水划得泼剌剌响。得演员之工的张允和边说边用手掌作划水状，惟妙惟肖，引得曾小姐咯咯咯乐个不停。在一侧的周有光见老伴逗乐了小孙女，有点不服气。他戴上助听器，把小板凳挪到曾小姐旁边，说：“听我说一个比她更好玩的吧。”曾蔷正襟危坐，洗耳恭听。周有光刚说了两句，曾蔷和张允和便哈哈大笑不止——原来他说的正是张允和刚才说的那个！

周有光的幽默，还反映在他的文字中。20世纪80年代，他写了篇有名的《新陋室铭》自娱。

山不在高，只要有葱郁的树林，
水不在深，只要有洄游的鱼群。
这是陋室，只有我唯物主义的快乐自寻。
房间阴暗，更显窗子明亮，

书桌不平，要怪我伏案太勤。
门槛破烂，偏多不速之客，
地板跳舞，欢迎老友来临。
卧室就是厨房，饮食方便，
书橱兼作菜橱，菜有书香。
喜听邻居的收音机送来音乐，
爱看素不相识的朋友寄来文章。
使尽吃奶力气，挤上电车，借此锻炼筋骨。
为打公用电话，出门半里，顺便散步观光。
仰望云天，宇宙是我的屋顶，
遨游郊外，田野是我的花房。
……

周有光自称他患“多语症”。殊不知语多有失，特别是在那人人都装聋作哑的日子。“文革”中，单位有人戏出上联：“伊凡彼得斯大林”，周有光信口抢答：“秦皇汉武毛泽东”。毛泽东的默是不好“幽”的。周有光因此被判为“现行反革命”，加之他的“前科”是“洋翰林”、“洋奴”、“反动学术权威”，数罪并罚，被罚到遥远的宁夏平罗劳动改造。他的挚友聂绀弩先生曾写了首打油诗赠之。诗曰：“黄河之水天上倾，一口高悬四座惊。谁主谁宾茶两碗，蔫头蔫脑话三千。”

夫唱妇随。张允和也是个出语诙谐极其风趣的女性。叶圣陶先生讲过：“张家（张冀牖）的四个女儿，谁娶到都会幸福一辈子。”既饱受诗书旧学的熏陶，又深得新学精髓。她们个个秀外慧中。元和、允和、兆和及充和分别嫁给了顾传玠（昆曲专家）、周有光（语言学家）、沈从文（作家）和 Hahs Frauk（汉名傅汉思，耶鲁大学教授、汉学家）。四条汉子无一是等闲之辈。一日她与朋友聊天，谈及此事。有朋友戏说二小姐“犯规”，率先出阁，张允和冲着周有光说：“可不是，不要脸，那么早结婚。”周有光听了哈哈大笑说：“张允和最聪明，可是她干的最蠢的事情就是嫁给了周有光。”张允和的花季是引人注目的，1931 年第一期《中学生》的封面就是她的玉照。1932

年在苏州上中学的时候，一日张兆和的老师沈从文寻上门来找兆和，兆和不在家，张允和接待了他，记下他住的旅社的地址。兆和回家后，允和嘱她去回访先生。张兆和不肯在旅馆里跟沈从文见面，张允和便给她出点子，“你可以说我们家有好多小弟弟很好玩，请到我家去。”张兆和照姐姐的既定方针办，沈从文果然来了，跟弟弟们玩。张允和只照了一个面，她“不愿做臭萝卜干”，找个托词溜了。次年春，沈从文给张兆和写信，婉请允和代他向张老太爷求婚。允和乐为妹妹“作嫁”，并引发了文坛趣事“半个字的电报”——张允和赶到邮局向时在青岛的沈从文发电报报喜。电报内容一个字“允”。一箭双雕，既言明父母已同意了这件婚事，又表示发报人身份。当事人张兆和担心沈从文看不明白，补发了封“乡下人喝杯甜酒吧，兆”的电报作“安君告示”。悠悠四十五年之后，张允和与沈从文谈及此事，要沈从文谢恩。沈从文幽称她是“三姑六婆中的媒婆”。

张允和童心不泯，是个地道的“老顽童（女）”。她长期生活在北京，但乡音难改，自称她的普通话别具一格，“半精（京）半肥（合肥）”。当着友人的面，戏侃她耳背的老郎君：“我不能对他吹枕边风，隔壁邻居听到了，他还听不到！”七十九岁时张允和发表了一篇《温柔的防浪石堤》追忆他们的恋爱往事，一时成为文坛的趣话。

《温柔的防浪石堤》那份含蓄，那缕柔情，那种俏皮足令时下言情小说家脸红——吴淞江边的石堤上，他取出一方手帕，让他们相依而坐。他从怀中取出一本蓝皮的英文小说《罗密欧与朱丽叶》。他把一枚漂亮的书签蓄意夹在其中。她翻开书签夹的那页，是两位恋人相见的一幕，“我愿在一吻中洗尽罪恶”一句赫然在目。她脸红，心想这是个不怀好意的家伙。他握住她的手，她的手心出汗，他又掏出一条手帕塞进她的掌心——张允和写道：“她虽然没有允许为他洗净了罪恶，可是当她的一只手被他抓住的时候，她就把心交给了他。”

“多情人不老，到老情更好。”一对老幽默，两位老寿星！

张允和去世七年了，2009年清明节，104岁的周有光还在《北京晚报》上发表文章，给“天上”的“允和二姐”（他昵称她）写信问安，落款是“人间周有光”。

（本文摘自绿叶的博客）

第二节　易中天教授幽默讲历史妙趣说人性

厦门大学易中天教授，一夜成名，这得益于他2005年4月在《百家讲坛》开讲的“汉代风云人物”以及后来的“品三国”，他妙语连珠的说人性讲历史的风格，使这个栏目收视率一路飙升，达到了收视高峰。也让他拥有一批忠实的粉丝。那么，易中天教授成功演讲的艺术有哪些可资借鉴呢？

一、情景表现，加深观众印象

易中天教授在《汉代风云人物》中讲到窦婴的时候，给大家做了一个“避席”的幽默的示范动作：

> 他离开讲坛，煞有介事地脱掉鞋子，跪在事先准备好的席子上，双臂下垂，双手放在双膝上，边讲解边做动作，然后又挪动位置，一只膝盖跪在地上，一只膝盖仍在席子上，做“半避席”状。

这个系列动作，持续达数秒之久，看似有失教授的身份，实际上他是将观众置于特定情景中，给观众留下永久的记忆。相信凡是看过这个节目的人都不会忘记这个镜头，也就永远记住了“避席”的含义。

在讲到曹操请老婆丁夫人回家而丁夫人却不理睬他时，易中天教授同样又将观众带领到特定的情景中，他讲道：

> 曹操来了以后她也不站起来迎接，也不搭理，曹操觉得很没意思，讪讪地走过去说：织布呢？……别织了，跟我回家吧。……曹操就走过去，用手摸着丁夫人的背：唉，别使小性子了，宝贝，跟我回家好不好？我们坐车子回家好不好？要知道这个动作是很重要的，这个“抚其背”是男人对女性的一种爱的动作。丁夫人继续“咔嚓”“咔嚓”。曹操

就很没意思啦：你不回啊？不回那我可是走了啊。“咔嚓”“咔嚓”。曹操就走走走，往外走，走到门口的时候又回了一次头：别闹了，跟我回家，好不好？“咔嚓”“咔嚓”。唉，看来我们夫妻缘分已尽，算了。

易中天教授完全沉浸在表演中，他的语言、动作、语气和神态等，令人难忘，凡是观看过这个演讲的观众，尤其是易中天模仿丁夫人织布的那个动作，一定牢牢地记住了这个情节。

易中天教授采用情景表现，配以生动活泼的讲解，使历史知识深入观众的大脑，使历史人物走近观众，使观众对既定的历史人物比如曹操等都有了重新的认识。易中天教授的演讲除了这些幅度较大的动作外，还常常随不同历史人物的性格特点伴有不同程度的表情、声音、神态、姿态、手势等，这些都给人以直观的印象，产生较强的艺术感染力。这些副语言与有声语言的和谐巧妙的配合，往往能取得极强的演讲效果，也让观众觉得易中天教授就像是一个朋友、一个熟人、一个邻居，可亲可敬可爱，体现了一个大教授大学者的风采、风范和虚怀若谷。

二、幽默表述，语言生动活泼

易中天教授在讲解古代人物时，特别喜欢用现代语言表述古人轶事，十分诙谐幽默。这种语言使用方法使其演讲一下子拉近了自己和听众的距离，缩短了古人和今人的距离，仿佛看到了一个鲜活的古人就在我们身边，显得十分活泼有趣，观众往往情不自禁发出阵阵笑声。这里摘录几句经典妙语，由此对易中天教授语言使用的风格可见一斑。

刘邦呢，这时候正由两个女孩子一左一右侍候着洗脚。可能和我们现代人一样，还搞点足底按摩什么的。

晁错这个时候应该怎么样呢，应该夹起尾巴做人，他不！今天改革，明天变法，像根搅屎棍子，搅得朝廷上下是不得安宁。削藩是要削的，但是不是像你晁错这样急吼吼的。

空城计不符逻辑啊，司马懿十万大军开过来了，他诸葛亮叫几个老兵去扫地，大开城门，再叫两个小孩在他身边，他自己呢，拿着张琴唱卡拉OK……

孙策就是孙帅哥，周瑜就是周帅哥。帅哥总是招美女爱的，而帅哥也是喜欢美女的。他们两个果然娶到了两个最漂亮的女孩子大乔、小乔。那时的周瑜可谓官场、战场、情场，场场得意，这样一个人怎么会去嫉妒别人？怎么会被别人气到吐血。我们妒忌他还差不多，反正我是挺羡慕他的。

易中天教授的演讲有着大量的现代语言，如上例中的"足底按摩"、"卡拉OK"；有方言词"急吼吼的"、"搅屎棍子"；有常用俗语"夹起尾巴做人"、"官场、战场、情场，场场得意"；有现代流行语："帅哥"、"美女"。在讲述时还常常发表自己的看法，如对孙策、周瑜两个帅哥迎娶了两个美女的评论，往往容易和听众产生共鸣。

另外，易中天教授善于借用评书、相声等大众艺术"口语化"的表现形式。这里我们可以摘录曹操"奸雄之谜"中的一段来窥一斑而知全貌：

不是我曹操在这个地方镇住，什么孙权，什么刘备，七七八八的那些人不早就称帝了，就是因为我曹某人在这儿镇住嘛！我这些话不光是跟诸位（指大臣）说说，我经常跟我的老婆孩子说，甚至我对我的老婆、我的那些妾们说，我死了以后你们一定要改嫁，为什么呢？以便把我的这个志向传播出去啊。但是现在总有人说我曹操应该功成身退了，我应该到我封的那些诸侯国去安度晚年啊，我应该把我的职务和权力交出来了，对不起，不行，职务我是不辞的，权力我是不交的……

这些十分口语化、平民化的语言随处可见，听众根本就没有不理解的地方，根本就不觉得是在进行学术讲座。

易中天教授用现代语言阐述古人逸事，用平民视角观察轰轰烈烈的古人古事，用雅俗共赏的方式在轻松愉快的氛围中传播历史知识，让平日里历史课本上没有的故事变得活色生香，让刘邦、项羽、曹操、刘备、孙权等一个个英雄形象有血有肉丰满起来，这不正是我们平民百姓所需要的吗？

三、悟透人性，长于分析人性

易中天教授对人性有深刻的领悟，因此他讲述几千年前的刘邦、项羽、韩信、晁错、曹操等一个个历史风云人物时，就像讲述你我他身边的人或事，就像发生在昨天今天或明天的人或事，那么新鲜、活泼、生动、有趣。他说：

> 不管历史怎样发展，有一条是永恒的，那就是人性。所以我有个说法：秦时明月汉时关，不管是秦时的关、汉时的关、唐时的关、宋时的关，这些关都会变，但明月不变。明月就是永恒的人性。

所以他说他讲历史的方式可以概括为：以故事说人物，以人物说历史，以历史说文化，以文化说人性。最后落脚到人性上。

易中天教授使用比喻的手法，将“明月”比作人性，使读者明白什么是我们常常挂在嘴边的真正的人性。易中天教授用这样简单的方法趣说人性，来源于他本身对人性的大彻大悟。所以易中天教授说人物也好、说历史也好、说文化也好，最终落脚到人性上。他常常将人性用简洁的语言进行分析总结。如他将曹操的人性概括为：

> 他这个人聪明透顶，又愚不可及；狡猾奸诈，又坦率真诚；豁达大度，又疑神疑鬼；宽宏大量，又心胸狭窄。可以说是大家风范，小人嘴脸；英雄气概，儿女情怀；阎王脾气，菩萨心肠。他是这样的一个人，他身上好像长了很多的脸，一会儿出现的是这张脸，一会儿展示给我们的是另一张脸。但是大家注意一条，不管哪张脸，都是曹操的，不会认作是别人的。能够把这样一个复杂的性格统一于一个人，这本身就是了不起的事情。

在他的演讲中有着大量这样的概括性词语，这也是吸引听众注意、加深听众记忆的一种方法，这也是我们学习演讲要掌握的一种方法。

关于人性，易中天教授说：

我在新疆的时候，很多领导干部跟我们一起劳动。我发现，原来高高在上、一本正经的人，到基层之后，和我们没有两样。所以，不管是什么人，都是一样的，人性是不会变的，人性是永恒的。永恒的人性也是我说汉代风云人物、说三国的角度。以故事说人物，以人物说历史，以历史说文化，以文化说人性，不管什么东西，最后一定落实到人性上来。曹操是被人妖魔化的，我要把他还原成正常的人，诸葛亮是被神圣化的，我也要把他还原成正常的人。

正是因为善于分析人性，所以面对固定化、程式化、“大一统”的历史人物，易中天始终抱有怀疑心理：“一个人越是大家都说他坏，我越是想在他身上找到闪光点；反之，一个人完美无缺，我倒觉得靠不住。金无足赤，人无完人，任何事情太绝对化了都不好。”

四、态度诚恳，坦然面对质疑

易中天教授成名之后，社会上出现了一些不同的声音，有的甚至提出质疑，认为易中天教授这样讲历史的方式是“戏说”历史，不太严肃甚至很不严肃。对此，易中天教授在CCTV－10《拷问易中天》节目中，态度诚恳，坦然对之。

易中天教授说：

我哪里“戏说”了，“戏说”是一种游戏，讲的故事都是莫须有的，都是编出来的。而我所讲的全部都有历史根据，都是真实发生的事情。我是在“正说”和“趣说”的基础上进行的“妙说”，也就是在前两说的基础上对历史进行分析，给观众以启迪，这是最高的境界。

我用的可能不是古代人的语言，但那情形在古代还是有的。我说武器但没有说机关枪啊，是箭啊，我用了侦察兵，那时候可能还没有这个词，但是探子是有的。

曾有人对易中天示范汉朝“避席”礼仪动作加以抨击，说他是斯文扫地，有失学者风度，对他的说史风格也大加挞伐，讽刺他“信口开河”、“恣意妄言”、“满嘴跑火车”。

易中天说：

> 作为学者，把人文研究成果传播给大众，何错之有？只要有意义的事情，我就会义无反顾坚持下去！

作为观众或者听众，我们关心的不是学者们究竟取得多大的成就，在学术界有多大的贡献，多大的影响，而是我们花了金钱、花了时间聆听了讲座之后能从学者那里掌握多少知识。而电视观众里各种层次的都有，因此这就要求演讲者要使用老少咸宜、都乐意接受的方法进行演讲。于是，易中天教授采用妙说的方法在学者和大众之间架起了一座心灵之桥。

在常人的眼里，人们往往认为学者们应该是终日坐在象牙塔似的书斋里，焚膏继晷，恒兀穷年，从事着看上去似乎与社会关系不大的学问。而易中天教授不这么认为，他说：

> 人文学科的目的就是为了人类的幸福，人类的幸福就包括当下生活着人们的幸福，那么我们就应该把自己的学术成果交出来，交给大众，交给社会，让大家都享受这种成果。

易中天教授正是因为有着这样的境界，所以他乐意采用通俗易懂的方法，让电视机前各种层次的观众都能够享受着自己作为一个学者的研究成果。于是才有收视率的一路飙升。

易中天教授讲红了《百家讲坛》，《百家讲坛》成就了易中天，二者实现了真正意义上的双赢。易中天教授为什么能够成功呢？我们认为，首先他有一种使命感，那就是做学术研究一定要有结果，要么对现实有用，要么对将来有用。人文学科的终极目标就是人的幸福，其中就包括当下正生活着的人的幸福。人文学科中应当有一部分学者面对现实，为实现人的幸福服务。他就把自己定位在这个地方。同时，易中天还努力实现“三个对接”，即：传统与现代对接、学者与大众对接、学术与传媒对接。

听易中天教授的讲座，读易中天教授的大作，是一种享受。我们认为：易中天教授具有开阔的胸怀，开朗的性格，不凡的口才，丰富的知识；他年届六十，但精神矍铄，声音洪亮，身材板实；他温文尔雅，思维缜密，底蕴深厚，博闻强记；他语言风趣幽默，语气抑扬顿挫，感情饱满明朗，胸怀百姓福祉。他信奉“读书明理做人不作秀，登科治国做事不做官”。正是如此，才有易中天教授今天的辉煌：电视上有形，报纸上有名，电台里有声，网络上有影。易中天教授做学问、作演讲的方法都给了我们诸多启示。

本文资料来源：易中天、于丹：《从心灵到星空》，江苏文艺出版社 2007 年版；蔡栋：《说不尽的易中天》，湖南人民出版社 2006 年版。

（原载《阅读与写作》2007 年第 4 期）

易中天教授演讲“移时”修辞的妙用

一个普通的大学教授一夜成名，这得益于易中天 2005 年 4 月在《百家讲坛》开讲的“汉代风云人物”以及当下正在热播的“品三国”。他妙语连珠地说人性讲历史的风格，让他有了一批忠实的拥趸，他们自称“易粉”和“乙醚”，冠之以“超级教授”的大名，有的高中学生决定报考他所在的大学，甚至有的女孩发出了“嫁人就嫁×××”的口号。一个老叟一夜之间突然变成“大众情人”、“学术超男”，签名售书的风头甚至盖过当下走红的明星。这个人就是厦门大学易中天教授。易中天教授的成功有多方面的因素，除了其深厚的人文功底之外，其独特的演讲风格更使其如虎添翼。演讲中，“移时”修辞恰到好处的运用也是其中的重要因素之一。

何谓“移时”？“移时”就是在表达过程中，故意将发生于不同时代的事物扯在一起，以明显的时空错位显示特殊的语言情趣。把当今出现或存在的事物移至以往的时代，抑或把以往时代的事物移至当今。“移时”的修辞效果是：显示情态的可笑，使语言生动有趣，给人以深刻印象。(《修辞通鉴》，中国青年出版社，第533页)。

一、动作模仿的移时，即通过自己的动作来表现古人的动作

易中天在《汉代风云人物》中讲到窦婴的时候，给大家做了一个“避席”的示范动作。因为这个避席礼节现代人不一定了解，但易中天教授为了让观众有个直观的印象，他便离开讲坛，郑重其事地脱掉鞋子，跪在事先准备好的席子上，双臂下垂，放手放在双膝上，边讲解边做动作，然后又挪动位置，离开席子，做半避状。这个系列动作，看似有失教授学者的身份，实际上他给观众留下永久的记忆。相信凡是看过这个节目的人都不会忘记这个镜头，也就永远记住了“避席”的含义。

在讲到曹操请老婆回家而他的老婆又不理睬他的时候，易中天教授模仿曹操说话，其语气是柔和的，态度是温和的，一边求她回去，一边伴随“抚其背”的亲热动作。当讲到其老婆依旧不理不睬，只顾忙于自己织布时，易中天教授又模仿曹操老婆织布的反复来回的动作，并发出织布机的“咔嚓”“咔嚓”的声音。这些模仿的动作配以生动活泼的讲解，使历史知识深入观众的大脑，使历史人物走近观众跟前。易中天教授的演讲除了这些幅度较大的动作外，还常常随不同历史人物的性格特点伴有不同的表情、声音、神态、姿态、手势等，这些都给人以直观的印象，产生较强的艺术感染力。这些副语言与有声语言的和谐巧妙的配合，往往能取得极强的演讲效果。

二、称呼古今的移时，即用今天的名称换种说法来称谓古人

中国古代的称呼情况复杂，如何让现代听众能够容易接受古代的称呼，易中天着实动了一番脑筋，于是他采用古今对比的方式，用今天常用的名词来称呼古代类似的名词。这种方式能够为广大的非历史专业的听众接受，也是其演讲幽默的一种表达方式。如：在讲到刘备和诸葛亮时，易中天说：

“刘备集团好比一家很有前途的民营企业，可惜缺一个能干的CEO，搞不清自己的主打产品和营销路线，因此生意做得平平淡淡，

> 一直没有起色。诸葛亮则好比一位超一流的职业经理人，可以让企业扭亏为盈，起死回生，但自己没有公司，也不想当老板，难怪他们一拍即合……”，“在大家都以为刘备是垃圾股时，诸葛亮却把他看成绩优股”。“孙策就是孙帅哥，周瑜就是周帅哥。帅哥总是招美女爱的，而帅哥也是喜欢美女的。他们两个果然娶到了两个最漂亮的女孩子——大乔、小乔。那时的周瑜可谓官场、战场、情场，场场得意，这样一个人怎么会去嫉妒别人？怎么会被别人气到吐血？我们妒忌他还差不多，反正我是挺羡慕他的”。

“老板”、“CEO”、“垃圾股”、“绩优股”等都是现代企业或公司常用的名词术语，而易中天把刘备比作老板，比作绩优股，把诸葛亮比作CEO等，我们认为是可以理解的。“帅哥”、“美女”等是现代人常常挂在嘴边的词语，而易中天将其用在孙策、周瑜、大乔、小乔身上，很容易引起当今青年对古代的帅哥美女的联想，一下子将古人拉到我们眼前。

三、职务对比上的移时，用今天的职务来对比解释古代职务

中国封建社会历史太长，封建官僚体制复杂，如果纯粹使用古代官职的称呼，现代社会的听众可能觉得莫名其妙，一头雾水。如果易中天演讲时使用的都是诸如“太师”、“太傅”、“太保”、“御史”、“长史”、“太史”、“枢密使”、“侍郎”、“侍中”、“郎中”等，那不把受众吓跑才怪。光清朝官职文官就有九品十八级，武官也是九品，还有很多未入流的，那就更多了。你能跟观众讲这些都不感兴趣的东西吗？于是易中天在讲解古人的官职时常常使用对比修辞手法将其移植到今天。如讲到曹操时说，“曹操担任的这个洛阳北部尉，就是京都地区一个副县级公安局长”。当曹操做“议郎”，易中天说他是个“调研员”。讲到韩信终于获得刘邦信赖，统帅大军时，易中天说他是“三军总司令”。“公安局长”、“调研员”、“三军总司令”等是多么熟悉的名词。在演讲中适当地运用这种方式也不失为一种吸引受众的演讲艺术之一。有“易粉”们总结易中天受欢迎的原因时说他“语言幽默准确，与现实结合紧密，用现代语言阐释古代的人或事，生动、深刻、通俗、好玩。”

四、流行语言的移时，加深了受众的理解，提升了演讲的趣味性

由于《百家讲坛》编辑设定的对象是具有初中文化程度以上的听众，这就注定了演讲的时候不能使用过多的专业术语，否则听众就不买账，这个栏目就失去了听众。一个栏目没有了听众，还有存在的必要吗？因此易中天在演讲的时候，也适当使用一些听众都能够接受的外语词汇。如：诺，相当于现在的OK。我被你雇佣了，忠心耿耿地给你谋划，如果我的主意你不听，Bye—bye，我换一个老板。诸葛亮是一个CEO。空城计不符逻辑啊，司马懿十万大军开过来了，他诸葛亮叫几个老兵去扫地，大开城门，再叫两个小孩在他身边，他自己呢，拿着张琴唱卡拉OK……故意将发生于不同时代的事物扯在一起，以明显的时空错位显示特殊的语言情景，并不是易中天的专利，其实有很多人经常使用这种方法。比如著名学者、杂文家柏杨先生的《现代语文版资治通鉴》中，这种“移时”的手法几乎俯拾即是，令人目不暇接。比如，柏杨称司徒王允是“高级知识分子”，说曹操是“前全国武装部队总司令曹嵩的儿子”等。其实，笔者多次聆听中科院院士、前华中科技大学校长杨叔子的讲座，他在讲座中经常使用“孔子先生”、“老子先生”、“孔丘同志”、“李聃同志”之类的说法，我们听起来，也觉得挺好玩、挺有意思的。

易中天教授用现代语言阐述古人轶事，用平民视角观察轰轰烈烈的古人古事，用雅俗共赏的方式在轻松愉快的氛围中传播历史知识，让平日里历史课本上没有的故事变得活色生香，让刘邦、项羽等一个个英雄形象有血有肉丰满起来，这不正是我们平民百姓所需要的吗？针对有些人对易中天教授这种讲课方式的质疑，凤凰卫视的阿忆说，易中天这样的学者非常优秀，这样的人才很可贵。为何要将学问讲得别人听不懂才是好学问呢？既然易中天能够将枯燥的学问讲得这么生龙活虎，相信他也能搞艰深的学问。那些将学问搞得很深涩的人，很难受到大家的欢迎。其实国外一流的学问家，做的学问写的文章都是通畅易懂的。普及千年前的历史知识，尤其是在做电视讲座，受众成员复杂的情况下，在演讲中适当使用积极的修辞手法（比喻、拟人、夸张、移时等），能够使演讲形象生动、引人入胜。

（原载《读写月报》2007年第7、8期）

易中天的趣味语言

诺，相当于现在的OK。

如果别人惹你一下，你马上扑上去，一口咬住，死死不放，这是什么，螃蟹！韩信肯定不是螃蟹。

桓帝和灵帝都是不适合当皇帝的……灵帝的爱好是文学艺术和建筑艺术。他对于建筑还是颇有研究的。他成天搞研究，结果在皇宫里搞成了一个自来水系统！而且他还要在全城推广自己的科研成果，宣布：要让全城的老百姓都喝上自来水——你是当皇帝的，不是搞上下水的嘛！

朝廷派人去查吴王，也没有发现什么大规模杀伤性武器嘛。

曹操第一个官职是洛阳县北部尉，相当于副县级公安局局长。

曹操身材短小，估计也就和我差不多吧。跟一米八四的诸葛亮比起来，只能算是不合格的残次品。

曹操是喜欢美女的，他不管走到哪里都喜欢"搂草打兔子"，收编一些美女什么的！

宝贝，你回来吧，好不好？别闹了，跟我回去吧……（曹操劝老婆回家）

曹操对各路诸侯说："现在是灭董卓的最好时机——董卓已经把洛阳烧掉了，还劫持了皇帝，基本可以把他定位为恐怖组织了。"

吕布想：曹操这个贼，狡猾狡猾地！

袁绍整天在家里面大会宾客，用现在的话说就是办沙龙，开party，车水马龙，门庭若市。这个事情当时就引起了当局的注意。

袁术以为皇帝的称号就像现在我们市场经济条件下的商标一样，要抢先注册，他以为他抢先注册了皇帝的商标别人就不能把他怎么的了，没想到他反而成了"众矢之的"。

袁尚、袁熙哥俩一合计："咱们请公孙康那小子喝酒，在酒席上就把他给做了！"这边公孙康也合计："不如我请他们哥俩来喝酒，在酒席上就把他俩给做了……”结果是公孙康把那俩给做了！

这就使我们觉得袁绍这个人好像有一种天才，凡是对他有利的正确的意见他一定是不听的，凡是对他不利的错误的意见他一定是要听的，那才是怪了。

刘备干逃跑这事还是很在行的。他就像海轮上的老鼠，好像总是能第一个察觉到哪一艘船会翻掉……先是跟着公孙瓒打袁绍，然后又跟着曹操打吕布，又跟着袁绍打曹操……

那时候江东的老百姓都称孙策为“孙郎”，称周瑜为“周郎”。郎，就是小伙子，有赞美的意思。所以，“孙郎”就是“孙帅哥”，“周郎”就是“周帅哥”……帅哥都是喜欢美眉的，所以孙策和周瑜分别娶到了当时最漂亮的两个女孩子……可以说这时的周瑜是战场、官场、情场，场场得意……反正我是很羡慕！

顺便说一句，蒋干这个人也是被冤枉的——他根本就没盗过什么书，长得也不丑，而且也是一位帅哥，因为周瑜是帅哥嘛，帅哥的朋友一般也是帅哥。

所谓的空城计也是编出来的……诸葛亮搬个琴，摆个香炉，召两个小孩子，在城楼上唱卡拉OK……

刘备第一眼看见诸葛亮就惊了，那种感觉跟贾宝玉第一眼看见林黛玉一样。那个是“天上掉下一个神仙般的林妹妹”，这个是“对面走过来一个神仙般的帅哥哥”。

在多年征战中风餐露宿得个什么风湿关节炎啦，那倒也是可能的。

第三节　口才帮助于丹教授走向辉煌

于丹，北京师范大学一个普通的教授，虽然成名之前已经拥有一大串头衔，但是真正让她成功成名且为国人所知晓的无疑是2006年国庆节《百家讲坛》播放的《于丹〈论语〉心得》。短短的七天，让于丹完成了从一个平凡的大学教授向明星人物的过渡。泱泱大国口若悬河学识不凡的人才济济，何以让这样一个小妮子成就了这样的人气奇迹？于丹的成功，我们认为当然在于她欣逢盛世，在于她抓住了机遇，在于她有一个时刻准备着的头脑（父亲是研究国学的，自己很小就受到熏陶）。但除此之外，我们认为以下原因也是非常重要的。

一、语言精练，表述平实

笔者聆听了于丹教授七天的讲座，最深的印象就是于丹讲解《论语》，其语言极其精练、通俗，她出口成章，整个讲座没有一句废话，更没有诸如“嗯”、“啊”、“这个、这个”之类的令人无法容忍的口头禅。讲座开始，于丹教授就以绝对的高度，一锤击碎了几千年来人们对经典顶礼膜拜的梦想，她是这样开头的：

> 大家别以为孔夫子的《论语》高不可及，我们必须得仰望它。其实在这个世界上，真理永远都是朴素的，就好像太阳每天从东边升起一样；就好像春天要播种，秋天要收获一样。《论语》告诉我们的东西永远是最简单的。《论语》的真谛就是告诉大家，怎么样才能过上我们心灵所需要的那种快乐的生活。

简单而又精练的话语一下子将我们的注意力吸引过去了：原来经典著作就是这么容易理解！于丹教授对演讲语言的特点把握何其巧妙！

真理是朴素的，于丹教授的语言同样是朴素的。她没有必要的开场白，没有礼节性的致谢语言，而是直奔主题。一个活生生而又实实在在的于丹出现在广大观众面前。聆听她的讲座，品读她的作品，我们发现于丹教授语言表述也很平实，但平实的语言熔铸着思想的精髓，闪烁着智慧的光芒。她的语速犹如高天上流云，舒缓有致；犹如小河涧流水，平静有序。不疾不徐之间，展现的是智者的敏锐。她的感情没有大起大落，没有大喜大悲；她的声音洪亮清脆而又抑扬顿挫；她的表情平静、安详温暖而又淡定；她没有夸张的手势，没有非常的动作。透过于丹的讲座，我们仿佛看到了《论语》对于丹思想行为潜移默化的影响，也仿佛看到了一个鹤发童颜精神矍铄的智者用平实而又温暖的语言对芸芸众生进行心灵告白，又仿佛看到了一个和颜悦色和蔼可亲的牧师对世间凡人进行循循善诱地布道。对圣贤的意义，于丹总结说：

> 实际上，孔子也罢，庄子也罢，陶渊明、苏东坡，直至泰戈尔，古今中外圣贤的意义是什么呢，就是用他们生活的历练，总结出来一些对我们有意义的道理，圣贤永远都不是那个砖头一样的典籍。

聆听于丹的精彩讲座，我们的心灵常常受到一次又一次的震颤，灵魂也似乎得到了一次又一次的洗礼，生命又得到了一次又一次的升华。

二、哲理故事，启迪心灵

于丹讲座中经常插入一些短小精悍的哲理故事，这些小小的故事都蕴涵着一些深刻的道理，常常启迪我们尘封已久的心灵，从而给予我们疲惫的心灵以轻微的抚慰，真可谓“言有尽而意无穷”，又可谓“微言大义”。比如她说：

> 苏东坡和佛印交往的故事，讲的是苏轼是个大才子，佛印是个高僧，两人经常在一起参禅打坐。佛印老实，老被苏轼欺负。有一次，佛印对苏轼说：我看你像尊佛；苏轼大笑后说：我看你像一摊牛粪。苏轼自以为占了便宜，回家后在苏小妹面前炫耀。苏小妹批评他哥哥说：佛印心中有佛，所以看到的你像尊佛，而你心中有粪土，所以看到的佛印就像一堆粪土。

这个故事适用于我们每一个人，它告诉我们为什么同样生活在这个世界上，有的人活得欢欣温暖快乐幸福，有的人却整天指责抱怨悲观消极？难道他们的生活真的相差那么远吗？这就是像我们面前有半瓶酒，悲观主义者说，这么好的酒怎么就剩下半瓶了！乐观主义者说，这么好的酒还有半瓶呢！表述不同源于心态不同。它告诉我们，对待形形色色的社会现象，我们个体的心灵摄像机应该对准啥？生活中的不如意、不公平，也许我们个人的力量无法改变，但是我们可以改变自己的心情和心态。不是有“心态决定一切”这样的经典名句吗？因此，我们心中有什么，我们往往看到的就是什么。

现代社会，人与人之间应该保持一个什么样的距离才算恰当，于丹为我们讲述了《豪猪的哲学》的寓言故事，说的是一群豪猪挤在一起过冬取暖，距离太近彼此容易扎着身体，距离太远，彼此觉得寒冷。经过多次磨合以后才找到一个最恰如其分的距离，那就是在彼此不伤害的前提下，保持着群体的温暖。这则寓言故事告诉了我们即使是与好朋友相处，也要保持一个度，不要什么事情都大包大揽。她说：距离和独立是一种对人格的尊重，这种尊重即使是在最亲近的人中间也应该保有。而实际上在我们生活中间，父子、母女、夫妻、朋友、亲人之间距离太近，以致彼此毫无隐私和神秘，像玻璃一样透明。一旦关系破灭，受伤最深的往往是我们最熟悉的人。

在于丹的讲座中，有很多这样充满智慧、启迪心灵的小故事。正是这些小故事将电视机前的观众不分男女老幼地都吸引过来了。正是这些小故事，走进受众的心灵，从而为受众开启了一扇扇通往正大光明幸福美满生活的大门。正如她自己所说：

> 我的传播技巧就是把《论语》的“道不远人”魅力与今天的生活联系到一起，也就是我的目的就是直指人心。就是说，我不是把它作为一个学理性的系统在推介，而是把一些经典理论化成生活小故事，让大家能够自己去感知。

三、视角独特，解疑释惑

于丹教授不愧是研究传播学的博士，她知道怎样选择最佳视角从而达到最佳传播效果。她抛开宏大的叙述，以觉醒了的个体人心去求得人生的真实感悟，在简略而明晰的讲析中让大众领会生命的真谛。

人类进入 21 世纪以来，我们物质上的确富裕多了，但是我们心灵遭遇到的困惑却越来越多，以致幸福感似乎越来越低。于丹从我们心灵出发，运用女性特有的细腻感情，从中国人的天地人之道、心灵之道、处世之道、君子之道、交友之道、理想之道、人生之道等七个方面对《论语》进行解读。这些方面恰好是当今中国人最需要解开的心灵疙瘩。于丹选择从受众的心灵角度出发，采用白话诠释经典，以经典诠释智慧，以智慧诠释人生，以人生诠释人性，以人性安顿人心。本来是一个个巨大的遥远的甚至虚无缥缈的人生命题，但在于丹的讲解下变得通俗易懂、具体可感、意蕴悠长，让受众穿越两千多年的时间隧道，体悟经典的平凡智慧。

面对我们的不快乐，于丹说：

> 我们的物质越来越多了，但是人却越来越不满了，因为总会有乍富在你眼前出现，我们的眼睛总是看外界太多，看心灵太少。孔夫子能够交给我们快乐的秘诀，就是如何去找到你内心的安宁。人人都希望过上快乐幸福的生活，而幸福快乐只是一种感觉，与贫富无关，同内心相连。

面对我们的不宽容，于丹说：

> 宽容有时候并不容易，我们这个社会有多少事情，事情过去了，但在心头却过不去，我们的心灵困顿，有多少是自我的折磨。有多少时候，是一个事情过去了，我们老在那想，觉得这个事情深深地伤害了我，然后不断在自我咀嚼中一次次再受伤害，其实在一次次玩味这个痛苦时，我们的伤痛被琢磨得太深了。

于丹通过独特的视角，从心灵的角度安顿当今人们的困顿、疲惫甚至受伤的心灵，这是一个何等高明的选择。她是这样想的，是这样说的，也是这样做的。她带领她的学生春游、踏青甚至爬树，她为她的学生解开情感的疙瘩的种种爱心行为，仿佛是她常常给予心灵受伤的学生一碗碗热腾腾且极富营养的“心灵鸡汤”。

四、人文关怀，惠及听众

当今社会，物欲横流，人们在拼命地追求一切看得见的物质享受。于是，“五子登科（车子、房子、票子、位子、妻子）”成了多少人努力的方向，成了多少人的人格理想。这些理想强有力地占据着我们的心灵，没日没夜地剥蚀着我们的灵魂，吞噬着我们的精神，煎熬着我们的心智，损害着我们的肌体，使我们心灵荒芜，灵魂飘荡，精神家园失守，心智生锈。于是社会上就出现各种稀奇古怪的事情：因为长期极度贫穷贫困，类似马加爵这样的青年学子，产生心理变态，行为失控，于是导致各种凶杀暴力等刑事案件不断发生；物质条件优越，但心灵脆弱，高等学府的天之骄子们仅因为某一次考试不理想而选择跳楼自杀的事情时有耳闻；因为缺少磨炼，缺少积极上进的精神面貌，大学生甚至研究生毕业之后一时找不到工作而自暴自弃的人也是大有人在；因为亲人的离去、家庭的变故，有多少人心头阴霾笼罩而不能自拔，在痛苦的深渊中苦苦煎熬挣扎而走不出阴影；因为下岗失业、就业压力大、孩子不争气、经济困顿、健康受损、疾病缠身、恋爱受挫……一系列的问题造成很多人心理疾患日趋严重。人们内心多么需要一个呵护、一个抚慰，多么需要一个强有力的心灵的支撑，多么需要一个对社会对他人对自己的正确的认识和判断的标准，希望有人在这个关键时刻给予自己一种超越物质的精神力量，希望有人给予自己受伤的心灵一种轻柔的抚摸，希望有人给予自己人生坦途的一种指南指点……正是在这个时候，于丹出现了，《于丹〈论语〉心得》犹如一缕阳光照耀着我们一颗颗受伤的心灵、一颗颗疲惫劳顿的心灵、一颗颗即将枯萎的心灵，借助《百家讲坛》这个平台，将古圣先贤的人文关怀传递到我们每一个人的心田，告诉我们要学会享受生活，享受人生。孔子的“智者乐水，仁者乐山”告诉我们天地人的和谐统一是快乐的源泉；他劝导我们要宽恕别人，宽恕别人实际上就是对自己心灵的放松；他劝诫我们要“三戒”，即少年戒色，中年戒争，老年戒得；他告诉我们怎样交到君子，怎样远离小人；怎样“以德报德，以直报怨”；他提醒我们怎样做到提得起，怎样才能放得下；告诉我们不要无故放大自己生活中的缺憾……于丹将孔子的这些人生经验、对社会的深刻认识、对人生的感悟等，用寥寥数语和蔼地、善意地、平实地、不温不火地传递给我们，从而使我们内心由浮躁变得宁静，由紧张变得轻松，由压抑变得舒缓，由矛盾变得和谐。这种人文关怀传递到全体受众，使全体受众的心灵得到了一次洗礼，使全体受众的灵魂得到了一次净化升华。正因为这种人文关怀惠及全民，惠及每一个个体，所以于丹才能走进大众心里，从而才能产生轰动效应。

五、于丹心语，开发智慧

于丹在讲座中常常迸发出这些闪光的精彩的语言，这些语言有平实的，也有绚丽的；有婉约的，也有豪放的；有隐晦的，也有直白的。但不管是以什么方式表达出来的，它都是于丹教授真切的感受、人生的体验、研究的心得。

其实，于丹演讲更深层次的东西在于通过这些独特的视角传播一种和谐的理念。作为社会关系总和的人，应该树立与天和、与地和、与人和、与己和的和谐理念，正确处理好各种社会关系，这无疑是提高生命质量、构建和谐社会的重要组成部分。于丹总在传达出这种和谐理念。她告诫我们把天之大、地之厚的精华融入人的内心，使天、地、人成为一个完美的整体；人类作为大自然的一分子，我们必须对大自然敬畏、顺应、默契，和大地上的万物同生共长，和谐相处；告诫我们，一旦面对心灵的困顿、内心的焦虑、自我的折磨、孤独抑郁、咀嚼痛苦、患得患失等这些无形中浪费我们宝贵的生命能量、空耗我们精神的恶魔时，我们就要用内心的仁爱生发出对待事物的淡定、大度和大气，用你的聪敏智慧拨开云雾见太阳，化解迷惑，用你的勇敢坦然面对。于丹用《论语》传达出和谐理念和和谐之道，启迪并帮助我们建立一个从内到外、从小到大、从当下到长远的和谐世界。

于丹成功之道，在于她用通俗化的语言简明扼要地解读《论语》、诠释《论语》、挖掘《论语》，在于她始终站在平民立场，坚持平民意识和平民风格，把那些佶屈聱牙、晦涩难懂的圣人语言以及高深莫测、扑朔迷离的圣人思想掰碎了、揉烂了捧给读者和听众，便于受众的理解与接受，从而大大缩短了《论语》与读者的距离，她富有魅力的演讲也让我们看到了孔子不是高高在上的不食人间烟火的冷冰冰的圣贤，而更像一位面目和善、喜欢与人拉家常的邻家老头。于丹以一个女性特有的细腻情感，准确把握古代圣贤的思想智慧与现代人生活的契合点，让寻常百姓感受圣贤，让圣贤的思想智慧点亮了我们的人生，让圣贤亲切的话语作为我们行动的指南。俗话说，一滴水只有放进大海才能永远不干。同样，一部经典著作的魅力只有扎根于民间才能永放异彩！

本文资料来源：易中天、于丹：《从心灵到星空》，江苏文艺出版社2007年版；于丹：《于丹论语心得》，中华书局2007年版。

（原载《阅读与写作》2007年第5期）

于丹《论语心得》名言集锦

孔夫子是圣人，圣人就是在他生活的这片土地上最有行动能力、最有人格魅力的人。

神圣神圣，神基本上是接近天空的，是像李白那样的人；而圣是接近土地的，是像杜甫那样的人。

只有理想而没有土地的人，是梦想主义者不是理想主义者；只有土地而没有天空的人，是务实主义者不是现实主义者。

我们见到一些老师声色俱厉，经常指责他的学生不该如何如何。那是这个老师没有到达境界，真正好的老师会像孔夫子这样，平和地跟学生商量着把这种天地人三才共荣共生的关系讲透。

我们努力创建和谐社会，而真正的和谐是什么？它绝不仅仅是一个小区邻里间的和谐，也不仅仅是人与人之间的和谐，还一定包括大地上万物和谐而快乐地共同成长；人对自然万物，有一种敬畏，有一种顺应，有一种默契。

其实，一个人的视力本有两种功能：一个是向外去，无限宽广地拓展世界；另一个是向内来，无限深刻地去发现内心。我们的眼睛，总是看外界太多，看心灵太少。

陶渊明的意义，不在于在诗中构置了一个虚拟的田园，更重要的是，他让每一个人心里都开出了一片乐土。

读《论语》我们会发现，孔子教育学生时很少疾言厉色，他通常是用和缓的、因循诱导的、跟人商榷的口气。这是孔子教学的态度，也是儒家的一种态度。

在这个世界上，最重要的人就是眼下需要你帮助的人，最重要的事就是马上去做，最重要的时间就是当下，一点不能拖延。

一个人的自信心来自内心的淡定与坦然。“仁者不忧，智者不惑，勇者不惧”，内心的强大可以化解生命中很多很多的遗憾。

要做到内心强大，一个前提是要看轻身外之物的得与失。患得患失的人，不会有开阔的心胸，不会有坦然的心境，也不会有真正的勇敢。

人人都希望过上幸福快乐的生活，而幸福快乐只是一种感觉，与贫富无关，同内心相连。

越是竞争激烈，越是需要调整心态，并且调整与他人的关系；简单地说，就是要做好自己，同时要想到别人；该放下时且放下，宽容别人，其实是给自己留下一片海阔天空。

心理学上有种界定，说现代人的交往中，有一种行为叫做“非爱行为”，就是以爱的名义对最亲近的人进行的非爱性掠夺。夫妻和恋人之间经常会出现这样的场面：一个对另一个说，你看看，我就是为了爱你，放弃了什么什么；我就是为了这个家，才怎么样怎么样，所以你必须要对我如何如何。这种所谓的非爱行为是以一种爱的名义进行一种强制性的控制，让他人按照自己的意愿去做。

这个世界上所有的爱都是以聚合为最终目的。只有一种爱以分离为目的，那就是父母对孩子的爱。父母真正成功的爱，就是让孩子尽早作为一个独立的个体从你的生命中分离出去，这种分离越早，你就越成功。

从这个意义上讲，距离和独立是一种对人格的尊重，这种尊重即使在最亲近的人中间，也应该保有。

要本着平等和理性的态度去尊重每一个人，彼此之间留一点分寸，有一点余地。这种非常像禅宗所推崇的一个境界，叫做“花未全开月未圆”。花一旦全开，马上就要凋谢了；月一旦全圆，马上就要缺损了。而未全开，未全圆，仍使你的内心有所期待，有所憧憬。朋友之道，亲人之道，皆是如此。稍微留一点分寸，得到的往往是海阔天空。无论对朋友还是对亲人，都应该把握一个分寸，适度为最好。

“子曰：不在其位，不谋其政。”也就是说，你在什么位置上，要做好本分，不要越俎代庖，跳过你的职位去做不该做的事。这是当代社会特别应该提倡的一种职业化的工作态度。

孔子说：“君子泰而不骄，小人骄而不泰”。君子因为有心态的平和、安定和勇敢，他的安详舒泰是由内而外的自然流露；小人表现出来的则是故作姿态，骄矜傲人，因为他内心多的是一股躁气，气度上便少了一份安闲。

在这个世界上做一个有信念而不太聪明的人，也许是一种选择。

心灵环境的荒芜，生命能量的浪费，是一种心灵资源的浪费。

信仰的力量，足以把一个国家凝聚起来。

过分的苛责，不如宽容的力量更恒久。

第四节　“愤青教授”郑强演讲语言艺术

“愤青教授”是网友和学生给予他的一个称号。虽然他说他不太喜欢这个称号，但是事实上这个称号在教授中是非他莫属了。他就是原浙江大学最受学生欢迎的郑强老师，他同时还是校党委副书记、教育部“长江学者奖励计划”特聘教授、国家杰出青年科学基金获得者、“新世纪百千万人才工程”国家级人选、享受政府特殊津贴专家、浙江省跨世纪学术和技术带头人。现任贵州大学校长。最难能可贵的是他本人是主修理工科的，是高分子材料方面的教授，却在演讲方面有着很深的造诣，而且爱国主义精神极其强烈。

综观郑强教授的演讲，我们以《中国强大的真正希望》为例来说明其演讲有如下几个特点。

一、大胆犀利，不留情面地抨击丑陋现象

有些人在演讲的过程中，会左右顾虑，貌似“足将进而趔趄，口将言而嗫嚅”，也就是常常说的话到嘴边留半句。而郑强教授则是知无不言言无不尽，语言大胆而犀利，给人一种畅快淋漓之感。他在演讲中说：

“我在日本京都遇到中国的一个高级代表团。日本的餐厅就是这样，只要你付高额的钱，吃了这个餐以外他都给你送点小礼品。你看好了，中国这个代表团每一个人拿一把伞，这个伞值什么钱，在中国相等于一毛钱，就一把伞，不值钱，但是每个人都拿的心里面乐陶陶的，今天又占便宜了，你看吃了东西又拿了东西，你们去看看他们那个神态!”

郑强教授在这里深刻揭露当代中国人爱占小便宜的毛病，就连一些高级官员也不例外，在日本人面前丢脸至极。他语言犀利，毫不留情面。

“我已经讲过很多次了，我们现在的教育关键在哪里啊？教育现在已经成为了我们很多老师谋生的手段，他已经不再搞教育，他所做的一切的表演，包括办班、同学的踊跃发言、学校得的什么奥林匹克金牌的，他已经把这些作为他头上的光环，去谋取利益的手段。但是，牺牲的是什么？牺牲的是我们的孩子!”

郑强教授在这里尖锐地揭露当前不少地方的教育现状，痛陈一些不负责任的老师和教育管理部门领导的为利益驱动的行为，为那些在恶劣环境下生存的孩子感到痛心，扼腕叹息。正是因为有这样的教育，所以数十年来，我们国家没有培养出有影响的国际大师级人物。

二、调侃自己，诙谐幽默地揭露人性的弱点

掌声和笑声，是观众对台上演讲者最大的肯定，也是演讲者的一大追求。郑强教授的演讲曾无数次地被笑声和掌声打断，其幽默功力可见一斑。

“我首先得纠正一下，刚才那位主持人说我是浙大最年轻的教授。同学们，这个错了，错了。当然我有点吃亏。今天大家也听说了，因为中央电视台也在现场录像，一来呢记者同志都说他们来之前都以为是一位德高望重的老教授，一看呢这个郑同志如此年轻，所以我吃亏就吃亏在这个上面，因为领导早就应该提拔我了，就是说我年轻不提拔我，等他们要提拔我的时候我就差不多五十岁了，我已经四十五岁了。”

郑强教授当时虽然已经45岁了，但看上去很显年轻，并且处处给人以热情饱满的感觉，声音洪亮高亢，给人以生机勃勃的印象。并且他总保持着一颗年轻的心，永远都能跟学生们打成一片，没有距离感。

关于郑强教授在日本留学三年感情生活的问题，郑强教授说：

“也不是说我不想喜欢日本女孩，是没办法喜欢。我们实实在在讲吧，那我也是人呐，我留学三年你说寂不寂寞？也寂寞呐，对不对?”

拿自己开涮，讽刺自己、嘲笑自己是制造演讲幽默的一种很好的手段，也是一门艺术。以自己真实生活经历来说话，讲述自己在日本留学时期空白的感情生活，充满自我调侃意味，让人忍俊不禁。

“现在请在座的各位检讨一下，包括我自己，凡是我遇到难事的时候，如果有哪个领导出来帮了我，我是不是内心有点沾沾自喜，觉得自己好像了不得，我们每一个中国人都有这个德性!”

从自己出发，以己推人，指出不少中国人都有一种奴性意识，不能正确、适当地看待自己，看待同事和领导。这也许是多年以前鲁迅先生指出的中国人的劣根性吧。

三、趣味事例，形象生动地展示了一个性情中人

理论总是灰色的，生命之树常青。无论是哪种演讲，纯理论的东西总让人觉得枯燥乏味、兴趣索然、昏昏欲睡，而郑强教授的演讲则是由一个个生动而形象的事例组成的，让同学们觉得他所讲的就实实在在发生在我们每个人的生活中，听众聆听自然投入、自然认真，从而非常配合。

> “我们学校外面单位的一个领导开的车逆向行驶在浙大这个教四教三前面。对不起，我就把我的自行车停在那。那司机下来就凶我，说‘你搞什么名堂？你知不知道是领导的车？’我说：‘我搞什么名堂？你知不知道我是什么人？’然后那个领导觉得情况不对啊。我说：‘告诉你，我是浙大学生最喜爱的老师’。一下就把他镇住了。那个车上的领导下来跟我握手，说：‘不好意思啊，对不起，我们换个方向’。”

一个自己多管闲事的例子，一个“路见不平拔刀相助”正义之士跃然纸上。可见平时温文尔雅的教授顶起牛来也是很可爱的，也给了那个平时专横跋扈的领导一个教训。郑强教授列举身边事例，生动形象，演讲充满愤怒之情，充满正义之情。

> “你们要经常去看看动物世界，昨天晚上，我在教研室里劝我所有的研究生多看动物世界。你看那个麋鹿，被两个非洲野狗把它的小孩咬了以后，那个麋鹿明明知道自己搞不过，那没办法，本能地就冲上去了。”

郑强以动物世界中的麋鹿妈妈为例，说明为保护自己的孩子，明知不敌非洲野狗，却义无反顾地冲了上去，这反映出动物这种天性使然的母爱的力量。动物尚且如此，何况人类。

> “你们去看看玉泉饭店门口，我们林峰山庄门口挂了个什么牌子？

安全饭店。你们就没有问一下，公安局为什么挂这个牌子，那不挂的是不是就不安全？我们浙大校医院里面挂了个牌子你们看到没有，‘放心药房’，说不定哪天牌子被哪个小偷偷了怎么办？就是大家接受了这个现实，我们生活得没有安全感。”

以身边的“安全饭店”和“放心药房”为例，形象地说明了当代中国人信任危机和愚昧意识。当今中国的现实是吃、穿、用、住、行几乎全面滑坡。道德危机、信任危机通过这些具体事例都表现得淋漓尽致。

郑强教授每每讲到激动之处，他会昂头、瞪眼，坚毅的目光透露着自信自强，执著的目光表现着志怀高远，明澈坦荡的目光表现着正直与博大，有时候他甚至会激动得站起来，全场的气氛也随之被带动起来。他演讲举例的典型性、风趣性，生动地说明了他是一个性情中人。

四、哲理丰富，耐人寻味的语言让听众回味无穷

演讲的最终目的在于启发人、教育人，让人能够从中学到些许东西，精神上有些愉悦，思想上有所启迪。一次成功的演讲，既要有一些风趣搞笑的东西，更要有能够经得起回味的语言，能让人越思考收获越大，越思考越耐人寻味。

“同学们，如果连我们自己都不爱这个国家，我们就完蛋了。美国的西部，日本的北海道，全部是这些民族几代人垦荒垦出来的。日本的北海道，现在你们去看看多么漂亮，日本几代人搞出来的。我们好了，我们现在只要有钱，只要哪个地方舒适我们就往那个地方去。”

几句话道出了现在不少中国人的“惰性”，贪图安逸享乐，不愿意去拼搏去奋斗去创造美好生活，从我们身边有些人找对象要找“富二代”、“官二代”就可以看出这些人根本不愿意通过自己勤劳的双手去创造生活，而是愿意坐享其成，当“啃老族”。一个家庭是这样，一个民族是这样，那么一个国家也是这样。这就要引起我们的思考：我们究竟该过怎样的生活？走怎样

的人生之路？

如果说郑强教授是一位“愤青”的话，那他就是一位可敬的“愤青”，而且这样的“愤青”我们现实生活中不是太多了而是太少了。郑强教授对中国的现状有许多话要说：

他对自己的学生说：

> 同学们，我看到你们很高兴，但是，你们很多人在精神上已经差不多要残废了。

他对中小学老师的批判：

> 中小学的教育特别摧残中国男孩的自尊心和责任感。

他对现今教育的批判：

> 摧残式的教育和掠夺式的启发，不仅没有培养学生的勤劳、勇敢、善良、坚韧，却培养出了学生的投机。

他还勇于针对中国电信的不公正收费提出交涉；为了维护社会的风气，他要求媒体安排幼儿园老师与大学教授在一起做访谈，因为等到孩子进入大学再教育就已经晚啦！

同样，社会上也有许多对他的反馈：

厦门大学对郑强演讲的评价：这是厦大 20 年来最轰动的演讲。

宁波大学在郑强演讲后发表的一篇文章标题为：强哥，欢迎你再来！（郑强说：“强哥”？我什么时候做明星了都不知道哇！）

国防科技大学校长对郑强说：你大声地讲，解放军保护你！

中国电信领导访问浙大时说道：浙江所有电信部门将掀起向浙大教授特别是郑强教授学习的热潮。

浙大旁的幼儿园邀请他去做了三次演讲。

……

每次听郑强教授的演讲都觉得是一种享受、一次洗礼，总能让人在嬉笑轻松的环境下学到些东西。其犀利大胆、诙谐幽默而又引人深思的语言，总能给人留下深刻的印象。此外，他强烈的爱国主义感情和刚正不阿的人格让人不由心生敬畏，是现代年轻人学习的榜样。

郑强经典语录

日本人宁愿喜欢黑人，也不喜欢我们，因为现在的中国人没有了精神。

大家都在嘲笑俄罗斯，但我知道俄罗斯将来一定会发达，因为那里的人两天没吃饭了饿着肚子还排队，而我们有两个人也要挤得不可开交。

日本人侵犯我们，因为我们出了很多汉奸。将来日本人侵犯我们，还会不会有汉奸？谁将是未来中国的汉奸？在座的诸位很大一部分都将是。因为你们嘲笑爱国者，崇拜权势和金钱，鄙夷理想和志气。

我们漠视历史的价值，总以为楼宇越新越好，但你到法国市中心看看，几乎没有什么新建筑，他们以历史积淀为自豪，而我们以不断地拆楼建楼来折腾自己。

教育的本职不是谋生，而是唤起兴趣，鼓舞精神。靠教育来谋生和发达也是可以的，却被我们过度重视了。

将来中国即使发达了，但你看看那些开着豪华车的富翁们从车窗外向外吐痰、扔垃圾，你就知道，如果没有教育，中国再富裕也不会强大。

中国的篮球不缺乏技术，不缺乏金钱，但他们缺乏责任感，哪怕是对消费者的责任感。

未来20年，中国人崇拜的将是知识而不是官员。这一点我们应该向日本学习，这个民族对知识的尊重，无以复加。但现在在中国有点钱的人，有点小权的人，哪怕是个科长，也可以照样把大学教授弄得没有尊严。这种貌似聪明的聪明，洋洋自得的市侩，是多么肤浅啊。

一个男人，只可以给自己的父母和妻子下跪，只可以对自己的老师鞠躬，绝对不应当对权贵与金钱低头。但如今，大多数人正好反了。

教育应该让中国懂得自尊。但是现在我们看到外国人就低头，女生看到外国垃圾一般的男人都想讨好。同志们，在外国人面前我们多么的没有尊严。在留学的日本东京大学的人当中，我是唯一回来的，但日本人反而敬重我，因为我活得有灵魂，活得有骨气。

第五节　“最学术”的《百家讲坛》主讲人王立群

王立群，年届六十，河南大学文学院一名普通的教授，中国古典文献学一名普通的博士生导师。然而，2007 年，一夜之间，王立群完成了从一个普通的教授到大红大紫的“最学术”的《百家讲坛》的主讲人的过渡。说他“最学术”，是因为他融入生命体验，慎重对待历史，客观评价功过，不投机、不媚俗、不哗众取宠，直面真相；说他“最学术”，是因为他儒雅谦和，求真务实，考据严谨，“无一字无来历”，更有史学家的风范。追寻着王立群教授成人成材成名成家成功的足迹，我们发现，王立群教授的成功是有其必然性的，是天道酬勤的典范。

一、历经磨难，矢志不渝，修成正果

王立群教授因出身问题，从小命运坎坷，命途多舛，历经磨难。8 岁开始承担全家的做饭任务。这还不算，他一生最痛苦的是两次失学。第一次是 1958 年，那一年王立群小学毕业，所有成绩全是五分，但结果因出身问题没有被录取，从而第一次失学。自此，十三岁的王立群接受了人生第一次挫折教育，记住了人生第一句格言：“做人要有骨气”。

此后很长一段时间，王立群历经周折进入当地一所民办中学读书，令王立群想不到的是，他这个城市孩子在进入民办中学就读的同时也变成了一个“小农民工”。因为民办中学经费困难，只有靠学生打工维持运转。

这些初中生娃娃们步行十几里路到很远的地方，一周三天，自备干粮，干的活儿主要是给钢厂砸矿石，一砸就是一天；做建筑小工，和泥、搬砖、拖砖，凡是建筑工地上的活都要干。这期间，小小年纪的王立群有两次在工地上差点送了性命。（CCTV－10 易中天访谈王立群时，王立群讲到当年拉砖车的经历，现场观众潸然泪下）

……

采用这种半工半读的方式，王立群勉强读到 1965 年高中毕业，高考时，王立群报考的是清华大学，毕业考试考了五门的一百分，高考的成绩非常好，但是最终又因为家庭出身问题第二次失学。从此告别了求学生涯。

第二次失学以后，王立群就到当地一个工厂的子弟学校去做教书的临时工，他在这个学校一教就是十几年，直到 1977 年恢复高考，王立群一门心思想考大学，但却因为超龄再次失去了机会。直到 1979 年，王立群直接参加硕士研究生考试，那一年王立群考得很顺利，因为再不讲出身不讲成分了。王立群从初试的几十个考生到复试剩下四个人，到最后录取了两个人，王立群终于在 1979 年时来运转，很幸运地被河南大学录取了，成为一名堂堂正正的硕士研究生。

历经九九八十一难，克服各种肉体和精神上的艰难险阻，王立群最终修成正果。要知道那个年代的硕士研究生是何等稀有，何其珍贵。孟子的所谓“天将降大任于斯人也，必先苦其心志，劳其筋骨，饿其体肤……”是王立群早年生活的真实写照。

二、高调做事，低调做人，质朴敦厚

高调在这里不是说唱高调，而是指高质量。做人做事，追求止于至善，一丝不苟，精益求精，不敷衍塞责，不马虎应付，不勉强凑合；高调也指高水平，必须追求个性、追求创新，敢领时代风骚，敢创“无限风光在险峰”的意境；高调还指高难度。有难度才有震撼，有难度才有高度，有难度才有高分，其实难度就是高度。

王立群教授毕生从事教学科研。无论是对于教学还是科研工作，王立群教授总是高调而为，他说：

教学是一项极其艰苦、极其认真的实践活动，每一节课都来不得半点马虎。如果我能获得某些成功，那么，百分之九十来自于认真，来自于数十年如一日的认真。面对学生，面对一张张求知的面孔，我只有全力以赴，备好每一节课，上好每一节课。个人的得失荣辱都是小事，讲好每一节课才是大事。在教学中，我的目标是：讲出国家级的水平，讲到国家级的课堂。

教学的基础是研究。王立群的科研目标是国内一流：写出一流的文章，奉献一流的成果，发表于一流的刊物，做本领域里一流的学者。

王立群教授高调做事的同时总是低调做人，并且永远保持这种质朴敦厚。

低调其实是一种境界，一种胸怀，一种精神，更是一种品格。平凡、平静、平常往往蕴涵着伟大与崇高，低调就是不张扬，不图虚名，虚怀若谷，淡泊人生。

成名以后，报考王立群的研究生的人多了，因为带不了那么多，他就一个个地动员学生，但无论怎么动员学生就是不肯离开。问其原因，学生说："你有名气，将来毕业打着你的名气好找工作。"王立群幽默地说："现在工作这么难找，既然我的名字还能帮助学生找工作，我也算有用，教就教吧。"

出名后，王立群不可避免地到处被人认出来，要签名、合影。比如，有次在永城芒砀山参观时被人认出，当有人喊王教授时，他主动伸出手与他们握手，丝毫看不出有什么名人的架子。王立群说："河南大学旁边有个理发店，店主是个小伙子，看过《百家讲坛》后，再给我理发，理得很认真，其实我还有事，但又不能催人家。他还要跟我合影。我也不知道他拿那个合影干什么。但我是要合影就合影，要签名就签名。讲文学就是讲人性，因此要理解人性。"

"高调做事，低调做人"，这是王立群的座右铭。做事、做人，王立群身上都有一种既古代又现代的人格魅力。他似乎通过自己的独特魅力，为《百家讲坛》注入了一股浓郁、淳厚、老实、沉稳的中原气息。

三、演讲之道，驾轻就熟，如虎添翼

王立群教授毕生在讲台上教学，对演讲之道驾轻就熟，了然于心，这为其成功登上《百家讲坛》助了一臂之力。

首先，王立群教授对演讲材料熟悉、精通。

他几十年都在研究《史记》，因此，对其中的人物、情节、事件等相当熟悉。比如，海选主讲人时，中央电视台的编导要求每人自选题材讲一个人物，一遍就过，他讲的是《鸿门宴》中的项羽，因为这个人物他几乎讲过上百遍，简直能倒背如流，而且其中还有很多自己独到的见解。他讲完之后，编导们立刻得出结论：他是河南大学的首选。

其次，王立群教授善于选择演讲的切入角度。

王立群教授说，在《史记》130 篇文章中，112 篇都是写人物的，所以读《史记》应当是以人物为主，这是一个原因。另一个原因是，如果我们从《史记》的第一篇开始读下去，观众理解起来可能会有一些困难，我们读《史记》，实际上是读汉武帝时期的人物群像，从汉武帝开始讲，介绍武帝身边的众人，让大家对这些人有一个初步的认识，然后自己再去读《史记》原文就比较容易理解了。

于是，王立群教授就从一代帝王汉武帝入手，以问题引出故事，以故事讲解人物，以人物解读历史，以历史启迪智慧。使帝王本纪、王侯世家、将相列传、布衣游侠、人物群像奔来眼底，使国运兴衰、王朝更替、事件始末、命运浮沉，沧桑往事一起涌上心头。

再次，王立群教授敢于善于突破人们对历史人物的已有的认识，还原历史的本真面目。

有记者问："您研究《史记》一直是以厚重沉稳著称，然而在《琴挑文君》这期节目中，您却为我们讲述了一段令人难以接受的历史真相，您讲司马相如和卓文君的爱情实际上是司马相如'骗财骗色'，可能很多人都不能接受。您为何要颠覆人们心目中的美丽故事？"

王立群教授答道："历史事实如此，我在学校里讲司马相如，历来都是讲司马相如是个无行文人。司马迁太喜欢司马相如，《史记》里只写了两个文学家的传记，一个是《屈原贾生列传》，一个是《司马相如列传》。《屈原贾生列传》写得非常简约，而《司马相如列传》却写得很长，表示了作者对司马相如的偏爱，正因为偏爱，所以司马迁回避了司马相如的骗财骗色。但是，司马迁终究是一个伟大的史学家，他在字里行间还是透露了一点信息，再加上《汉书》的记载，不难发现司马相如的真实嘴脸。美丽的爱情人人都想要，揭穿近乎残酷，但历史的真实却更为我所爱。我爱美丽，更爱真理。”这是一个革命性的颠覆，它彻底地破坏了司马相如在人们心目中的美好形象。但这正是王立群教授实事求是、求真务实的精神的具体体现。

四、抓住机遇，一飞冲天，天道酬勤

有人说：机遇会降临到有准备的头脑。王立群教授是这句话的忠实实践者。

在进入《百家讲坛》之前，甚至早在1978年国家恢复硕士研究生考试前，“谋生”加“谋学”的压力，迫使王立群光抄写古代文学史、古代汉语内容的本子就摞了近一公尺厚。在三年的研究生期间，他专修秦汉魏晋南北朝古代文学。几十年如一日，枯坐书斋，读书、写书、教书，默默无闻躬耕于教育事业，他的主要研究方向为两汉魏晋南北朝文学，研究成果主要集中于山水游记研究和《昭明文选》研究两个方面。他的名气仅限于学术界和他教过的学生中，和电视、讲座从没有什么关系。

然而，机遇终究是垂青有准备的人，这样的人往往是不鸣则已，一鸣惊人；不飞则已，一飞冲上天。2006年年初，央视到国内各所大学海选主讲人，河南这一站，他们来到了河南大学，王立群在40多名应选人中请求第一个讲，结果，他在海选中唯一胜出。2006年他登上《百家讲坛》，试讲《项羽》、《吕后》，播出后赢得满堂喝彩，其中《吕后》创2006年《百家讲坛》收视率之最。因此，《百家讲坛》确定他为2007年主讲人。他是唯一一个从小学教到中学再教到大学，最终通过“海选”登上热辣辣的《百家讲坛》的学者。

王立群在“海选”时讲《史记》，走进《百家讲坛》后还是讲《史记》，现在又推出相关书籍，有人说《史记》成就了他的一生。王立群说，《史记》

确实对我的人生产生了不可估量的影响。我第一次接触《史记》是在1966年，那时“文革”刚开始，学生砸了小学的图书室，学校仅存的一部《史记》被当作“四旧”扔到院子里。夜晚，我把被丢弃的《史记》偷偷捡回家，以后没事就读。从此开始了长达四十年之久的读《史记》历程。王立群说，《史记》最大的魅力体现在它独有的自强不息的民族精神，令我感动，非常欣赏。

正是这种自强不息的精神，支撑着王立群教授一步一步走向今天，走向成功，他这种精神惊天地、泣鬼神，终成气候。

“2007年，王立群读《史记》”，这是CCTV－10一段时间每天都要反复播放的一句话，这句话已经深入到广大观众心中了。我们喜欢听王立群教授的讲座，因为他逻辑严密，思维缜密，条理清晰，治学严谨，语言精练，表述幽默；因为他精力充沛，声音洪亮，气势宏伟，谦和儒雅，做事高调，为人低调。王立群教授讲《史记》实际上就是带着我们观众穿越时光隧道，来到了几千年前的汉朝，冷眼旁观地看待这段历史的风云变幻，兴衰荣辱，来龙去脉，看待这个时期人物的悲欢离合，潮起潮落，一损俱损、一荣俱荣的命运。

王立群教授用独特的演讲方式教我们掌握历史，教我们怎样做人、怎样去思考问题和处理问题，用回忆的方式展示着他自强不息、骨鲠之气、刚毅上进、昂扬向上的人格魅力，这些都深深地感染着我们。

王立群教授用电视传媒传播经典，弘扬祖国优秀的传统文化，高唱我们民族的“大丈夫”精神，这种精神就是：要有骨气！要永不放弃！要咬牙坚持！要自强不息！

王立群语录

一、名师心得

1. 教学是一项极其艰苦、极其认真的实践活动，每一节课都来不得半点马虎。只有认真努力，才能讲好每一节课。如果我能获得某些成功，那么，百分之九十来自于认真，来自于数十年如一日的认真。面对学生，面对一张张求知的面孔，我只有全力以赴，备好每一节课，上好每一节课。个人的得失荣辱都是小事，讲好每一节课才是大事。

2. 教学的基础是研究。没有高水平的研究能力，高校的课堂只能重复他人的观点。大学课堂只讲他人的观点而没有自己的观点是耻辱！

3. 教学与研究是一件事物的两个方面。研究是体，教学是用。体用结合，体用一致，才能使教学呈现良性循环。没有研究，没有深入的思考，很难讲出掷地有声的观点。

4. 文学教学与文学研究的对象是每一位作家，每一位作家的每一篇作品，每一篇作品中的每一个字词。穿透历史时空，解读历史人物，用现代视角让历史人物成为鲜活的人，是文学教学与文学研究的目标。

二、名师寄语

1. 站在三尺讲台上侃侃而谈是人生的幸运和幸福。我喜欢在课堂上答疑解惑，在这里我可以品味到收获的喜悦，在这里我可以忘却现实中的某些缺憾，在这里我可以体会到人生价值的实现。

2. 专业的分工与细化使每一位高校教师都成为本国、本校的形象大使，每一篇提交国际学术会议的论文，每一次国际学术会议对个人学术论文的点评，实际上都是国际、国内同行评价自己所在国家、所在学校学术水平高下的评审会。

三、名师名言

1. 在科学研究中，我的目标是：写出一流的文章，奉献一流的成果，发表于一流的刊物，在自己的研究领域稳做国际国内的一流学者。

2. 在教学实践中，我的目标是：讲出国家级的水平，讲到国家级的课堂。

3. 人的一生最让人恐惧的是未来。

4. 人类的错误，它往往都是在发生这个错误的时候人们并没有觉察到，当你意识到这个错误的时候，实际上它早就发生了。

5. 世上有五种人：一、只琢磨事，不琢磨人的人，这种人为的是事业；二、只琢磨人，不琢磨事的人，这种人为当官；三、只琢磨钱的人，这种人为了发财；四、既琢磨事又琢磨人的人，这种人能成大事；五、既琢磨事又琢磨人还琢磨钱的人，这种人了不得了。

6. 一个人要想有所作为，要想让人生有些光彩，务必要具备四个“行”：第一，自己要“行”；第二，要有人说你“行”；第三，说你“行”的人得“行”；第四，你的身体得“行”。

7. 小人和君子，只是对人才的一种道德的断定，并非是对人才能力的一种断定，小人不一定无才，君子不一定有才，而且一人之身，既有小人的基因，也有君子的基因。

8. 人生是一个漫长而艰辛的接力赛，有时领先，有时落伍，但是你只要在路上，就有机会，及时行乐，就像是一支兴奋剂，它能够点燃幸福的华彩，也能加速性命的衰败，因此人还是要适当地有一些节制。

9. 一个人能否成气候，不在于表相是否柔弱，而在于有没有一颗强悍的内心。

10. 人才只有在一个民族、一个国家、一个单位的上升期、鼎盛期得到重用，才能发挥出最大效益，才能被时人与后人牢牢记住。再优秀的人才，如果出现在“无可奈何花落去”的时代，都无法将效益发挥至最大化。

11. 赞扬本身是一门大学问：赞扬与自己实力相当的人，是胸怀宽广；赞扬不值得赞扬的人，是借力打力；赞扬比自己更强大的人，是勇敢无畏。

第六节　“根叔”的演讲何以催人泪下

“根叔”火了，从校园内火到了校园外。“导火索”是他2010年6月23日在华中科技大学毕业典礼上关于“记忆”的精彩致辞。16分钟的演讲，被现场7700多名学子的掌声打断30次，不少学子热泪盈眶。全场学子起立高喊：“根叔！根叔！”同时，演讲视频马上上传到网络上。于是，“根叔”一夜之间蹿红网络，他不仅是现实中的名人，而且也成了网络名人。

这位“根叔”不是别人，正是华中科技大学现任校长、中国工程院院士李培根教授。那么短短的一篇不足 2000 字的演讲何以让一个知名度并不高的校长一下子成为了“红人”呢？我们这里来分析一下。

一、胸中怀有丘壑，坐而论道，如数家珍

在演讲中，“根叔”对近年发生的国内重大历史事件如数家珍，全部用优美凝练的语言、排比的修辞方式、递进的复句形式一幕幕展示出来了。关于 2008 奥运留下的记忆，他说，不仅是金牌数的第一，不仅是开幕式的华丽，更是中华文化的魅力和民族向心力的显示；关于国庆六十年大庆留下的记忆，他说，不仅是领袖的挥手，不仅是自主研制的先进武器，不仅是女兵的微笑，不仅是队伍的威武整齐，更是改革开放的历史和旗帜的威力；关于 2010 年世博会留下的记忆，他说，不仅是世博之夜水火相容的神奇，不仅是中国馆的宏伟，不仅是异国场馆的浪漫，更是中华的崛起，世界的惊异；关于某国总统的傲慢与无礼，他说，你们也让他记忆了你们的不屑与蔑视。

关于近几年国家频发的灾难。“根叔”说：汶川的颤抖，没能抖落中国人民的坚强与刚毅；玉树的摇动，没能撼动汉藏人民的齐心与合力；西南的干旱或许使你们一样感受渴与饥，留给你们记忆的，不仅是大地的喘息，更是自然需要和谐、发展需要科学的道理。

“根叔”胸中有丘壑，胸中有天下，关注中国，关注世界，才能纵横捭阖，坐而论道。短短几句话，将近年来中国取得的成就和发生的灾难告诉全体学子，同时也暗示：个人的命运是和祖国的命运联系在一起的。国家强大了，我们才能获得世界的尊重，我们才能够抬头挺胸做好一切事情；国家遭难了，我们的人民要擦干眼泪，重拾信心，而且要变得更加坚强，更加努力。多难兴邦，阳光总在风雨后！

二、直面社会现实，用心交流，感天动地

近年，社会上各种稀奇古怪匪夷所思的事情屡屡发生。“根叔”没有回避，更没有粉饰，而是真诚地面对，他在演讲中用同学们熟悉的语言将这些现象串联起来，让同学们再一次记忆。他说：

你们一定记住了‘俯卧撑’、‘躲猫猫’、‘喝开水’，从热闹和愚蠢中，你们记忆了正义；你们记住了‘打酱油’和‘妈妈喊你回家吃饭’，从麻木和好笑中，你们记忆了责任和良知；你们一定记住了姐的狂放，哥的犀利。未来有一天，或许当年的记忆会让你们问自己，曾经是姐的娱乐，还是哥的寂寞？

堂堂一个院士、一个校长、一个学者，原来也喜欢上网，居然也喜欢使用网络流行语言。顿时，学子们惊讶了，感觉到师生有了共同语言，师生之间的“代沟”被填平，师生之间的距离在拉近，师生之间的感情因发酵变得更加浓烈。

“根叔”的话说到了“根”上，因为他说到了同学们的心坎里。“根叔”没有更多的大道理，没有更多的漂亮话，而是敢于正视残酷冷峻的社会现实。他说：

也许你会选择‘胶囊公寓’，或者不得不蜗居，成为蚁族一员。没关系，成功更容易光顾磨难和艰辛，正如只有经过泥泞的道路才会留下脚印。

蚁族之艰难，曾经让很多即将毕业的大学生心生恐惧，但个人的力量又无力扭转乾坤。作为校长，“根叔”立足现实，正视蚁族，激励学子，鼓足士气。他说：

我知道，你们不喜欢“被就业”、“被坚强”，那就挺直你们的脊梁，挺起你们的胸膛，自己去就业，坚强而勇敢地到社会中去闯荡。

这些语言催人奋进，鼓舞人心，充满激情，满怀豪情，震撼心扉，摄人魂魄。因为他说到了广大同学的心里，说到了广大同学的伤痛之处。这种演讲怎不感天动地？怎不催人泪下？

华中科技大学软件学院 2006 级毕业生李勉同学说：“‘根叔’的演讲中用

到的词语都很时髦，很出乎我们的意料。在现场时时刻刻都被感动包围着，为自己身为华中科技大学的学生而骄傲和自豪。”他的同学周超说：“我一直心情澎湃，眼泪在眼睛里打转。每一句话都说到我的心坎里了，没有一点官腔。结束时，全场同学的情绪达到了高潮，自发站起来齐声呼喊‘根叔、根叔’，场面确实很震撼。”

三、回首峥嵘岁月，点点滴滴，直指心坎

演讲中，“根叔”用了大量篇幅回忆了同学们在学校生活的峥嵘岁月、点点滴滴，每一个人、每一件事、每一个哭泣、每一个微笑，“根叔”记忆犹新。他说：

> 你一定记得刚进大学的那几分稚气；你或许记得“考前突击而带着忐忑不安的心情走向考场时的悲壮”……你或许记得人文素质讲堂的拥挤，也记得在社团中的奔放与随意；你一定记得骑车登上“绝望坡”的喘息与快意；你也许记得青年园中令你陶醉的发香和桂香，眼镜湖畔令你流连忘返的圣洁或妖娆；你或许“记得向喜欢的女孩表白被拒时内心的煎熬”，也一定记得那初吻时的如醉如痴……
>
> 我记得“吉丫头”，那么平凡，却格外美丽；我记得你们中间的胡政在国际权威期刊上发表多篇高水平论文，创造了本科生参与研究的奇迹；我记得“校歌男”，记得“选修课王子”；我记得沉迷于网络游戏甚至濒临退学的学生与我聊天时目光中透出的茫然与无助，他们仍是华中科技大学的学子，更成为我心中抹不去的记忆。
>
> 我记得你们的自行车和热水瓶常常被偷，记得你们为抢占座位而付出的艰辛；记得你们在寒冷的冬天手脚冰凉，记得你们在炎热的夏季彻夜难眠；记得食堂常常让你们生气，我当然更记得自己说过的话：“我们绝不赚学生一分钱”，也记得你们对此言并不满意……

乍一听上去，这哪里是庄严肃穆走程序似的毕业典礼上的演讲，这分明是一篇回忆性的优美的抒情散文。“根叔”具有强烈的责任感，他不规避问

题，不推卸责任，体察学生疾苦，感受学生之痛，用心交流，将心比心，扪心自问，让人共鸣，催人泪下。“根叔”将在学校发生的点点滴滴的生活一一再现，重温往昔峥嵘岁月。他说：“我时时拷问自己的良心，到底为你们做了什么?”正因为有了这样的不断拷问，所以才有与学生的“零距离”接触，从而不断解决实际问题。有了这种不断反省不断自我解剖的校长，何愁华中科技大学明日不更加辉煌!

演讲中提及到的每一个学生，都有一段与“根叔”单独接触的经历。比如“吉丫头”，本是机械科学与工程学院2006级工艺设计系的黄佳嘉同学，她创作的系列漫画《我们都是小青年》在网上受到热捧，一些媒体进行了报道。李培根看到后，就专门把她和一些同专业的学生叫到一起，开了一场交流座谈会。“吉丫头”清楚地记得，“李校长始终保持着灿烂的笑容，就像一个邻家大叔，没有一点架子，和蔼可亲，原本还有些紧张的我完全就放松了。”“后来，李校长还为我争取破格保送本校研究生的名额。我的很多漫画灵感都来自校园生活，特别希望能留下来读研，把漫画真正做好，不让‘根叔’失望。”

实际上，不论是成绩优异或有特殊才艺的学生，还是家庭困难或身有残疾的学生，或者网瘾少年，李培根都对他们倾注了格外的关心和关注。“他们还是华中科技大学的孩子，更成为我心中抹不去的记忆”等67个“记忆”的深情表白，怎不叫学子们昵称他为“根叔”?怎么能不被学生爱戴呢?

四、文体新鲜出格，语言经典，回归人性

一个大学校长，在全校毕业生典礼大会这种庄重的场合下使用这种文体形式的发言，似乎有点出格、有点不合时宜。但是正是这个出格和不合时宜，打破了沉闷的官话。“根叔”的讲话让我想到了某些官样文章，这些官样文章空话套话连篇，假话废话不断，台上领导正襟危坐煞有介事机械宣读，仿佛是催眠曲，台下听众常常是兴趣寡然昏昏欲睡“被开会”；台上他说，台下说他；讲话者居高临下，听话者如同嚼蜡。如此一来，既浪费了感情，又浪费了纸张，还浪费了大好时光，更重要的是还耽误了家事与国事，因为空谈误国，实干兴邦。君不见很多单位领导的发言千篇一律、千人一面、千部一腔，

无懈可击，绝对正确。将甲领导的发言稿移植过来修改一下时间和地点就成为乙领导的发言，甚至出现了万能的发言稿。媒体不是曾经曝光过紧邻两个县的年终总结报告完全一样的怪诞事情嘛。所以，“根叔”的演讲在这种假话空话套话连篇的时代，不啻一声惊雷，从而赢得满堂喝彩。

面对即将走向社会的莘莘学子，“根叔”没有正襟危坐地高呼口号，没有官气十足地拿腔拿调，没有要求学子们“忠诚……”、“为……奋斗终生”，有的只是父母般兄弟般的情谊劝慰，有的只是父母对远行孩子的殷殷嘱托，而且这些嘱托中时常爆发出一些经典的语句，让人记忆深刻。他说：

> 请记住，未来你们大概不再有批评上级的随意，同事之间大概也不会有如同学之间简单的关系；请记住，别太多地抱怨，成功永远不属于整天抱怨的人，抱怨也无济于事；请记住，别沉迷于世界的虚拟，还得回到社会的现实；请记住，“敢于竞争，善于转化”，这是华中科技大学的精神风貌，也许是你们未来成功的真谛；请记住，华中科技大学，你的母校。“什么是母校？就是那个你一天骂他八遍却不许别人骂的地方”。

多么朴实！多么精辟和经典啊！没有对教育和人性深邃的思考，没有亲力亲为地撰写发言稿，是很难说出这种惊天地泣鬼神的语言的。

正因为如此，“根叔”的讲话犹如一缕阳光投向了昏暗的病态的官场语言，犹如一股春风吹皱死寂沉默的官话池水。因此，人们呼唤有意义的出格，呼唤一潭死水中有更多涟漪的骚动，呼唤心灵不再纠结于现实的压抑，将目标推远，让理想永远在前方。这也正是“根叔”的出格带给我们的感动。这种出格原本才是大学的精神，只是“官气”久了，反而都给遗忘了。“根叔”的讲话只是回归人性，回归教育的本原而已。

华中科技大学新闻与信息传播学院院长张昆教授深受触动：“李校长的毕业致辞在学生和社会中反响很大，是因为他是用心在讲，不是站在官员的立场上讲官话，而是站在学生的立场上，用心与学生进行对等的互动交流，学生在他心中的地位非常重要。”

其实，“根叔”的动人，并不是因为一篇演讲致辞的“哗众取宠”。了解他的人都知道，他一以贯之与学生“零距离”的真诚与亲切：学生来函每信必复，记住每一个特别学生的故事，和学生在食堂经常“围桌而坐”，和学生谈心一谈就是两小时，甚至毕业典礼大会结束后当天，他身穿导师服用三个多小时的时间与其中的1200多名毕业生一一握手合影，甚至与一百多个同学拥抱……这些温暖的“小事”，才是“根叔”真正动人的内在力量。

事实上，不是“根叔”做得太好了，而是我们大多数的校长做得太差了。在我国，从中学到大学，校长都有各自的行政级别，久而久之，不但大学校长，就连中学校长也把自己当成官。凡事交由秘书处理，“亲自”的事情少了，官话套话多了；用于学生的时间越来越少，觥筹交错、迎来送往、摇唇鼓舌的时间越来越多了。有的领导兼任博导硕导，动辄指导数十个硕士博士研究生，学生连面也见不着，以至于连参加学生毕业照拍摄也只在某个班拍一次，其余各班在拍摄时给校长留个空位，拍好后将第一个班里拍到的校长一一复制粘贴！

我们的大学记忆正在以一种逃避理想、紧跟世俗的方式呈现在人们的面前：对名流权贵的主动攀附，对独立思考的排斥屏蔽，对市场经济的积极迎合，对传道授业的敷衍淡漠，对培养质量的降格以求……大学记忆越来越失去光泽与弹性，凸显出空洞、零乱、世俗的一面，成为俗不可耐的“一地鸡毛”，而能够体现大学精神、品格、操守的人物故事和文章语言则少而又少，形同鸡肋，味同嚼蜡，令人顿失敬意，又令人无可奈何。

看到现行教育体制的“杯具”，我们再想想诺贝尔奖获得者、曾任香港中文大学校长的高锟，常默默出现在校内很小规模的社科研讨会中，如学生般举手发问；更在典礼上因故遭到学生围攻而被迫下台时，面对记者发问“是否会惩罚带头学生”，还在狼狈中的他一脸诧异：“惩罚，为什么要惩罚学生?”再远些，还有蔡元培，1919年“五四”运动爆发后为抗议北洋政府逮捕北大学生，愤而辞职……在这些校长心中，学生是第一位的，他们爱逾珍宝，宽容有加，甚至可以为之牺牲功名利禄。学生怎不热爱这样的校长！

现在，“根叔”的走红，是华中科技大学学生的“幸福”，却也是更多学生的“辛酸”——因为如“根叔”一般的校长太少太少……但愿校长们能从“根叔”的发言中受到某种启示，真诚地热爱学生，走进学生的心灵，和学生多多“零距离”接触；同时改变报告的文风，多说点人话多说点心里话，学子们则一定会给你如潮的掌声和真诚而温暖的拥抱！

在华中科技大学毕业典礼大会上的致辞

李培根

亲爱的2010届毕业生同学们：

你们好！

首先，为你们完成学业并即将踏上新的征途送上最美好的祝愿。

同学们，在华中大的这几年里，你们一定有很多珍贵的记忆！

你们真幸运，国家的盛世如此集中相伴在你们大学的记忆中。2008奥运留下的记忆，不仅是金牌数的第一，不仅是开幕式的华丽，更是中华文化的魅力和民族向心力的显示；六十年大庆留下的记忆，不仅是领袖的挥手，不仅是自主研制的先进武器，不仅是女兵的微笑，不仅是队伍的威武整齐，更是改革开放的历史和旗帜的威力；世博会留下的记忆，不仅是世博之夜水火相容的神奇，不仅是中国馆的宏伟，不仅是异国场馆的浪漫，更是中华的崛起，世界的惊异；你们一定记得某国总统的傲慢与无礼，你们也让他记忆了你们的不屑与蔑视；同学们，伴随着你们大学记忆的一定还有什锦八宝饭；还有一个G2的新词，它将永远成为世界新的记忆。

近几年，国家频发的灾难一定给你们留下深刻的记忆。汶川的颤抖，没能抖落中国人民的坚强与刚毅；玉树的摇动，没能撼动汉藏人民的齐心与合力。留给你们记忆的不仅是大悲的哭泣，更是大爱的洗礼；西南的干旱或许使你们一样感受渴与饥，留给你们记忆的，不仅是大地的喘息，更是自然需要和谐、发展需要科学的道理。

在华中大的这几年，你们会留下一生中特殊的记忆。你一定记得刚进大学的那几分稚气，父母亲人送你报到时的情景历历在目；你或许记得“考前突击而带着忐忑不安的心情走向考场时的悲壮”，你也会记得取得好成绩时的欣喜；你或许记得这所并无悠久历史的学校不断追求卓越的故事；你或许记得裘法祖院士所代表的同济传奇以及大师离去时同济校园中弥漫的悲痛与凝重气息；你或许记得人文素质讲堂的拥挤，也记得在社团中的奔放与随意；你一定记得骑车登上“绝望坡”的喘息与快意；你也许记得青年园中令你陶醉的发香和桂香，眼镜湖畔令你流连忘返的圣洁或妖娆；你或许“记得向喜欢的女孩表白被拒时内心的煎熬”，也一定记得那初吻时的如醉如痴。可是，你是否还记得强磁场和光电国家实验室的建立？是否记得创新研究院和启明学院的耸起？是否记得为你们领航的党旗？是否记得人文讲坛上精神矍铄的先生叔子（编者注，指该校前校长杨叔子院士）？是否记得倾听你们诉说在线的“张妈妈”？是否记得告诉你们捡起路上树枝的刘玉老师？是否记得应立新老师为你们修改过的简历，但愿它能成为你们进入职场的最初记忆。同学们，华中大校园里，太多的人和事需要你们记忆。

请相信我，日后你们或许会改变今天的某些记忆。瑜园的梧桐，年年飞絮成“雨”，今天或许让你觉得如淫雨霏霏，使你心情烦躁、郁闷。日后，你会觉得如果没有梧桐之“雨”，瑜园将缺少滋润，若没有梧桐的遮盖，华中大似乎缺少前辈的庇荫，更少了历史的沉积。你们一定还记得，学校的排名下降使你们生气，未来或许你会觉得“不为排名所累”更体现华中大的自信与定力。

我知道，你们还有一些特别的记忆。你们一定记住了“俯卧撑”、“躲猫猫”、“喝开水”，从热闹和愚蠢中，你们记忆了正义；你们记住了“打酱油”和“妈妈喊你回家吃饭”，从麻木和好笑中，你们记忆了责任和良知；你们一定记住了姐的狂放，哥的犀利。未来有一天，或许当年的记忆会让你们问自己，曾经是姐的娱乐，还是哥的寂寞？

亲爱的同学们，你们在华中大的几年给我留下了永恒的记忆。我记得你们为烈士寻亲千里，记得你们在公德长征路上的经历；我记得你们在各种社团的骄人成绩；我记得你们时而感到“无语”时而表现的焦虑，记得你们为中国的“常青藤”学校中无华中大一席而灰心丧气；我记得某些同学为“学位门”、为光谷同济医院的选址而愤激；我记得你们曾经对我的呼喊：“根叔，你为我们做成了什么？”——是啊，我也得时时拷问自己的良心，到底为你们做了什么？还能为华中大学子做什么？

我记得，你们都是小青年。我记得“吉丫头”，那么平凡，却格外美丽；我记得你们中间的胡政在国际权威期刊上发表多篇高水平论文，创造了本科生参与研究的奇迹；我记得“校歌男”，记得“选修课王子”，同样是可爱的孩子。我记得沉迷于网络游戏甚至濒临退学的学生与我聊天时目光中透出的茫然与无助，他们还是华中大的孩子，他们更成为我心中抹不去的记忆。

我记得你们的自行车和热水瓶常常被偷，记得你们为抢占座位而付出的艰辛；记得你们在寒冷的冬天手脚冰凉，记得你们在炎热的夏季彻夜难眠；记得食堂常常让你们生气，我当然更记得自己说过的话：“我们绝不赚学生一分钱”，也记得你们对此言并不满意；但愿华中大尤其要有关于校园丑陋的记忆。只要我们共同记忆那些丑陋，总有一天，我们能将丑陋转化成美丽。

同学们，你们中的大多数人，即将背上你们的行李，甚至远离。请记住，最好不要再让你们的父母为你们送行。“面对岁月的侵蚀，你们的烦恼可能会越来越多，考虑的问题也可能会越来越现实，角色的转换可能会让你们感觉到有些措手不及。”也许你会选择“胶囊公寓”，或者不得不蜗居，成为蚁族之一员。没关系，成功更容易光顾磨难和艰辛，正如只有经过泥泞的道路才会留下脚印。请记住，未来你们大概不再有批评上级的随意，同事之间大概也不会有如同学之间简单的关系；请记住，别太多地抱怨，成功永远不属于整天抱怨的人，抱怨也无济于事；请记住，别沉迷于世界的虚拟，还得回到社会的现实；请记住，“敢于竞争，善于转化”，这是华中大的精神风貌，也许是你们未来成功的真谛；请记住，华中大，你的母校。“什么是母校？就是那个你一天骂他八遍却不许别人骂的地方”。

亲爱的同学们，也许你们难以有那么多的记忆。如果问你们关于一个字的记忆，那一定是“被”。我知道，你们不喜欢“被就业”、“被坚强”，那就挺直你们的脊梁，挺起你们的胸膛，自己去就业，坚强而勇敢地到社会中去闯荡。

亲爱的同学们，也许你们难以有那么多的记忆，也许你们很快就会忘记根叔的唠叨与琐细。尽管你们不喜欢“被”，根叔还是想强加给你们一个“被”：你们的未来“被”华中大记忆！

简析：

李培根（根叔），1948 年生，湖北人。教授，博士生导师，中共党员。2003 年 12 月当选为中国工程院院士，2005 年 3 月起担任华中科技大学校长。

2010 年 6 月 23 日，在华中科技大学 2010 届本科生毕业典礼上，校长李培根院士作了这个 2000 余字的演讲。演讲中，作者把 4 年来的国家大事、学校大事、身边人物、网络热词等融合在一起。李培根校长 16 分钟的演讲，被掌声打断 30 次。全场 7700 余名学子起立高喊："根叔！根叔！"

"根叔"对母校的解释让人感到异常亲切："什么是母校？就是那个你一天骂他八遍却不许别人骂的地方"。与其说"根叔"是在以大学校长的身份讲话，不如说是同学毕业之前的临别赠言，激情饱满，情深意切，心灵沟通，催人奋进。

"根叔"说到了"根"上，说到了同学们的心坎里。"根叔"没有更多的大道理，没有更多的漂亮话。也许你会选择"胶囊公寓"，或者不得不蜗居，成为蚁族一员。没关系，成功更容易光顾磨难和艰辛，正如只有经过泥泞的道路才会留下脚印。蚁族之艰难，曾经让很多即将毕业的大学生心生恐惧，但又无力扭转乾坤。作为校长，"根叔"没有正襟危坐，没有空喊口号，而是立足现实，正视蚁族，励志人生。"我知道，你们不喜欢'被就业'、'被坚强'，那就挺直你们的脊梁，挺起你们的胸膛，自己去就业，坚强而勇敢地到社会中去闯荡。"

"根叔"的话说到了"根儿"上，学生感到了真情，所以产生了共鸣。"根叔"的讲话让我们想到了某些官样文章，空话套话连篇，假话废话不断，台上领导机械宣读，台下听众昏昏欲睡；台上他说，台下说他；讲者居高临下，听者如同嚼蜡。如此一来，既浪费了感情，又浪费了纸张，还浪费了大好时光，更重要的是还耽误了家事与国事，因为空谈误国，实干兴邦。

"根叔"的讲话激情饱满，沟通心灵深处，将心比心，充满人文关怀，确实说到了"根儿"上，谈到了点子上，感天动地，让人铭心刻骨。"也许你们难以有那么多的记忆，也许你们很快就会忘记根叔的唠叨与琐细。尽管你们不喜欢'被'，根叔还是想强加给你们一个'被'：你们的未来'被'华中大记忆!”

感谢“根叔”的真情感言。期待更多的“根叔”出现，期待更多的“根叔”似的讲话，期待更多的“根叔”一样的真情沟通，让我们重建美好的精神家园。历史定格在毕业典礼上，苦乐镌刻在拼搏的道路上，那些聆听校长感言的毕业生一定会永远记住“根叔”跟他们说过的那句震撼人心，温暖人生的话：“什么是母校？就是那个你一天骂他八遍却不许别人骂的地方。”

（原载《演讲语言与欣赏》，2010 年科学出版社）

第七节　邢福义先生语言表达的魅力

邢福义先生是我国著名语言学家，他的学术地位是国内外语言学同仁所公认的。人们对邢先生的学术观点及其影响已经作了很多阐述和评论，但是对他的语言表达风格却几乎没有进行认真的探索。阅读过邢先生的著作或聆听过邢先生的授课、讲座以及谈话的朋友，都觉得邢先生除了语言学论文写得通俗易懂之外，其口语表达也是很有特色的。邢先生不仅是语言研究大师，而且也是驾驭语言和使用语言的高手。

一、语言幽默，展现大师风采

邢先生无论是上课、讲座还是谈话，其语言往往非常幽默风趣。幽默使人轻松愉快，让人情不自禁发出会心的微笑，在笑声中，邢福义先生与学生、与朋友、与听讲座人员在思想上产生共鸣，于是彼此之间的一些无形之墙就融化了。1995 年 4 月上旬，年过六旬的邢福义先生在海南大学开会，会后邢福义先生买了一挂小香蕉，分给大家吃。另一个语言学家詹伯慧先生剥开咬了一口，颇感意外地说：“呵，别看它其貌不扬，还真很甜!”邢先生马上说：“就像你一样，别看是这个样子，实际上满腹经纶，肚子里全是学问。”当时，新加坡南洋理工大学云惟利博士夫妇在场，年轻的云太太很认真地审视了詹伯慧先生好一会，然后又很认真地对邢福义先生说：“其实詹教授很好看!”随和的詹伯慧先生立即“随”口“和”之:“我哪有邢福义好看!”大家哈哈大笑，特别是为云太太认真地打抱不平的神情笑得特别开心。如果说朋友之间来点幽默，活跃气氛，挺有意思，那么学术讲演时也来点幽默，却可以使整个会议轻松灵动起来。有一次，邢先生给我们开了一个讲座，在讲到“口”与“嘴”的区别时。他说:

> 一般的英汉词典可能将“mouth”翻译成“口、嘴”，事实上，“口”和“嘴”真的是一回事吗?我举一个例子，就说明“嘴”和“口”是有区别的。如:“昨天我打了他一个嘴巴”，这句话成立。可是如果说成“昨天我打了他一个口巴”就不能成立。为什么?“昨天我亲口跟他说过这件事”可以说，那么“昨天我亲嘴跟他说过这件事”，有这么说的吗?

邢先生幽默的语言让听讲座的师生哈哈大笑，既融洽了师生之间的气氛，展现了一个大师的风采，同时又在笑声中给我们思考和启迪:语言问题到处都存在，我们缺少的是发现问题的眼睛。

二、巧用比喻，寓诙谐于庄重

针对有些毕业研究生不想走做学问这条艰辛的道路，而把注意力集中到走仕途或者走经商之路，邢先生没有直接对这些学生的选择进行说教，而仅仅是讲他自己的故事。他说:

> 从懂事的时候起，我常常喜欢挤在祖父身边听老人们“讲古”，漫说人生。家乡的老人们经常慨叹说:“猪向前拱，鸡向后扒”。意思是说人总要活，不同的人有不同的活路。这句话影响了我大半生，使我悟出了许多道理。首先，要拱要扒。拱和扒，意味着奋斗求生存，求发展。其次，猪只能拱，鸡只能扒。猪有猪的特点，鸡有鸡的特点，这就决定了它们各有各的办法。如果鸡往前拱，猪往后扒，鸡和猪都活不下去。再者，往前拱和往后扒没有优劣之分，关键在于怎样发挥自身的优势。

邢先生用生动形象的比喻，教育学生根据自己的特点特长选择自己的职业或人生之路。没有说教，没有大话，没有口号，没有批评，没有议论学生们的选择。针对学术界文人相轻的不良倾向，先生使用比喻的方法说：我们要做到“文人相亲”，一个群体里，人与人总会有差异，总会有这样那样的矛盾。关键是要识大体，顾大局，以事业为重，相互谅解，相互补足。假如一个群体20人相互间团结协作优势互补，所起的作用就不仅仅是“10＋10＝20”的加法关系，而是“10×10＝100”的乘法关系；反之，要是相互间闹矛盾，搞摩擦，力量就会相互抵消，能量的发挥便成为减法关系、除法关系。正因为如此，我们提倡“做一群蚂蚁，不做一袋子螃蟹”。蚂蚁虽小，但善于群体奋战，可以搬动大山；螃蟹尽管威风凛凛，可一袋子螃蟹倒在地上，就会各爬各的。

关于人生职业的问题，关于人际合作的问题，这些都是一些庄重严肃的话题，可是邢福义先生却用明白晓畅、发人深省的比喻给了我们答案，寓诙谐于庄重之中。

三、随疑设问，教会我们作文

邢先生看书、看电视、聊天、谈话等都可能随时发现一些值得研究的语言问题，这种能力也在影响着他的学生，培养学生观察语言问题，理解语言问题，敏感地捕捉一些语言现象。比如关于“有”和“没”的问题，邢福义先生说：前不久，电视上播放解放初期拍摄的歌剧《白毛女》，喜儿在唱，电视屏幕上印着这么两句歌词：“有钱人结亲讲穿戴，我爹没钱不能买。”过了几天《光明日报》发表一篇有关《白毛女》的评论，提到的歌词却是“我爹钱少不能买”。“没钱”改成了“钱少”。为什么？其理由肯定是：既然没钱，怎么能买红头绳？既然能买红头绳，怎么能说“没钱”？因此，说“钱少”才准确。这样的形式逻辑推论，把语言应用中复杂多变的现象简单化了。我们认为，语言不是数字。用“钱少”当然不错，但人们在特定语境中说“没钱”，往往也就是“钱少”、“钱不够”的意思。邢先生敏感地感觉到“没”不等于“零”，“没钱”绝对不等于“零”，并由此写了一篇有理有据说服力很强的文章《从语言不是数字说起》，并在核心刊物《语言文字应用》上发表。1999年，在中华人民共和国成立五十周年的时候，有的报刊举行征文活动，把栏目定为“我与祖国同龄征文”。邢先生马上觉察出这句有问题，于是说：我与祖国同龄，这等于说，只要是1949年出生的中国人，都跟自己的国家同龄。这显然是不恰当的。在这个说法里，把“祖国”跟“共和国”、“社会主义祖国”等同起来了。试问：如果说1949年出生的人跟祖国同龄，那么他们的父母、他们的祖父母的年龄，岂不是比祖国的年龄还要大？邢先生在学术路上随时都能发现问题，并深深地感染着他的一批又一批学生。他常说的一句话就是“让学生站到问号的起跑点上”。他认为要引导学生站到问号的上面，永远把问号作为起点，不断向新的问号追逼挺进。首先上课不搞满堂灌，不用宣讲式；其次，加强研究示范，避免教师的研究工作同学生的研究工作互不沟通；再次，注意发现学生的长处，善于诱发学生的长处。在他看来，只有让学生站在问号的起跑点上，才能使他们的智慧闪光。他是这么主张的，也是这么实践的。

四、谦虚谨慎，教会我们做人

邢先生经常反思自己走过的路和写过的文章，以此来教育警醒鞭策他的学生。他常将自己青年时期所碰到的问题坦诚地告诉青年学友，以此避免青年学友犯类似的毛病。邢先生看到我们有些青年取得了一点成绩便流露出骄傲的情绪，便常常教育我们说，不要动不动就是“创建一门新学科”；不要动不动就是“填补了学科的空白”；不要动不动就是“国内外著名”。学者的道路是一步一个脚印艰难行进的道路；路和脚印，是一个学者成就高低的标志。好学者特别是优秀的学者，不仅路是新路，而且脚印是实实在在的脚印，是深深地陷入土地的、长长地延伸在新路上的脚印。只有用走过的路和留下的脚印来显示自己，证明自己，塑造自己，才能得到大家的肯定承认，才能从学术界这面大镜子中看到自己，找到自己。吹牛皮说大话，特别容易使人在自鸣得意中迷失自己，那是任何严肃学者所忌讳的。邢先生为人谦虚，待人谦逊，为文谨慎，治学谨严。正因为有这样的风范，所以培养的一批学生诸如李宇明、萧国政、徐杰、储泽祥、李向农、汪国胜、吴振国等都是学术界为人为文有口皆碑的学者。

五、语言经典，言有尽义无穷

邢先生毕竟不是一个社会活动家，也不是演讲家，他主要专注于学术研究。邢先生的语言经典，言有尽义无穷。他常说：

> 抬头是山，路在脚下。一个有作为的人，眼睛要看着山，心里要想着山。但是上山的路要靠自己一步一个脚印地去走，一步一个脚印去踩开。山顶不易攀登，成功不靠侥幸。为人第一，为学第二；文品第一，文章第二。作为一个学者，参考别人的意见，要向读者交代清楚；说理、友善、平等是对待学术上不同意见的基本要求。
>
> 在治学的道路上，无止境地追求，自强不息；在个人利益上，有限度地追求，知足常乐。人要立志。人而无志，虚度时光，愧对人生。立了志，就要求成。人字一撇一捺，如果把立志比喻为一撇，那么求成便可以比喻为一捺。只有一撇是丰满粗壮的，同时一捺也是丰满粗壮的，“人”字才能丰满粗壮地站立起来，突现起来。不然，就只是一个疲软的人。
>
> 学术研究应该提倡涵容、包容和宽容。一个学者应该心胸宽阔，能涵容不同的观点，能包容不同的说法，对不同意见要采取宽容的态度，多多考虑不同说法的合理性。

邢先生这些经典语言，蕴涵了无穷无尽的人生哲理，永远激励着他的学生、学友、朋友不停地追求学问，追求真理。

邢先生毕生从事教育教学科研，其论著语言、授课语言、讲座语言以及与朋友聊天的语言等都是非常精彩的，有他自己特有的魅力。邢先生是一位著名语言学家，他本身的语言也是一座有待开掘的宝库。

（原载《语文教学与研究》2007 年第 3 期）

邢福义先生和他爱说的三句话

武汉大学博士生导师　萧国政

1935年农历五月三十日，邢福义先生出生于海南岛乐东县黄流乡。黄流在海南岛南端，往东数十里海边有一石崖，便是著名的“天涯海角”。邢先生的启蒙教育，是坐在识字不多的爷爷腿上，听念《五虎平南》、《罗通扫北》、《薛仁贵征东》、《三国演义》等旧小说完成的。从小学到大学，整个在校的读书时间仅十年。

由于中国特殊的历史岁月，邢福义先生1956年留在华中师范大学中文系任教之后当了22年助教；“文革”结束后的1978年，从助教越级晋升为副教授；1983年，晋升教授；1988年4月起，任华中师范大学语言学研究所所长；1990年，他被国务院学位委员会批准为现代汉语专业博士生导师；1993年起，任第八届全国政协委员；1995年，被评为全国教育系统劳动模范；1998年起，任第九届全国政协委员。现为国家哲学社会科学研究规划语言学科组副组长，教育部人文社会科学研究专家咨询委员会委员，教育部高等学校教学指导委员会委员，中国对外汉语教学学会会长，中国语文现代化学会副会长，中国语言学会常务理事，深港澳语言研究所学术顾问兼咨询。

1999年2月，他得到各方面的大力支持，在华中师范大学创建我国第一个以母语汉语为教学和研究对象的语言学系，出任系主任。国内外包括北京大学、香港大学、美国夏威夷大学、新加坡国立大学、新加坡南洋理工大学等单位的许多语言学家来信祝贺。全国人大副委员长许嘉璐在一封长信中说：“贵校成立语言学系，喜不自胜，逢人必道，闻者无不抚掌。”“此乃中国语言学将兴之征”。“语言学系自当大有作为”。

邢福义先生主攻汉语语法学，同时也研究逻辑、修辞、方言、文化语言学及其他跟语言学有关的问题。在治学上，邢先生以三句话作为他的行为规范。

第一句：抬头是山，路在脚下

从20世纪80年代初开始，每届新生入学，不管是硕士生、博士生还是语言学系的本科生，邢先生都要首先讲这句话。他写了《抬头是山，路在脚下》一文，发表在《中师生报》第146期（1992年5月17日）上。他解释道：一个有所作为的人，眼睛要看着山，心里要想着爬山。但是，上山的路要靠自己一步一个脚印地去走，一步一个脚印地去踩。山顶不易攀登，成功不靠侥幸。他心目中的山是多峰峦的，对于某个具体的研究，他的追踪从来就没有过止境。一般来说，复句研究他已经做得相当不错了，但是他在《汉语复句研究》自序中写道：

> 越研究，问题越多，越有更多的糊涂。……晏殊《玉楼春》中有两句话，我改换了其中的两个字，说成："天涯地角有穷时，只有学问无尽处！"这大概能表明自己现今的心绪。

他还写道：

> 这本书，总算为自己的复句研究打了个句号，但是，句号只意味过去，却不代表终结。句号放大是个0，往前又是0起点！

"抬头是山，路在脚下"，早些年成了华中师范大学语言学研究所所训，这两年又成了华中师范大学语言学系系训。

第二句：猪往前拱，鸡向后扒

《海南日报》1996年6月3日发表过邢先生的散文《根在黄流》。他写道：

> 从懂事的时候起，我就喜欢挤在祖父身边听老人们"讲古"，漫说人生。家乡老人们经常慨叹着说："猪往前拱，鸡往后扒！"意思是，人总要活，不同的人有不同的活路。这句话深深地刻在了我的脑子里，影响了我的大半生。从这句话，我悟出了许多人生哲理。首先，要拱要

扒。拱和扒，意味着奋斗求生存，求发展。其次，猪只能拱，鸡只能扒。猪有猪的特点，鸡有鸡的特点，这决定了它们各有各的办法。如果鸡往前拱，猪往后扒，鸡和猪都活不下去。再次，往前拱和往后扒没有优劣之分，关键在于怎么样才能发挥自身的优势。哲人们强调"扬长避短"，立意也是如此。

他只读过十年书，专科学历，不在名校工作，身边没有名师指引，背后没有菩萨引渡，每前进一步，都比别人多几分艰难，每前进一步都是依靠自己的摸索。但是他很"善师"。一方面他善师于方家。从 20 世纪 50 年代起，《中国语文》每发表一篇有分量的语法论文，他都要反复"悟道道"：作者是怎么抓到这个题目的？作者是怎样展开这个题目的？在方法上有什么长处？在材料运用上有什么特点？由于经常如此坚持"偷学"，终于养成了无言中求教于众多高明学者的习惯，众多高明的学者也就在"函授"中成了他的导师。另一方面，善师于自己。他有一个自己教自己的办法：有的文章写成后搁起来，过一段时间拿出来挑挑毛病改一改，再过一段时间又拿出来挑挑毛病改一改。有的文章的时间跨度竟有三十年。如关于动词作状语的文章，1956 年 12 月写一稿，1958 年 10 月写二稿，1990 年 11 月才定稿为《现代汉语的特殊格式"V 地 V"》发表。他说：

我这是自己牵着自己走路。我属猪，我只有一个办法，就是："往前拱！"

第三句：年年岁岁，春夏秋冬

《海南日报》1998 年 11 月 22 日发表过邢先生的散文《年年岁岁　春夏秋冬》。

他写道：

春夏秋冬是个时间概念。春夏秋冬意味着一年有四季，四季有十二个月，十二个月有三百六十五天。做什么事，做一天两天，做十天半个月，这还是比较容易的。要是一年三百六十五天天天如此，这就不容易。这就需要坚持不懈，需要韧性和毅力。

1994年3月中旬，他应东北师范大学出版社之约，撰写一部《汉语语法学》，合同规定于1996年6月交稿。从此，他给自己立了“法”：一年多时间里，平均每天必须为这部书写一千字。假若哪一天没写，第二天一定得补还；假若出差，回来后得按天数补起来。他说，如果放弃了这个要求，就等于自己为人做事的失败。

他写道：

春夏秋冬又是一个气候概念。春夏秋冬意味着有春天也有夏天，有秋天也有冬天，有鲜花和温暖，也有冰雪和严寒。这就要求能够应变，经得起各种考验。

1997年2月5日，牛年即将到来，家家户户都在准备过春节，师母忽然中风瘫痪。师母住院期间，他至少每天跑两次医院，送饭，送换洗衣服；师母接回家之后，他不仅要上街买药，而且天天跑菜场买菜。家中有个瘫痪病人，家务压力和心理压力之大，一般人难以想象。他要求自己：一定要挺住！一有空隙，他立即坐到计算机旁，写起东西来。三年多时间过去了，他的书照样一本一本地出，他的文章照样一篇一篇地发表。他说，困难能够压倒一个人，也能够锻炼一个人的定性和承受力。

他写道：

春夏秋冬又是一个发展概念。一个春夏秋冬之后又出现一个春夏秋冬，周而复始，万象更新，循环往复，不断上升。人的生命历程也是有阶段性的，在不同阶段的生命历程中要不断地有新的开始，不断地站到新的起跑线上。

他把四十多年走过的路总结为“三部曲”。第一部曲是“偷学”，从20

世纪50年代起，花了十多年的时光；第二部曲是“自悟”，进入80年代之后，把重点放到着力于提高自己的悟性上面，着意培养观察问题的敏锐眼光；第三部曲是“有我”，进入90年代以后，把重点放到着力于在科学研究中找到自己上面，追求提出带有个性的见解和主张。这三部曲自然不是顿变的，而是逐渐过渡的。他深有体会地说：“四时行焉，百物生焉。（《论语》）这里头，蕴涵着很深很深的哲理。”

可见“抬头是山，路在脚下”、“猪往前拱，鸡向后扒”、“年年岁岁，春夏秋冬”这三句话，其核心思想是“自强不息”四个字。

（原载《今日湖北》2003年第10期）

第八节 王希杰先生作品的语言生命力

王希杰先生的学问是语言学界尽人皆知的。40多年来，王先生已经写出600多篇文章在各种刊物上发表，其影响遍及海内外同仁。这些文章，有的几百字，有的数千字，有的上万字。不管篇幅长短大小，读其作品都是一种轻松愉快的享受，让人如饮甘露，如坐春风，给人以精神享受，让人心情愉悦。王希杰先生凭借其扎实的语言理论功底和独树一帜的语言表达方式能够吸引大量的非语言学专业的人士来阅读语言学著作，这对于扩大语言学在学术界的影响、提高语言学在学术界的地位是一件非常有意义的事情。下文拟探讨王希杰先生作品的语言特点及其生命力。

一、散文化的语言，风行水面，自然成文

王希杰先生作品多用散文随笔形式写成。虽然用散文随笔的形式写语言学的文章不是王希杰先生的首创，但是，王希杰先生却将这种形式发挥到极致。其影响之大超过了很多前辈大家，在质和量上比同时代的学术大师略胜一筹。

研究语言的人都有这样的经验，许多语言学作品给人的感觉就是术语的

艰深、论述的晦涩，表达的拗口，乏味语料的堆砌，好似一些了无情趣、枯燥无味的语言标本，令读者昏昏欲睡，令许多后学者望而却步。

其实，语言类文章同样可以写成文学样式的文章。在这方面吕叔湘先生、王力先生等一代语言学宗师已经为我们树立了榜样。王力先生20世纪40年代初在当时很有影响的《生活导刊》上发表了大量的语言小品文。对于研究语言的人去写文学式的文章，王力先生是这样说的：

> 像我们这些研究语言的人，总是差不多与世隔绝的。有时一念红尘，不免想要和一般读者亲近亲近。因此，除了写一两本天书之外，不免写几句人话。这样就是不甘岑寂，是尼姑思凡。

当然，王力先生这种说法很幽默，但这也启示我们研究语言的人要多和读者亲近，而不是置身象牙塔，钻进故纸堆，制造一些佶屈聱牙的语言标本。因此，后来的语言学家吕叔湘先生、张志公先生等都有大量的散文化了的语言来写作的语言学作品。从编入中学语文教材的语言学作品来看，王力先生的《语言与文学》、吕叔湘先生的《语言的演变》、张志公先生的《修辞是一个选择过程》，都是非常通俗的语言作品，读者喜闻乐见。进入20世纪80年代末，王希杰先生《模糊理论和修辞》被选入全国统编教材，90年代末，王希杰先生的《有物、切题、真实、适量》又被编入高中语文统编教材。这是很不容易的。

我们随便看看王希杰先生一篇语言学文章：

> “朋友，你到过黄河吗？你看过黄河上的羊皮筏子吗？你乘坐过黄河上的羊皮筏子吗？……”

这哪里是语言学的文章？这分明就是散文。

再看看王希杰先生的《癞蛤蟆和天鹅肉》一段话：

> “癞蛤蟆和天鹅是一组对立的意向。一个在天上，一个在地下，一

个在洁白的白云中飞翔舞蹈，一个在污泥浊水中爬行，一个美丽，一个丑陋，一个高贵，一个低贱”；“它们遵从了人类的教训：要认识你自己！经过反思，它们十分地认识到了它们自己，它们承认它们丑陋、低贱，同白天鹅，一个天上，一个地下，风马牛不相及，有天渊之别。它们老实，本分，不妄想，不胡思乱想，安于现状，甘于落后，只求过得去，不想改变现状，没吃到羊肉，还惹了一身臊，被人耻笑，它们害怕失败和失败后的痛苦”。“细想一下，嘲讽挖苦癞蛤蟆想吃天鹅肉的人们，在思想深处，有一个择偶原则，便是门当户对，尤其是男性必须比女性高明高大高强，否则便是妄想。这其实正是男尊女卑的观念的一个变形产物。如果男女是真正的平等，爱情只建立在感情上，那么癞蛤蟆和天鹅只要有感情，便可以成双成对了！”

亲爱的读者朋友，当你读到这样的作品，难道不认为读到的是一些优美的散文吗？须知这是语言学的作品，能够将枯燥的语言学作品写成如此老辣的文学作品恐怕一般人是很难达到如此高的境界的。如此生动形象、没有雕琢、没有粉饰、自然成文，有思想内容又有艺术特色的语言学作品想让其没有生命力恐怕也很难吧。

二、生活化的语言，植根群众，泥土深厚

关于学习语言的途径，毛泽东曾精辟地指出：“第一，要向人民群众学习，人民的语汇是很丰富的，生动活泼，表现生活实际的。我们很多人没有学好语言，所以在说话写文章时没有几句生动活泼切实有力的话，只有死板板的几条筋，像瘪三一样，瘦得难看，不像一个健康的人。第二，要从外国语言中吸收我们所需要的成分。第三，我们还要学习古人语言中有生命力的东西。”语言只有置身于广大人民群众中才具有无穷的生命力。王希杰先生作品的语言主要来源于身边的生活。阅读他的作品就仿佛身边一个老人在和我们聊天、拉家常，彼此亲切，热乎，熟悉，没有陌生感，不觉得吃力，没有痛苦和难受。可以说，王希杰先生是毛泽东语言思想的忠实实践者。我们任选一篇王希杰先生的随笔小品文，可能出现这样的语言：

> 总之，把强词夺理作为论辩的手段，不好，很不好，十二万分不好。但把强词夺理作为一种修辞手段来用，好得很哩。因为说写者并不相信或者不完全相信自己的话，也并不要求听读者相信或者完全相信他所说的一切，醉翁之意不在酒也。完全相信，呆子一个！

这都是一些典型的日常语言，生活化的语言。

王希杰先生在《东家之子美丑辨》说：

> 可千百年来的读者，包括你我他，可一直认为东家之子既不高来也不矮的呀！这个王若虚真是神经病没事找事做，吹毛求疵，强词夺理，诡辩！

这样的语言何等生活化，这种生活化的语言何愁没有生命力！有生活才有艺术，有生活，艺术才有生命力。

读到王希杰先生这样的文字，一点也感觉不到这是在读被认为枯燥的语言学著作。这纯粹是在阅读精妙绝伦的散文，在体验最基层的劳苦大众的生活，在听街坊邻居、左邻右舍、市井小人、平头百姓、夫妻配偶、七大姑八大姨在聊天斗嘴打情骂俏。这样就难怪黄健同学在《不可错过的美》中说："我一直对语言学抱有偏见，认为他们枯燥乏味，但当我读到著名语言学家王希杰老师的随笔时，便立生耳目一新之感，被其作品呈现的新鲜生动、潇洒从容、开启智慧的别树一帜的风格所吸引，读后如在酷暑里吃冰西瓜，一个字：爽！"

三、智慧化的语言，启迪心智，拓展认知

湖南师范大学秦旭卿教授说："希杰有深厚的普通语言学理论根底，有学术胆略，善于和敢于提出新问题。他从不空口说白话，言必有据，但也不就事论事，必从事例中抽象概括出一个道理来，使人受到启发。即使材料是别人用过了的，也必发人之所未发，对人有所启迪。所以有学生对我说：读

王希杰先生的书，人会变得聪明。”

读王希杰先生的作品不仅给人一种美的享受、心灵的涤荡、精神的陶冶，同时也给人智慧。这种语言我们可以说是一种智慧化了的语言。

王希杰先生的《反成语》一文，实际上就是教我们换一个角度思考问题，看待事物。变换角度思考问题，实际上是一种科学的思维方法。这种方法不但可以增添生活的情趣，增加生活的乐趣，而且可以拓展我们思维的角度、深度和广度，丰富和深化我们的知识，提升我们的认知能力。《反成语》这篇文章虽然有调侃幽默开玩笑的成分，但玩笑中蕴涵着非玩笑的因素，即合理性、真理性，可以使我们聪慧、深刻。

如："放虎归山"这一举动在古代那简直就是害人害己，大不可取的行为，有时比喻成放走敌人，贻害无穷，而且有姊妹词组"放虎归山，必有后患"为证。但是现在是一种非常好的行为，是党和政府大力提倡的行为，是广大动物爱好者的口号。

"己所不欲，勿施于人"，早在2500年前，孔子就说了这句老话。这句话道出了做人的真实意义，就是说要用自己的心推及别人；自己希望怎样生活，就想到别人也会希望怎样生活；自己不愿意别人怎样对待自己，就不要那样对待别人；自己希望在社会上能站得住，能通达，就也帮助别人站得住，通达。简单地说就是推己及人，它和中国民间常说的将心比心，设身处地为别人想一想等，指的都是一个意思。但是王希杰先生认为，"萝卜白菜，各有所爱"。人和人应当互补，互通有无。所以我嫌多的东西，别人不一定多，甚至正是别人所需要的东西；我不喜欢的东西，别人不一定不喜欢。考虑到人与人之间的这种互补关系，那么"己所不欲，勿施于人"并不好，"互通有无"才是对双方都有益的。

在王希杰先生大量的作品里，这种智慧化了的语言随处可见。

比如：坐井观天、斤斤计较、半斤八两、标新立异、变化无常、开卷有益、偷梁换柱等都可以反其道而观之。

王希杰先生说："白日做梦，要得；对牛弹琴，牛喜欢；非驴非马，就是创造；隔年皇历，大有用处；画蛇添足，大有道理；画龙不点睛，一样妙；为好龙的叶公辩护；东施效颦，自有道理；乐不思蜀，有真有假；瞎子摸象是冤案；天下乌鸦一般黑，不对！有的乌鸦就是白色的”。这些换位思考，变换角度观察思考的方法不正是我们提倡的一种创新吗？

王希杰先生在《哗众取宠的“男保姆”》一文中详细地解释了男保姆、女保姆这些词语产生的原因。在《对称和潜词》中，从语言学理论的角度阐释了为什么“妓女”对称的不是“妓男”，而是“男妓”。在《“肥肉”的双重“人格”》中饶有趣味地解释了“肥肉”两面派的特点。这些文章短小精悍，表面上看去似乎也没有很高的学术价值，但事实上，王希杰先生对这些语言现象的解释都是在语言学理论指导下深入浅出地进行完成的。比如：《词性、结构和意义》说的是语言的语法和意义；《“减肥”和“瘦身”》谈的是语义和文化心理世界的关系；《潜义和修辞》蕴涵着潜显理论；《答话的规则和偏离》蕴涵零度偏离理论……

总之，说理透彻，明白晓畅，无生僻的术语，无绕口的阐释，在轻松愉快的阅读的享受中我们不知不觉收获了智慧，收获了知识，开阔了视野，逐渐变得聪明起来。

四、多样化的语言，色彩斑斓，为我所用

王希杰先生博览群书，博闻强记，阅读其语言学著作，让人不能不承认他是一个天才的语言学家。他的语言学随笔作品里语言、文学、历史、文化、哲学等百科知识均为我所用。多样化的语言例子更是俯仰即拾。

英语是王希杰先生作品里使用较多的一种语言，王希杰先生在很多作品里都使用了英语，如在《“慢”话》里，作者使用了大量的英语：

Quick meal; Lunch counter; Don′t go yet please. Wait a minute, please. Stay, please.

当然，在其他很多作品里也有许多事例。

方言在王希杰先生作品里也运用得恰到好处。在《没有骂人功能的骂人话》一文中，引用了武汉作家池莉作品里的武汉方言的骂人话。

> 嫂子膝下的小男孩爬竹床一下子摔跤了，哇地大哭。她丈夫远远地叫道：“你这个婊子养的耷了！伢跌了！”

嫂子拧起小男孩，说："你这个婊子养的么样搞的吵！"

猫子说："个巴妈苕货。他是婊子养的，你是么事？"

嫂子笑着拍猫子一巴掌，说："哪个骂人了不成？不过说句口头语。个巴妈装得像不是武汉人一样。"

笔者在武汉读书、工作、生活有很长一段时间，对武汉话和武汉人比较了解。因此，看到王希杰先生引用池莉作品的武汉方言，我倍感亲切。上述例子中的"婊子养的、伢、个巴妈、苕货、么样搞得吵"都是典型的武汉方言。武汉气候异常，夏天暴热，冬天暴冷，所以武汉人性格耿直，很好交朋友，但是武汉人脾气也很火爆，喜欢骂人，常常连自己的老婆、孩子等都骂"婊子养的、日你妈"等之类最恶毒的语言。其实，这句话也不一定就是骂人话，只不过表示一种语气，甚至一种习惯用语，什么意思都没有。如称赞一本书好看，武汉人往往说："个婊子养的，好过瘾呀！"夸奖一个女孩漂亮，武汉人也可能会说："个婊子养的，好清爽呀！"等等。正如王希杰先生说的那样是"没有骂人功能的骂人话"，武汉人自己也说"哪个骂人了不成？不过说句口头语"。

法语、德语、意大利语也使用。王希杰先生在《翡翠冷和借词的文化价值取向》里使用了法语，如：fontainbleau；使用了德语，如：Beethoven；使用了意大利语，如 D'Annunzio。

至于文言文、古诗、新诗、外国诗则更是充满着王希杰先生的大部头的学术著作和随笔小品文。

当然，语言中的空符号、俄语，甚至梵语等只要能为我所用，作者一律采用"拿来主义"。"拿来主义"是一种值得提倡的精神，当年鲁迅先生提倡"拿来主义"，我们现在仍然要提倡这种精神。

正如北方民族大学聂炎教授说："一则小广告、一句家常话、一个流行词、一家店铺名、一条标语、一句笑话、一个古语、一篇文章的标题、一句商贩的叫卖声、一句孩童的戏耍语，都信手拈来，作为呈现语言原生质态的载体并能娓娓道来，揭示语言和语用的规律。"

总之，王希杰先生的作品之所以耐人寻味，有着广大的读者群和众多粉丝，这是与其作品的语言特色密不可分的。正是因为王希杰先生的作品风格是散文的笔调，所以对各种语言现象、语言规律，他都能够娓娓道来，抽丝剥茧，自然成文；王希杰先生作品的语言植根于广大人民群众之中，具有深厚的泥土气息，群众，只有群众，才是创造历史的真正的英雄，作品不根植于群众之中，将不会流传久远；王希杰先生的作品内容开启广大读者心智，教人聪明，使人聪慧，读者读后有所知有所晓，开启了读者的心智，拓宽了读者的认知；王希杰先生的作品写作方式是“拿来主义”，只要能够增强文章的说服力、感染力，增强文章的情趣性、可读性，作者都能够做到“拿来主义”，然后进行反刍咀嚼，吸收其营养。所以王希杰先生的作品也就具有较强的生命力。有人说：“一滴水只有放进大海它才永远不干枯”，那么我们也可以这样说，采用散文的方式，取自于人民群众中鲜活的、使人聪慧的语言也将具有无穷的生命力。

由此，我们有理由相信王希杰先生的作品在语言学界，尤其是在修辞学界，将在很长一段时间内绽放光彩，其作品语言艺术也将在很长一段时间影响后学者，其作品语言的生命力也将在很长一段时间焕发勃勃生机！

本文资料来源：王力：《龙虫并雕斋琐语》，商务印书馆 2002 年版；秦旭卿：《会说话就是财富》，湖南师范大学出版社 2006 年版；何伟棠：《语言随笔精品》，暨南大学出版社 1996 年版；李名方、钟玖英：《王希杰和三一语言学》，中国文联出版社 2006 年版。

（原载《语文教学与研究》2008 年第 3 期）

王希杰先生的语言集锦

一、王希杰先生关于“心态观”的语言

我不是上帝最喜欢的人，但是也不是上帝最讨厌的人；
我不是世界上最聪明的人，但是也不是世界上最愚笨的人；
我不是世界上最漂亮的人，但也不是世界上最丑陋的人；
我不是世界上最幸运的人，但也不是世界上最倒霉的人；

我只是一个普普通通的人，千百万人中间平凡的一个。

如此想来，我就不会患得患失了。

二、王希杰先生的不在乎情结

王希杰先生从小喜欢道家，有不在乎情结，他说：

我是教师，我只知道教好书，让学生成长；业余搞点科研工作，如此而已。职称不是我考虑的事情。我不够资格当教授，领导升我为教授，我脸红，见不得人，老婆孩子也瞧不起我。我具有教授水平，领导不升我教授，我什么也没有失去，我就是我！

难道我的人生目标就是升教授吗？涨工资吗？不是！

第一，你在乎了，又怎么样？你有了学问，你去争，教授就给你了？给你又怎样？不给，又怎样？现在“大师”、“泰斗”满天飞！

第二，人生有限，还是做点实事的好！

三、王希杰先生的成功观和失败观

他说：

成功是成功的心理素质的产物。成功是成功的产物。

失败是失败的心理素质的产物。失败是失败的产物。

成功者必须具备一种成功的心态。成功的心态是成功的最重要的保证。所谓成功的心态指的是：相信自己，相信自己一定能够成功。相信自己能够成功，即使不能够完全成功，起码也有一半的希望。

失败者被囚禁在自己的失败心态中。失败的心态是失败者失败的最重要原因。带着必定失败的心态去做，失败是百分之百的！

成功是成功的产物。你成功了，你兴奋了，你生活在他人的鼓励之中，你具备了成功的心态，这是创造成功最重要的因素，于是你的成功就接二连三地出现了。

失败是失败的产物。你失败了，你沮丧了，他人不信任你了，你产生了失败的心态，这是你必将一再失败的最重要因素，于是失败就紧紧跟着你，不断光顾你，照顾你，优惠你……

第九节　听魏书生演讲是一种享受

魏书生自20世纪80年代初出名以来，一直是语文教育界甚至是整个教育界的风云人物，30年来，他的足迹已遍布祖国大江南北的山山水水，从北国边陲到南海之滨，都有他的声音。他乐于奉献的精神、他的教育思想和教育理念、他与众不同的人生观世界观价值观已深深地根植于广大的教育界，尤其是中小学教育界。魏书生的成功，首先赶上了好时光（这是他自己的话），如果没有改革开放的好政策，他不可能有今天的辉煌；其次是他善于抓住机遇，不断地锻炼提高自己，他除了用先进的教育理念武装头脑，涉猎古今中外一切有用的知识，还有一种“非把学生教好不可”的宗教者精神（吕叔湘语）以及强健体魄的历练，心理承受能力的历练，流畅抒怀文笔的历练等，这些都是助他成功的羽翼。他高超的演讲艺术、精湛的表达艺术、扣人心弦的说理艺术为其传播教育思想教育观念平添翼展。笔者以为，其高超的演讲艺术可以归纳为如下几点。

一、实话实说，令人信服

凡听过魏书生演讲的朋友，都有一个共同的感受，那就是魏书生讲的都是一些大实话。他勇于面对现实，弘扬真善美，抨击假丑恶。这与他的风格是一致的，他教育学生，从来不讲一些没有价值的空空如也的大道理。他往往从学生和老师的实际利益出发，真心为学生、为老师的利益考虑。所以，他的演讲使闻者愿闻，听者愿听。听他的演讲，大家普遍觉得是一次灵魂的洗礼；听他的演讲，如沐春风。如：

关于教师的职业地位问题。魏书生说：“有人说，‘教师是太阳底下最光辉的职业’。谁信谁上当。首先这是不可能的，其次真是可能了，咱也不好意思。搞宣传的人，连你自己都不相信的话，就不要讲。”魏书生早就敏锐地感知到教师的社会地位。实事求是，面对现实，但他不发牢骚，不悲观泄气，而是不断改变自我，超越自我，适应环境，改造环境。

关于生活“没意思”的问题。有一些人看什么都没意思，魏书生说：“那是因为你用没意思的心态，用否定一切的心态来看整个世界。我们应该用有意思的心态看待平凡的工作。要珍惜自己手上的这份工作，珍惜脚下拥有的这片土地。”魏书生善于转变心态，化苦为乐。因此他认为我们应该好好享受人生，高高兴兴地活着。

关于“带病工作”的问题。每到节假日，各种媒体大肆宣传表彰“带病坚持工作”的老师们。魏书生说：“这不是错误，起码也是误导。当老师，可不是战争年代黄继光堵枪眼，董存瑞炸碉堡，没那么急。可千万不能在讲台上扑通扑通昏倒下来。你那样号召，不是号召大家朝昏倒的方向去努力吗?”他说，教师千万要注意自己的身体健康，身体健康永远排在第一位，是“1”，而财富、地位、名誉都是“0”。只有“1”的存在，后面的“0”才有意义，而且越多越好。魏书生雄辩地证明了身体健康与其他附属的关系，强调身体健康是第一位的。

关于“享受人生”的问题。魏书生说，读书是享受，上课是享受，演说是享受，跑步、练气功也是享受。凡是利用生活的一切间隙进行有意义的活动，借以充实生命并升华自身价值的，都是在享受人生。是的，既然上苍赋予自己一次生命的机遇，那么一切所谓劳作，不正是在享受人生、品味生命么，何苦之有?

关于“正确认识自我”的问题。针对我们有些人总想高人一头的苦恼，魏书生说，人与人之间要建立和谐互助的关系。我们既不能神化人，也不能鬼化人。不要总是想着高人一等的事儿。高人一头，还是人吗？他常说，世界是个整体，是由若干个国家来组成；国家是个整体，是由若干个市县来组成；市县是个整体，是由若干个村寨来组成；村寨是个整体，是由若干个家庭来组成；家庭是个整体，是由若干个人来组成……这样看来，一个人在整个世界——地球中又占据着什么位置？更何况整个地球才是太阳系中的一个小小的成员，而太阳系在银河系中又占据着什么位置？而银河系在茫茫的宇宙中又算得了什么？由此看来，一个人在宇宙中何其渺小！人只有找准自己的位置，才不会忘乎所以，才容易做好自己该做的事情。

关于“人与职业”的问题。魏书生说，人要想做好自己的本职工作，必须热爱自己的职业，把职业当成事业。把平平凡凡的工作看成是宏大事业，去钻研去努力去探索。不要见异思迁，不要得过且过。要经常想到自己工作的重要，自身责任的重大。只有这样，才能静下心来，排除杂念，认真探索本职工作的途径与方法，寻找规律，取得成绩。魏书生同志常说："潜心育人，校校可成净土；忘我科研，时时能在天堂"。

二、风趣幽默，令人深思

听魏书生演讲，你不觉得紧张，相反还是一种人生的享受；你不觉得时间太慢，而是不知不觉地半天一天过去了。魏书生演讲非常风趣和幽默。透过风趣和幽默，我们可以感受到一个教育家的睿智。

关于锻炼的问题。魏书生带领学生每天跑步，跑了 20 年了。有人说，魏老师你何必自己跑，多累呀。魏书生说："不累啊，我这是用共产党的时间锻炼自己的身体，一举几得呀。"

关于差生的问题。有两个全校最差的学生进了魏书生的班级。魏书生说，你们先给自己找优点。他们说自己没有优点。有个学生说，老师，我学不好的，只考了 8 分。魏书生说："你一上课不听讲，二不写作业，三不看书，还能得 8 分，这是天赋呀！"这么一说，他就来劲了。魏书生说，我就这么点本事，能把人家积极的、向上的、乐观的脑神经激发起来。

关于处世的问题。魏书生说，人的一生的发展恰如一部精彩的多幕剧，有低谷亦有高潮。当处在低谷时，关键要自珍自重自持，真正做到"不怨、不怒、不卑"，常守泰然自若的心态。这使笔者想起孟子的话："天将降大人与斯人也，必先苦其心志"。对于有志有为的人来说，谁能忍受大苦，而不怨天尤人，也不自暴自馁，谁就是经受住了生活之砥砺而终必达人生辉煌的境界。

关于教师职业是否最光辉的问题。魏书生说，不要指望教师成为太阳底下最光辉的职业。如果教师成为太阳底下最光辉的职业，那么国务院总理第几光辉？我们的省长市长第几光辉呢？如果天天盼望"哪天最光辉"啊？盼望的结果，只能领回一份失望。面对自己的职业，我们一定要把它看成这是自己一个宏大的事业。

关于机遇的问题。魏书生说，客观上提供的机遇与主观上对机遇的捕捉和把握这两者之间的“艺术榫合”很重要。他说，当自己行走在大街上时感到自己与卖冰棍的老太太所不同的，无非是自己机遇好，得到了命运女神的青睐。确实如此，魏书生教改起步是1978年，因做出显著成绩而很快引起市、省乃至国家教委的关注和表彰，这既是空前伟大的改革时代所赐予他的特殊的荣耀，也是他准确把握时代命脉的结果。

关于人生价值问题。魏书生说：绚烂之极，归于平淡。他有一种通俗而颇含意蕴的说法，言必称自己是到地球上打工干活的，完事了便挥挥手向地球告别。换言之，他将自己看作是地球上芸芸众生中并不显山露水的一员，使命也与一般工匠无甚差异，履行人生的职责——劳作罢了。试想：地球上何许人能因其不俗和不凡而突破时空极限，永矗地球之巅呢？既然如此，何许人能有资格自炫自耀而不可一世！

三、善用修辞，生动形象

魏书生的演讲，常常寓深刻的道理于浅显的比喻之中。听他演讲，时而露出舒心的微笑，时而爆发响亮的大笑。形象的比喻，斑斓的排比，深刻的对比，无一不体现出他的智慧与哲理。

关于人与岗位的问题。魏书生说，人与岗位，好比娘与孩子。娘为孩子付出多了，因此孩子总是自己的好。人家的孩子再好，你再爱，又有什么用呢？又好比你和你的爱人。如果你的爱人人都喜欢，都爱慕，那你就可能守不住了。通俗的比喻，教育我们珍惜自己的岗位。

关于机遇的问题。魏书生说，机遇总是留给有准备的人。你得眼睛向内，提高素质，等待机遇。有人说，我练了十年内功了，可机遇还不来，不是白练了吗？魏书生说：“你没有吃亏，你好比是一头大马拉着一辆小车，你这一生不是挺轻松吗？优哉游哉的，多逍遥自在啊。”形象的比喻，教育我们操练内功，等待机遇。

关于处理好自己与自己的关系。魏书生说：“自己的内心思想要管理好。要用宽容当宰相，用勇敢当将军，用勤劳当大臣，用明智当君王，那你的内心世界就能国泰民安。否则让狭隘当宰相，让懦弱当将军，让懒惰当大臣，让昏庸当君王，那就完蛋。更多的人才不是被社会摧残的，而是被自我埋没的。”斑斓的排比，教育我们管好自己的内心。

关于时间的问题。魏书生说：“时间在犹豫中溜走，时间在拖拉中溜走，时间在自我原谅中溜走，时间在不知应做什么中流走。我们要用果断抓住它，用雷厉风行抓住它，用自我折磨抓住它，用严格的计划抓住它。抓住它，制服它，它就向你进贡，给你知识，给你物质，给你财富。放过它，屈服它，它就向你进攻，给你愚昧，给你贫困，给你痛苦，给你失望。”生动的拟人，教育我们珍惜时间，把握现在。

关于处理人与人之间的关系。魏书生说：人与人之间，像高山与高山一样，你对着对方心灵的呼喊：“我尊重你——”那么对面山谷的回音也会是：“我尊重你——”通俗而又深刻的拟人手法，教育我们尊重别人。

关于自我与环境的关系。魏书生说：“处天外遥望，地球很小；居体内细察，心域极宽”；“改变自我，天高地阔；埋怨环境，天昏地暗”。简单而富有哲理的对比，教育我们正确处理好自我与环境的关系。

关于对手与助手的问题。魏书生说：“聪明的人去别人脑子里去找助手，于是他的力量强大起来，明明是对手，后来也会帮助他。狭隘的人到别人脑子里去找对手，指责人家、挑剔人家、猜疑人家，到处树敌。到最后连朋友也经不住他的猜疑和他分道扬镳了。”将聪明人与狭隘人作对比，教育我们一事当前，去对方脑子里寻找助手。

四、变化曲折，充满感情

魏书生的演讲不仅仅表现在遣词造句的准确上，还在于他利用各种声音表达各种表情达意。他说，一句话有一百种说法，同一句话，会说的把人说得笑起来，不会说的把人说得跳起来。他的演讲，他的上课，时而音量大，时而音量小；时而音量高，时而音量低。他说他更喜欢用低调表达，因为低调深沉，宽厚，富于感染力，容易引起共鸣。他演讲时，有时语速极快，像说相声似的；有时抑扬顿挫，疏密相间。魏书生说，运用不同的声音表达语言，其音量音调音速的变化能影响人的情绪，但这些都是声音的形而不是声音的神。声音神的变化，才有最大感染人的力量。魏书生的语言魅力，实际上是把语言的音形义高度统一起来，和谐一致。

魏书生的演讲魅力还在于他满怀感恩的态度，饱含对生活的激情。他要求学生变换一百种方法说“请喝茶”。用喜欢、愤怒、悲哀、快乐、怜爱、厌恶、希望、憧憬、淡漠、鄙视等几十种不同的感情说出来，用周恩来、雷锋的语气说出来，又用康生、林彪的声音说出来，其效果是绝对不同的。所以魏书生说：“说话是一门艺术，一门学问。谁都能说话，但说得好却不容易。说好了，别人高兴，自己愉快；说得不好，别人心烦，自己也别扭。要说好话，就得从研究说话的声音做起。用吸引人的音量、音速、音调去激发学生的学习兴趣，去感染教育学生。”

魏书生的演讲犹如一条缓缓流淌的小河，沿着崇山峻岭，弯弯曲曲，慢慢流淌，其所到之处的生命皆可享受其恩泽，使生命之树常青。魏书生的演讲，没有极度夸张的表情，没有半点做作的神态，没有居高临下的气势，没有训导说教的痕迹。他的演讲有的是无穷的智慧，有的是深刻的哲理，有的是古今中外，有的是旁征博引，有的是人物春秋，有的是引经据典，有的是名人名言，有的是神话传说……“一切的一切，信手拈来，嵌入自己的语言之中，形成形象意境，凝就语感之美，升华人生哲理，闪耀智慧光芒”（罗永源语）。即便如此，但魏书生绝没有吊书袋子，故弄玄虚，卖弄自己之嫌疑。二十多年来，他舒缓柔和的声音响彻中华大地教育界，改变了无数年轻教师的教育观、世界观和价值观，他的教育书籍一次又一次重印发行，使无数教师从中吸取营养强壮自己。

魏书生的语言，带领着我们从宇宙的深处看待人类社会，审视人与自然，分析人类自己，从而认清自己，认识自己，既不要妄自菲薄，轻视自己，又不要盲目尊大，小看别人。

魏书生的语言，是舒缓的，犹如小河潺潺；是柔和的，犹如溪流淙淙；是急速的，犹如嘈嘈切切；是深沉的，犹如遥远星空；是非凡的，因为他博大精深；是睿智的，因为他博学多才；是现实的，因为他面对当前；是浪漫的，因为他高瞻远瞩。

魏书生的语言，是我们平常人灵魂的净化剂，精神的兴奋剂，力量的助推器，前进的发动机。

（原载《阅读与写作》2008 年第 4 期）

教育就是帮助人培养良好的习惯

魏书生

人要高高兴兴地活着，育人的一个重要内容，就是改变人的苦乐观。有些无法选择的事情就要放得下。我们的出身是无法选择的。你就不能老是想“要是我出生在省长家那多好啊！”这是自寻烦恼。我们无法在空间上、时间上选择，但我们能选择一个乐观进取的自我。我们活在哪段，就要看到哪段的明亮处，而不是阴暗处。这样你一辈子都活在好时光里。

有人说“教师是太阳底下最光辉的职业”，谁信谁上当。首先，这是不可能的。其次，真的可能了，咱也不好意思。搞宣传的人，连你自己也不相信的话就不要讲。宣传的生命在于真实。不然的话，人家天天盼“哪天最光辉”啊？“哪天最光辉”啊？盼的结果，只能领回一份失望。但是，面对自己的职业，应当把它看成这是自己一个宏大的事业。

人与岗位，好比是娘与孩子。娘为孩子付出得太多了，因此，孩子总是自己的好。人家的孩子再好，你再爱，又有什么用？爱也白爱。从利益上来说，活在哪，爱在哪。一定要爱自己脚下这一片生存的土地。

机遇总是留给有准备的人的。你得眼睛向内，提高素质，等待机遇。有人说我练了十年内功了，可机遇还不来，不是白练了？我说，你没有吃亏，你好比是一头大马拉着一辆小车，你这一生不是挺轻松吗，优哉游哉的，多逍遥自在啊。

有人看什么都是“没意思”。那是因为他总是用“没意思”的心态、用“否定一切”的心理来看这个世界。我们应该用“有意思”的心态去看待平凡的工作。我有个养猪的朋友，提起自己的猪场，多么自豪啊。他去年一年赚了300多万。我带学生每天早上跑步，跑了20多年。有人说，魏老师你何必自己跑，多累啊。我说，不累啊，我这是用公家的时间在锻炼自己的身体啊。

身体是本钱。大家千万不要带病工作。经常看到媒体在宣传某个先进人物，说人家如何如何带病工作，号召大家向他学习。我说，这不说是错误，起码也是个误导。当老师可不是战争年代黄继光堵枪眼、董存瑞炸碉堡，没那么紧急，可千万不能在讲台上扑通扑通昏倒下来。你那样号召，不是号召大家朝昏倒的方向去努力吗？

我不会教书，是学生教会我教书。我不会改变后进学生，是后进学生教会我怎样教后进学生。

我总是与学生商量着怎么学，怎么教。

有两个全校最差的学生进了我的班。我说，你们先做一件事，每人找到自己的优点。他们说自己没有优点。我说，不可能。我都已替你找出两条了……后进生对批评往往能非常镇静地对付，你给他说优点，他反倒脸红了。有个学生说，老师，我学不好的，只考了8分。我听说，你一上课不听讲，二不写作业，三又不看书，还能得8分，这是天赋哪！他就来劲了。我就这么点本事，把人家积极的、向上的、乐观的脑神经激发起来。我总是说，坚信每位学生的心灵深处都有你的助手，你也是每位学生的助手。

人要处理好自己与自己的关系。自己的内心思想要管理好。要用宽容当宰相，用勇敢当将军，用勤劳当大臣，用明智当君王，那你的内心世界就能国泰民安。反之，让狭隘当宰相，让懦弱当将军，让懒惰当大臣，让昏庸当君王，那就完蛋。我总说，更多的人才不是被社会摧残的，而是被自我埋没的。

我们班的教室很特别，后面有一百张空椅子，欢迎随时听课。我们班每天都唱歌。唱歌的时候大家站直了唱。听课的老师课后说，你们的学生没有一个回头看我们的，也太不把我们放在眼里了。我说，对不起，当初我没有设计回头的程序。因为我要求学生在唱歌时必须双眼看黑板中间的那个点。要求把这个点看作是彩电，边唱，边想象歌曲的内容。唱“大海啊！故乡”，这个点就是大海；唱“跨过高山，走过平原”，这个点就是高山平原；唱“五星红旗迎风飘扬”，这个点就是五星红旗……这是在培养学生的注意力啊。要知道，很多后进生就是因为注意力不集中才成为后进生的。还有，这个唱歌呀，德、智、体都在里面了。

有的老师告诉我，他们班的素质教育可红火了，书法、画画、篮球、体操，等等。我说，不对啊。这些爱好并非是必要的，可叫选修课。素质教育的主渠道在文化课的课堂上。中学还得抓升学率。不抓，你对得起家长？对得起学生？我这么多年能教下来，不就是升学率高吗？语文挺好学的，也就是高高兴兴写一篇文章，高高兴兴说一段话，高高兴兴读点课外书。

要让学生学会说。大家发现没有，学生说的能力，在幼儿园时往往比较强，到了中学反而不会说话了。这语文课的“语”是怎么搞的？

以前叫学堂，后来改叫教室了，这不对呀，出毛病了。叫学堂多好呀。又说教材，也不对，应该是学材。学生学生以学为主，学生是学校的主体。我跟学生说，你来到学校，走进学堂，拿起学材，开始学习。就这么简单。

凡是学生自己能做的事，你老师就不要去替代。你这是剥夺人家的权利，压抑人家的才能，助长人家的依赖思想。我们班的学习委员负责收书费。他要一个一个收。我说我没叫你这样收，你可以用手表啊。学习委员往往都比较聪明，马上拿着手表说，同学们注意了，现在各组开始收书费竞赛。请各组组长站到自己小组前面来，我喊开始就开始……书费很快收起来了。学习委员要清点。我说，还用你亲自动手？你让四个组长捧着钱跟你去财务处不就得了。谁少谁赔。当官要有当官的样。当官的，是出点子，想办法。五个人一起去了，我就不用去了。放心啊，要是碰到打劫的也不敢动手啊。你说这是干活呀还是玩呀？

我总说，学生要“学中求乐，苦中求乐”。兴趣是最好的老师。我让他们写日记，写《谈学习是享受》之一、之二、之三……直到之一百。为什么？这是第一要紧的事。一旦学习成了享受，还怕他不学习吗？

我问学生，吸毒是不是享受？学生说，不是。我说不对，肯定是种享受。赌博是不是享受？学生说，不是。我说不对，肯定是种享受。不然的话，怎么这么禁也禁不掉呢！你看，不同的享受观，决定着不同的人生观。因此，咱要谈学习的一百种享受。

教育是什么？教育就是帮助人培养良好的习惯。

简析：

魏书生，1950 年生，28 岁开始在中学任教，特级教师，曾任盘锦市教育局局长、党委书记，兼任国家教育行政学院兼职教授等40多项社会兼职。30年来，魏书生已在全国各省市自治区直辖市和港澳台做报告、上公开课数千次。发表文章100多篇，主编、撰写出版了20多本书。由于成绩卓著，魏书生先后获得全国中青年有突出贡献专家、首届“中国十大杰出青年”、“全国十佳师德标兵”等殊荣。

本演讲是魏书生众多演讲的一个节选。通过这个节选内容，我们可以看出魏书生的苦乐观、人生观、教育观。魏书生的演讲语言，带领着我们从宇宙的深处看待人类社会，审视人与自然，分析人类自己，从而认清自己，认识自己，既不要妄自菲薄，轻视自己，又不要盲目尊大，小看别人。魏书生的语言，是舒缓的，犹如小河潺潺；是柔和的，犹如溪流淙淙；是急速的，犹如嘈嘈切切；是深沉的，犹如遥远星空；是非凡的，因为他博大精深；是睿智的，因为他博学多才；是现实的，因为他面对当前；是浪漫的，因为他高瞻远瞩。魏书生的语言，是我们平常人灵魂的净化剂，精神的兴奋剂，力量的助推器，前进的发动机。

魏书生名言集萃

多改变自己，少埋怨环境；多抢挑重担，少推卸责任；多互助，少互斗；多吸收，少批判；多自信，少自卑；工作多研究，少重复；多开放，少封闭。

改变自我，天高地阔；埋怨环境，天昏地暗。

与其将希望寄托在客观条件的改变上，不如将希望寄托在挖掘自身潜能上。

埋怨环境不好，常常是我们自己不好；埋怨别人太狭隘，常常是我们自己不豁达；埋怨天气太恶劣，常常是我们抵抗力太弱；埋怨学生难教育，常常是我们自己方法少。

人不能要求环境适应自己，只能让自己适应环境。先适应环境，才能改变环境。

变换角度思考问题，选择积极的角色进入生活，容易成为一个成功者。

人的能力强是工作多逼出来的，铁肩膀是担子重压出来的。

生活像镜子，你对它笑，它就对你笑；若对着镜子哭，它当然也对着你哭。

教师劳动有三层收获：收获各类人才，收获真挚的感情，收获创造性劳动成果。

教师应善于比，也应该教会学生善于比。机遇和差的比，干劲要和足的比，待遇和低的比，生活和过去比，道德和高尚的比，将来和强的比，目前和接近的比，需要和入党时比。

能受委屈的人才是强者。

我们的心灵像摄像机，眼睛便是摄像机的镜头……让自己心灵的摄像机对准啥，这常常决定自己的心灵世界是阴暗还是晴朗。

人心与人心之间，像高山与高山之间一样，你对着对方心灵的大山呼唤：我尊重你——那么，对方心灵高山的回音便是我尊重你……你若喊我恨你——人家的回音能是我爱你吗?

人在精神上不使自己倒下，那谁也没有办法使他倒下；人在心理上不紧张，谁也没有办法使他紧张。

要想工作轻松，还有一个办法，就是全心全意去做好每一件事情。少说空话，多干实事；多琢磨事，少琢磨人。

一个改革者应该有科学家的头脑，企业家的气魄，未来学家的眼光。

人的潜力无穷无尽，作为挖掘潜力的第一步，首先要树立起人的潜力无穷无尽的观念。

人的能力、本事，谁也抢不去。青年人多干事，抢干事，就能得到锻炼，提高能力，得到真本事。这能说多干事就吃亏吗?

后进生不缺批评，不缺训斥，就是缺表扬和奖励。

获致幸福的不二法门是珍视你所拥有的、遗忘你所没有的。

不论你在什么时候开始，重要的是开始之后就不要停止；不论你在什么时候结束，重要的是结束之后就不要悔恨。

有理想在的地方，地狱就是天堂；有希望在的地方，痛苦也成欢乐。

所有的胜利，与征服自己的胜利比起来，都是微不足道；所有的失败，与失去自己的失败比起来，更是微不足道。

人生重要的不是所站的位置，而是所朝的方向。

生命太过短暂，今天放弃了，明天不一定能得到。

要铭记在心：每天都是一年中最美好的日子。

乐观者在灾祸中看到机会；悲观者在机会中看到灾祸。

把你的脸迎向阳光，那就不会有阴影。

用最少的悔恨面对过去，用最少的浪费面对现在，用最多的梦想面对未来。

要纠正别人之前，先反省自己有没有犯错。

因害怕失败而不敢放手一搏，永远不会成功。

一切伟大的行动和思想，都有一个微不足道的开始。

得意时应善待他人，因为你失意时会需要他们。

要为前进寻找条件，不为后退拼凑理由。

人不停地做事，本身就是一种享受。

走入学生的心灵世界去，就会发现那是一个广阔而又迷人的新天地。

多干活，少得利，勤服务，无亲疏。

你不想索取，就永远不会有索取不到的痛苦。

潜心育人校校可成净土，忘我科研时时能在天堂。

学生要进行自我教育，要做自己生命航船的主人。

民主像一座搭在师生心灵之间的桥。

每个学生的头脑都是一个潜藏量极其丰富的矿区，人的潜力无穷无尽。

第十节　“史上最牛历史老师”袁腾飞的讲课艺术

袁腾飞何许人也？2008 年 6 月，网上出现一系列风趣搞笑的中学历史课视频片段，一位留着平头的年轻人操着地道的北京口音讲历史，他说拿破仑是一个“很够爷们儿的人”；他用“蛤蟆吞恐龙”来比喻“偷袭珍珠港”

事件；他说中原人的打扮是“峨冠博带，老高的帽子，老长的大袖子，一走路帽子当避雷针，袖子当拖把，既省电又干净”……他的上课视频放在网上仅 6 个月点击量就超过 2500 万，此人便是袁腾飞。

自从在网上一夜走红，袁腾飞多了不少称呼——“史上最牛历史老师”、“另类写史”的麻辣教师、中学老师中的“郭德纲”。2009 年，他登上《百家讲坛》，成为最年轻的主讲。当《两宋风云》在《百家讲坛》播出以后，平均收视率一举超过了易中天，达到 0.27，创造了《百家讲坛》2006 年以来的最高收视率，足见其受欢迎程度。

袁腾飞不仅拯救了收视看跌的《百家讲坛》，也拯救了书市。自然而然，他成了“草根史学”界的另一位杰出代表。

下面就他的讲课特点做个简要分析。

一、讲课方式借古喻今，创新求变

借古喻今，把日常生活跟历史联系在一起，是“草根史学者”们惯用的“创新”手法。就像袁腾飞在讲辛亥革命时期中国民族工业发展的局限性时指出“中国人的土地情结很要命”，他举例说：“电视剧《橘子红了》那里头的老爷在城里面有买卖，乡下还有一大片橘园，如果把那个橘园卖了，把钱投资在工业上不是更好吗？但是他认为土地最保险，地价肯定是不断地涨，不可能有跌的时候。可他没想过，倘若战争一旦爆发，土地是没法背着跑的，而工厂的机械设备却可装船运走，到了‘大后方’租几间房生意买卖又能干起来。所以，中国人的土地情结真是要命。你看比尔·盖茨再有钱，不会拿着钱去搞房地产。中国的民族资本发展不起来，正是‘以末置财，以本守之’造成了发展缺乏资金。即便到了今天，大家仍旧认为还是买地最保险，置地最能守住财产。人民大学的周孝正老师说过，今天中国的一百个首富里，五十一个是搞房地产的，没有真正像比尔·盖茨那样发展高科技，推动社会向前发展的。”

讲史时，他的语言透着来自底层的放肆与野气，这也是“草根史学者”们区别于正统史学家的独特之处。就像袁腾飞在论述自己为何喜欢宋朝时表示，“宋朝对知识分子好、对老百姓好、君臣关系融洽、老百姓的自由度在中国历史上各个朝代里是最高的。”袁腾飞津津乐道的一个故事是：“宋真宗有个妃子，结果这妃子在嫁给皇上之前就有一个老公。皇上选妃子，不知怎么回事把已婚妇女选上了。没想到的是，妃子的老公还来找皇上理论。这要搁在以往的王朝，借他十六个胆也不敢。而最后的结果更让人咋舌，皇上给妃子的老公一个官做，对他还挺好的。”

而在解释自己为何不喜欢明朝时，袁腾飞给出的理由则是“明朝的皇帝素质都太低：嘉靖皇帝整天炼丹，天启皇帝整天做木匠，万历皇帝整天数钱。虽说宋朝历史上不合格的皇帝也有，比如宋徽宗，但是人家在中国的艺术史上留下了不灭的光辉。那些炼丹的、当木匠的、数钱的皇帝，太不靠谱。”

然而，在对“喜欢的”、“不喜欢的”分别陈述理由后，袁腾飞还要“清醒”地补充说，“中国古代的君主专制与近代以来的民主政体还是不可同日而语的，不仅宋朝、明朝，各朝各代其本质都是一样的——君主专制就像一筐烂柿子，我个人喜欢的宋朝，也只是这筐柿子中的一个而已。”

袁腾飞在讲秦朝的历史时这样说：秦始皇一开始还是很勤政的，他每天早起洗脸刷牙之后看 600 斤奏章。别怕，当时奏章是写在竹简上，要是看纸的，600 斤能看死他。他让在寝宫里搁一个秤，每天称约 600 斤，不看完不休息，累得手都翻不动竹简了，拿绸布条挂到脖子上吊着翻，太累了！

在介绍启蒙运动时，为了突出接下去要讲解的重点内容，袁腾飞说道：“下面这位就更牛气了——孟德斯鸠，这就是法国的孟子啊！”这不禁会引起一阵欢笑，也提起了大家的注意力。

从事讲课的老师或者演说家都有这样的体会，不能完全按照套路出牌，否则很难吸引听众的注意力。很多人讲课或者演讲喜欢四平八稳，这样其传播的效果可能就会大打折扣。当然，要想不按套路出牌，打破常规，那还需要有深厚的功底。袁腾飞痴迷历史，我们虽然不能断定他是一个历史学家，但是其历史知识的功底深厚是不能否认的。

二、讲课语言生动活泼，干净利索

袁腾飞的语言是犀利和流畅的，正是这流畅犀利的语言让袁腾飞的演讲独树一帜。袁腾飞演讲语言散发出的是生动活泼和干净利索。他比较标准的普通话传播出来的效果是惊人的。如：

冬季，华盛顿的军队行军很容易被发现，因为在他们走过的地上留下的是一条血路，你们知道为什么吗？因为许多战士在赤脚行军。

蔡伦是个宦官，宦官一般没什么好人，只有两个不错的，青史留名，蔡伦和郑和。

皇帝上朝的时间特别早，天还没亮，四点多钟就得起床，因为晚上睡得也早，八点半九点肯定就寝了，那会儿没电脑没酒吧，天黑了就睡。

有的电视剧，汉朝，老百姓一进门就给人捧出茶来，甚至春秋战国就捧出茶来喝，很好玩，可那会儿不是这样的。那会儿一进门应该喝酒，不应该喝茶。唐朝才开始大规模饮茶。

“战国七雄”一开始还不是这7个国家，当时一共有20多个国家觊觎霸主地位，历经战火洗礼，经过大浪淘沙的一番海选PK之后，基本上就剩下燕、齐、楚、秦、赵、魏、韩7位选手继续“死磕”了。

管仲又名夷吾，这个家伙从小品德不太好，打仗的时候人家都是往前冲，只有他往后跑，他总是以家有老母，自己又是独生子为借口，对自己的逃兵行为进行解释。

宋朝的GDP占当时世界的80%，可惜钱都在大官手里，不在国家手里。只有唐朝时候是公仓私廪俱丰实，老百姓有钱，国家也有钱，国力空前强盛。

明经科就是填空，子曰什么时习之，你填上“学而”就完了。明经好考，所以考上之后也做不了大官。进士就特别不好考，诗词曲赋、国家大政方针，该不该开奥运，你得写一篇论文。

长城是中国农牧业的天然分界线，我们老祖宗很明智的，长城以北的草低见牛羊，现在呢，风不吹都能看见黄鼠狼。

骑兵打步兵，那不跟德国队踢中国队似的吗？我想进几个球就进几个球。我不给你留脸半分钟就进一个，180比0。

历史剧《孝庄皇后》里多铎戴着一个大耳环，一看就要吐。你见到过清朝王爷戴耳环的吗？以为是歌星呢！

登州就是山东蓬莱，韩国人跟咱们套磁的时候，就说中韩两国隔着浅浅的一道海，天气晴朗的时候，我们能够听到山东半岛的鸡叫声，也不知道什么鸡，叫那么大声。

电视剧《天龙八部》里萧峰他爹被人误杀了，在那个墙壁上刻字。香港拍的剧，萧峰他爹刻的是蒙古文，我很佩服导演，没让他刻英文。大陆拍的，刻的就是契丹文。

查嗣庭处斩，全家流放三千里与披甲人为奴，幸亏没满门抄斩，不然就没金庸先生了。所以你看金庸先生写的武侠小说，无一例外反清复明。

生动活泼的语言熔铸了思想的精髓，闪烁着智慧的光芒。一次演讲下来，袁腾飞那干净利索的语言犹如山涧流水一般清脆有力，轻叩着每一个听众的心门，这也许正是袁腾飞拥有大量的粉丝和吸引听众的原因所在。的确，要想获得更多的听众和支持，语言上的生动活泼与干净利索是必要的。

三、演讲风格机智幽默，信息量大

细听袁腾飞的演讲可谓幽默至极、深入浅出，在他诙谐的调侃中你竟然还能了解大量的历史知识。真的是为观众送上一份精神快餐！我们知道，历史教材的编写，更多地采用书面化的语言。在教材中，一些概念化的术语，如人牲、内阁、邦联等往往成为学生学习中的拦路虎。这就要求历史教师在教学过程中结合学生年龄层次，知识水平和心理特征等，深入浅出，使书面语言尽可能口语化，用学生易于理解和易于接受的语言解释难懂的历史概念，或者旁敲侧击，用一个比喻，一个事例，帮助学生理解。例如，在中国古代史《春秋战国时期的文化》一课中，为了更好地帮助同学们理解老子“无为”、“以柔克刚”等较为抽象生僻的哲学思想，袁腾飞老师用了以下几个事例：“顺其自然的衍生状态叫作‘以柔克刚’，最简单的道理是水滴石穿，天下之至柔，驰骋天下之至坚。比如你嘴里面最硬的是牙，最软的是舌头，人老了，七老八十了，牙齿掉光了但没见过掉舌头的。大树比小草高大吧，7级风一来，大树连根拔，没见过小草满天飞的。”以上的讲述几乎是大众化的口语，这些口头语朴实无华、明白流畅，所举事例贴近生活又通俗易懂，不仅帮助学生解决了学习中的障碍，更增添了课堂的光彩。

在袁腾飞的讲课中，这种通俗易懂，幽默风趣的语言随时可闻可见。如：

> 只有中国人、朝鲜半岛、日本、越南、蒙古、匈牙利这六个地方的人是姓在前，名在后，叫王小二，其他全是小二王。
>
> 你听有些评书里胡说八道，中国古代总推出午门斩首，午门是杀人的地方吗？明朝在西四，清朝在菜市口，哪能动不动去午门斩首。
>
> 高宗得知秦桧病得快死了，亲自去看望，表面上很哀伤，心里乐开了花。你这老家伙终于要升天了啊！

袁腾飞是一位高中历史老师，所以教学生应付高考是他的重要任务之一。作为演说者的他不时会以犀利的语言激发学生自学历史。

> 课上完了，从此你我尘缘已了，袁某人自今日起至会考，每天为诸位焚香三炷，祈祷你们能会考顺利。
>
> 我可真是仁至义尽了……你可别太不够哥们儿了……
>
> 我可以告诉你，学期成绩最高的一定是历史……90起价……

袁腾飞老师曾公开说过自己对历史课教学的观点，他认为，教科书只是纲要和筋骨，老师要根据纲要骨架去拓展补充内容，添加鲜活的血与肉，并带领学生走入鲜活的历史场景中。他“颠覆”了传统历史教学方式，研究大量的历史文本，“希冀用自己的方式，为高深教材作白话注解”。“台上一分钟，台下十年功”。袁腾飞用辛勤的汗水为学生和听众挥洒出一幅幅精妙绝伦的历史画卷，真是“润物细无声”。

语言的诙谐幽默尤能体现历史教师的智慧，提高学生的兴趣。例如，袁腾飞老师在“义和团运动和八国联军侵华战争”一课中，讲述慈禧不自量力向列强宣战时，就故意用了夸张的手法，说慈禧“是愤青心目中的偶像，最伟大的中国老太太，没有一个人比慈禧还伟大，她一口气向11国宣战。大清创古今未有之举。”又如，在讲述世界现代史“第二次世界大战的爆发与扩大”一课，英国伦敦市民抗击德国法西斯轰炸时有这样一段描述：“德国的轰炸停止后，伦敦的大楼还着着火，摇摇欲坠的时候，一辆黑色皇室轿车冲到跟前，跳下一个穿着军装的矮小男子，乔治六世国王陛下，大家一看，国王都这么浓缩，我们还怕什么呀？国王其实也没什么用，君主立宪了，国王就起个激励人心的作用，当然，如果国王被炸死了，那更能激励人心。”这样诙谐幽默的语言，不仅可以活跃课堂气氛，同时也有助于强化学生对所学知识的理解和记忆，科学地把握历史事件的内在联系。

袁腾飞语言的机智幽默可见一斑，他精神饱满、明朗风趣的演讲拉近了听众与他的距离，将历史跃然于纸上，同时带来了大量的信息和知识，升华过后使得整篇演讲通俗易懂，引起了听众的共鸣。“前不见古人，后不见来者”，听过袁腾飞的演讲我受益匪浅，明白了人的语言不用过于拘束，随意而风趣的交谈常常带来出其不意的效果。诚然，语言的幽默是不容易的，需要大量的积累和感悟。我们要不断提高自己的修养，徜徉于书海，感悟于自然，并且还要向更多的人学习，和更多的朋友讨论，让自己的谈吐越来越接近于成功人士。

袁腾飞的课堂上不仅充满了风趣幽默的语言，同时出现比较多的还有大量的数字。袁腾飞对数字似乎特别敏感，在历史事件中遇到数字往往张口就来。他指出：“历史没有数字是无法让人信服的。我们都说鸦片战争时期中国远远落后于英国，远远落后体现在什么地方，得用数字说话。再者，我也想纠正一下我们通常看历史主观性比较强的特点。”

四、讲座语言准确严谨，惟妙惟肖

历史教学语言应该准确严谨，具有科学性。历史教学的基本任务之一是传授历史科学知识，科学必然是准确严谨的，无任何知识性错误的。在历史课堂教学中，我们必须力求做到语言准确，用词严谨。例如，袁腾飞老师在讲中国古代史“春秋战国时期的文化”一课“道家”与“道教”时，反复强调两者的区别，并对两者的概念作了精辟的解释，即："道家"是春秋战国时期的一个学派，而我们所说的"道教"则是中国古代神仙方术、原始巫术的集合体，是吸收道家思想后所形成的一个宗教。讲"鸦片战争"时，一再解释虎门是"销烟"，不是"烧烟"。烧烟那就等于给鸦片提纯了，销烟则是把鸦片集中于虎门海滩，于高处筑起围栏，挖下长宽各15丈的两个大坑，灌入海水并倒入石灰，待水沸腾后投下鸦片，使之彻底销毁。中国近代史《南京条约》中，赔款是2100万元，而不是2100万两；北宋结束了五代十国混乱割据的局面而非完成了全国统一，等等。这些极易混淆的历史概念在袁腾飞老师的课中皆表述清晰、逻辑严密。历史教学语言应该生动具体，富有形象性。历史都是过去的事实，是有血有肉的人类自身活动的记录。但由于种种原因，历史教材在编写过程中，往往会将一些生动具体的历史现象和事件变成枯燥的概念和结论式的术语。那么，为了激起学生的学习兴趣，再现历史人物和事件，使学生产生如临其境、如见其人的感觉，形象鲜明的教学语言就显得尤为重要。例如，袁腾飞老师在讲世界近代史"美国独立战争"一课时，为了使学生能更加深刻地体会大陆军斗争的艰苦，就做了这样一段描述："大陆军四五个士兵合用一支枪，冬天的时候士兵在城镇行军，地上就会留下一行血淋淋的脚印，说明他们没鞋穿。士兵在冬天要御寒，就得把马毯拿下来，裹在身上，裹着马毯冲锋，衣衫褴褛，军容不整。"这段描述栩栩如生，惟妙惟肖，通过袁腾飞老师形象鲜明的语言，再现了当时的历史情境。大陆军士兵武器装备的落后，克服重重困难争取国家、民族独立的斗争精神，都鲜活地表现了出来。这不仅增强了课堂教学的生动性和形象性，同时对于学生情感态度价值观的实现也有着重要作用。

五、客观辩证看待历史，立足素质教育

"以史为镜，可以知兴替"，历史是真实的，袁腾飞经常在演讲中提到要客观辩证看待历史。就像他在《历史是个什么玩意儿》里对太平天国和义和团颇具颠覆性的定位——"以往说到太平天国，就是伟大的农民起义推翻了腐朽的清王朝，但我说了，太平天国的荒淫是远远超过清王朝的。这个东西过去不讲，认为凡是农民起义就是好的。我承认你造反有理，但不一定造反

有功。”

袁腾飞说，几年前有媒体发过一篇评论《爱国不要义和团式的蛮勇》，“这实际就是客观看待义和团，跟我的看法一样。讲述历史，是要让人们学会一种思考的方向，至少不要人云亦云。让人不是听到义和团就热血沸腾，不是光从爱国主义出发，就抹去它所带来的一些破坏作用。”而与之类似的，则是我们一旦提到明清政府，就只强调它的腐败无能。袁腾飞在《历史是个什么玩意儿》中就写道：我们的历史书把明清时期讲得一塌糊涂，封建社会到了末世了，怎么都不行。反过来去看西方历史书，如剑桥历史是高度赞扬中国的明清时期的。中国那时的白银占世界的一半；中国的农民是当时世界上最富裕的农民。为什么我们妄自菲薄？因为那是封建统治者，我们不能歌颂它。

就这样，以往诸多被简单地以“善恶”、“对错”定性的历史人物和事件，被袁腾飞用“辩证”的方式进行了重新解读。于是有人说他“颠覆”了历史。袁腾飞倒不觉得自己有那样的本事，“你所了解的我颠覆之前的历史，是不是已经被颠覆过了？如果是，那我只不过是把颠覆的东西又‘颠倒’了过来。历史是不能先拿出一个结论，然后把对我有利的史实拿来，之后有选择性地遗忘。”

作为“史上最牛历史老师”，袁腾飞很关注几十年来中学历史教育的变化——“原来讲中国近代史，就是讲中国怎么受侵略，人民怎么反抗，中国近代史就是屈辱史和斗争史。现在讲，强调这是中国近代化的历史，是中国被迫打开国门、融入世界的历史。再比如过去讲英国的政治，重点讲英国的资产阶级革命过程，资产阶级怎么把国王杀了。现在这个过程不是最主要的，重要的是讲革命的结果，由人治到法治，英国怎么立法，这个法律怎么对王权进行限制。”中学教科书中的变化，或许也代表着时代发展下，具有普遍意义的社会价值观、历史观的转变——“由原来的阶级斗争史观和革命史观向文明史观转化”，在袁腾飞看来，这是进步。

历史教学要让学生学会一种思考的方向，不要人云亦云，要做到没有史料论证的结论，我不信。不是提到义和团学生们就得热血沸腾，不是有了“爱国主义”做口号，就能抹去它的一些破坏作用。历史教学绝不能先出示结论，然后从史实中摘点东西去贴合那个结论。

对学生要求仅仅是熟记历史事件和历史人物，倒也容易，但这并没有完成历史教学的主要任务。这样的课难免枯燥，学生也不会喜欢。这正是应试教育的老套。

以自己独特的教学方式和思考方式去分析历史讲解历史，难怪袁腾飞能在众多的历史演讲者中崭露头角，难怪袁腾飞吸引着这么多的粉丝。拥有着独特历史教学观念的袁腾飞不仅罗列历史知识，还让学生们感悟历史，理解历史的进程并且客观地看待历史。久而久之，学生们也就认清了历史的本质，学会了分析历史问题。更重要的是培养了学生们的爱国主义和正义感。在人生之路上，我们要学会用客观公正的态度做人做事，通过阅历和尝试分析所发生的问题从而更有效率地解决问题，提高自己的素质，绽放出生命之花。

六、直面“倒袁派”，我型我秀

单口相声式的演讲方式，周星驰“无厘头”式的语言风格引来了华夏儿女们的围观，争议也扑面而来。就像每一位“草根史学者”一样，袁腾飞在收获追捧的同时注定要面对质疑与批评。有人就曾评价：袁可能是“史上最牛的历史老师”，也可能是误人子弟的历史老师，因为他“写史如腹泻”。甚至还有人借此总结出“草根史学者”的软肋——媚俗、轻飘。多位历史学家称袁腾飞讲史错误甚多，另有历史小说作者指袁腾飞抄袭自己的作品。在“乌有之乡”网站上，倒袁声更是此起彼伏。面对非议和诟病，袁腾飞回应说：

书中涉及的史实都是正史，自己只是在小细节处加以润化，让枯燥的文字显得不那么枯燥。历史课本大多使用成人化语言，干巴巴的丝毫不吸引听众，所以才创造出别开生面、妙趣横生的讲课方式。

历史的事实肯定是真实的，但人物之间的对话完全可以虚构，比如《史记》中的对话，司马迁可能在场吗？他不可能在场。只要虚构符合历史并真实就可以。比如赵构母亲不得宠，在那里眺望，这些完全可以虚构。

然而，我们多少也该运用一下袁腾飞提倡的"辩证"思维。"草根史学"的兴起多多少少普及了人们的历史知识，同时又强调娱乐性。一脸庄严的"正史"听腻了，"草根史学"却让人先有娱乐快感，然后有思考，有联想的后劲，再有回味。或多或少，这也算是大众文化兴趣和严肃学术界之间的一座桥梁。

袁腾飞的趣味语言

高祖刘邦以前是秦朝的亭长，用今天的话说就是街道居委会治保主任。

你看韩国、英国和德国也有长城，但是他们的长城叫作 Long Dist Wall（很长的墙），只有中国的长城才能叫作 Great Wall。

蔡伦是个宦官，宦官一般没什么好人，只有两个不错的，青史留名，蔡伦和郑和。

刘禅因为小时候在长坂坡被赵云闷过，被刘备假摔过，影响了大脑发育，长大后什么事儿惨就办什么，现在快成了一句骂人的词了，成了傻子、窝囊废的代言。

我们中原人的打扮是峨冠博带，老高的帽子，老长的大袖子，一走路帽子当避雷针，袖子当拖把，既省电又干净。

中国历史上的皇帝多嫔妃，其中数量最多的可能是伪天王洪秀全，一百多个，没有名字只有编号，今天从零零一睡到零零七，明天从二百三睡到二百五。

有的电视剧里，汉朝就让老百姓一进门给你捧出茶来，甚至春秋战国就捧出茶来喝，很好玩，那会儿没有的。那会儿应该一进门喝酒，不应该喝茶，唐朝才开始大规模饮茶。

朝鲜人写唐诗的水平确实相当高，日本人也能写，但日本人写的没有韩国人纯正，再往下的话越南人也能写，那基本上就是打油诗了。

唐三藏来翻译这些佛经，穷一人之力是翻译不完的，所以他得收徒弟。他收徒弟不是孙悟空、猪八戒什么的，他们只会打架。

缺乏交流的后果就是张村知道螃蟹可以吃，李村还把它当毒虫；李村知道鳄鱼不能惹，王村还老有人去喂鳄鱼。

贡士的第一名叫会元，不是汇源果汁。

你要乡试以上的三次考试全中，就叫连中三元。中国的一个成语叫连中三元，干吗不连中二十六元或者七十元两毛五分，它不是连续中奖可以兑换三元牛奶的意思，它三元的意思指的是解元、会元、状元。

你读大学的，黄金屋、颜如玉、车马簇、千钟粟。不读，铁皮屋、柴火妞、棒子面、自行车。

李自成百万大军，不到一年就土崩瓦解了。他逃到湖北九宫山，被一个叫程九伯的农民拿锄头给刨死了。那哥们以为他是贼呢。

贝加尔湖就是苏武牧羊那个地方，盘古开天地以来，除了苏武在那涮过羊，没人打扰过它的安宁。

老不读三国，少不读水浒。老了就踏踏实实过几年吧，别和人动心眼了。为什么少不读水浒，目无法制，从小看这个，就是培养少年犯。李逵这样的，放今天枪毙400回了。

陆续称霸的齐桓公、晋文公、楚庄王、吴王阖闾和越王勾践在历史上被统称为春秋五霸，个个牛叉。

齐国原来的国君应该姓姜，例如齐桓公，名字叫姜小白，那会儿起名还不太讲究。

客观上来说，以前汉人的服装是最笨拙的，宽袍大袖，那个大袖子能钻进一个人去，穿上那个衣服一上街，勤劳的清洁工都得下岗。

中国现代哲学家冯友兰先生，把人分成四种境界：天地境界、道德境界、功利境界和自然境界。咱们是在功利境界，杀人犯、强奸犯这都是自然境界。道德境界就是圣人们，他认为中国古代人达到天地境界的只有一个人，就是老子，孔子都只在道德境界。

一般我们在功利境界的人，是贵有不贵无，我们有什么比什么，比有钱，比有房子，比有车，比我爸爸比你爸爸官大。而老子是贵无，看破放下，四大皆空，六根清净，你才能成就，无为才能无不为就是这个意思。

长城是中国农牧业的天然分界线，我们老祖宗很明智的，长城以北的地是不能耕种的，只能放牧，风吹草低见牛羊，现在呢，风不吹都能看见黄鼠狼。

秦始皇一开始还是很勤政的，他每天早起洗脸刷牙之后看600斤奏章。别怕，当时奏章是写在竹简上，要是看纸的，600斤能看死他。他让在寝宫里搁一个秤，每天称约600斤，不看完不休息，累得手都翻不动竹简了，拿绸布条挂到脖子上吊着翻，太累了！

秦律，特点就是轻罪重刑。你随地吐痰，吊起来打。

中国古代的有爵位的人，一般都是立下战功的，文官也一样，比如曾国藩和李鸿章，立战功了才封爵。清朝唯一一个文人没立战功封爵的是张廷玉，编了本《康熙字典》，封成伯爵，十年就给撤了。

西汉有个读书人叫朱买臣，哥们穷，家里穷得连裤子都穿不上，然后他媳妇老欺负他：整天在那看书有什么用，你干点有用的事儿行不行？去做买卖，炒股去。朱买臣说我不会。不会到超市搬矿泉水去，这我也不会。他媳妇一生气，离婚了，拜拜。

第二章　企业界人物言语表达研究

第一节　俞敏洪励志演讲的语言风格

他是一个草根英雄和创业偶像。他从提着糨糊瓶满世界张贴招生广告的穷民办教师，到美国纽约证交所上市的亿万富翁，他的转变只用了十三年；他是中国的留学教父，他走在哈佛、耶鲁等大学校园时，每三个中国留学生中至少有两个对他说“老师好”；十年风雨，他将数百万学子留学的梦想变成现实；2006年纽约证券交易所见证了来自东方的新传奇；他是“赢在中国”第三季的评委，他在节目现场的每一次点评，都会引爆雷鸣般的掌声，征服了无数听众的心。

他就是俞敏洪，北京新东方学校创始人，新东方科技集团董事长。北京大学前校长陈文生说：“过去你以北大为荣，现在北大以你为荣。”美国《时代》周刊对他的描述是：这个一手打造了新东方品牌的中国人是“偶像级的，像米奇或者小熊维尼之于迪士尼”。俞敏洪成功后，全国很多大学邀请他去演讲，其与众不同的演讲风格和演讲艺术常常引发满堂喝彩。下文拟就俞敏洪的演讲风格作个探讨。

一、善拿自己开涮，制造幽默效应

幽默是一种超群的魅力，是一种讨人喜欢的性格。人们用幽默来使自己开心，使自己的精神超脱尘世的烦恼；用幽默来增加活力，使生活多一些情趣；用幽默来散播快乐，给人以欢笑、友爱与宽容。听俞敏洪演讲，就可以从中感受到他无穷的幽默。而他的幽默往往是拿自己开涮。拿自己开涮是一种自嘲，自嘲式的幽默是幽默的最高境界，是一种人人皆可以接受的幽默形态。他在北京大学演讲时说道：

我还记得我自己为了吸引女生的注意，每到寒假和暑假都帮着女生扛包。（笑声、掌声）后来我发现那个女生有男朋友，（笑声）我就问她为什么还要让我扛包，她说为了让男朋友休息一下。（笑声、掌声）

吸引异性的注意是那个年龄阶段青年的一种普遍心态，只是俞敏洪以这种方式吸引女生注意力并遭到女生的戏弄让人难以接受。不过这也没有关系，这种情形逐渐增强了俞敏洪的心理承受能力和抗挫折能力，为以后创业打下了一定的基础。

我也记得刚进北大的时候我不会讲普通话，全班同学第一次开班会的时候互相介绍，我站起来自我介绍了一番，结果我们的班长站起来跟我说："俞敏洪，你能不能不讲日语？"（笑声）

20世纪80年代，普通话推广的力度没有现在这么大，一般从农村考出去的孩子很少能够说好普通话的，所以俞敏洪不会说普通话，被别人嘲笑也就很正常了。他讲到他读的第一本书时说：

我刚进北大以后走进宿舍，有个同学已经在宿舍。那个同学躺在床上看一本书，叫做《第三帝国的兴亡》。所以我就问了他一句话，我说："在大学还要读这种书吗？"他把书从眼睛上拿开，看了我一眼，没理我，继续读他的书。这一眼一直留在我心中。我知道进了北大不仅仅是来学专业的，要读大量的书。你才能够有资格把自己叫作北大的学生。（掌声）所以我在北大读的第一本书就是《第三帝国的兴亡》，而且读了

> 三遍。后来我就去找这个同学，我说："咱们聊聊《第三帝国的兴亡》"，他说："我已经忘了。"（笑声）

同样，刚开始恢复高考那个时代哪有什么课外书可读，更不用说《第三帝国兴亡》这样的书籍了。所以俞敏洪遭受到这样的白眼在那个时代再也正常不过了。

> 实际上我的英语水平很差，在农村既不会听也不会说，只会背语法和单词。我们班分班的时候，五十个同学分成三个班，因为我的英语考试分数不错，就被分到了A班，但是一个月以后，我就被调到了C班。C班叫做"语音语调及听力障碍班"。（笑声）

这些都是大实话，没有一点水分。事实上确实如此，那个时代的大学生学的都是哑巴英语，而俞敏洪只是实事求是地讲出来而已。

俞敏洪在复旦大学演讲时，也故意痛诉革命家史，引得听众一阵阵爆笑。他说：

> 在北大的时候由于我的成绩不好，自己本身就很郁闷，结果就导致我们班的女生没有一个看上我。大学的女生一般目光都比较短浅，看中的都是成绩优秀长得英俊潇洒风流倜傥的男生，像我这样长得不怎么样但内涵非常丰富的，（爆笑）女生就不理，这是女生眼光的问题。我们班20周年聚会的时候，我们班的女生全部走上来热情地握着我的手，后悔当初没下手！（爆笑）……所以，我常说长得跟我差不多的就是标准，长得比我难看的就是最高标准，我看复旦男生不少都符合这个标准（在场女生皆热烈鼓掌）

俞敏洪的演讲中，有大量的这样拿自己开涮的故事，这些故事都是俞敏洪大学时期的辛酸史。正是这些辛酸史充实了俞敏洪的大学生活，磨砺了他的意志，砥砺了他顽强不屈的性格，练就了他永不言败的个性魅力。如果没有这些辛酸史，也许就没有今天的新东方了。

二、宣扬"痞子精神"，激励青年图强

所谓"痞子精神"，可以用疯狂的野草来形容，就是这样一种状态：如野草般强韧，疯狂地成长，恣意地蔓延，霸气地扩张。这种疯狂成长的背后，是被压抑的激情和喷涌的生命力，完全表现出一种瞻前顾后、无知无畏的"痞子精神"。不过俞敏洪的"痞"是一种被逼无奈的狠劲。

俞敏洪演讲的很大一部分内容是在诉说自己苦难的人生，然而正是这些苦难的人生才能够进一步激励大学生发愤图强。他说：

> 在北大六年没有谈过恋爱，还得了肺结核，在北大教书，什么成就也没有，接着联系美国留学，三年半没有一个美国大学给我奖学金。最后还被北大加了个一级行政处分。
>
> 尽管留学失败，我却对出国考试和出国流程了如指掌；尽管没有面子在北大待下去，我反而因此对培训行业越来越熟悉。正是这些，帮助我抓住了个人生命中最大的一次机会：创办新东方学校。
>
> 我刚出来做生意的时候，也是不愿意跟政府打交道。但我不得不到公安局门口一蹲三天，好不容易才来了一个面相和善的警察。然后逐渐和他们交往并请他们吃饭。最后我把自己喝酒喝到医院抢救 6 个小时。活过来的时候公安系统一个领导说了一句话让我特别感动，他说俞老师冲你喝酒的精神，以后新东方有任何事情我们都要帮助。

为了生计，为了成功，俞敏洪简直是豁出去了。其实，在追求事业的过程中就应该要有这样一种精神，一种不达目的誓不罢休的精神。正是因为有这样一种精神，所以，他又有了下面的语言：

> 我很佩服史玉柱，他的珠海集团曾经败得一败涂地，现在他又爬起来，变成中国最有钱的人之一，他摔倒再爬起来的例子作为活生生的榜样激励一代代的年轻人：其实失败真不算一回事，你摔倒一万次，只要你一万零一次敢于站起来，就不是失败；你摔倒十次，你第十一次趴在

地上起不来，你就是一个失败者。

俞敏洪以史玉柱为榜样，跌倒了再爬起来。这是因为，俞敏洪在读大学时就通过同宿舍的同学互相打击、挖苦、讽刺，开阔了自己的胸怀。他在演讲中说：

> 我们寝室很快形成了一种风气，就是互相打击、互相讽刺、互相侮辱。就形成了个习惯：晚上不侮辱一个人绝不睡觉。到后来觉得没劲了，就自我打击自我讽刺自我侮辱。为什么？你来侮辱我，不如自己先侮辱自己。你说我是猪对不对？我说我连猪都不如怎么样？但是带来一个非常优秀的后果：不管什么事情，我们都能非常坦然地处之。这种感觉非常好。

为了办学，为了与社会上方方面面人士打交道，俞敏洪在大学里培养训练的这种胸怀便派上了用场。他说：

> 改变原有的价值观，摆脱文人处事酸溜溜的作风，不要对别人对自己的评价太敏感。如果一个人特别在乎别人对自己的评价，做生意就做不成。在某种意义上说，商人脸皮要厚，因为他要遭受挫折、失败，要被人看不起。

正是因为有了这样的认识，所以才有后来的他不顾一切地学会与各种职能部门官员打交道，不顾一切地拿着糨糊宣传单到处张贴，不顾一切地与警察喝酒喝到医院，不顾一切地站在大冬天的垃圾桶上慷慨激昂地演讲一个半小时……

经过多年的摸爬滚打，不屈不挠地发扬“痞子精神”，俞敏洪终于从一介书生成长为能打理方方面面的合格“校长”，继而成为一名为创业者指点迷津的企业家。

三、坚持“永不言败”，成功“无穷无尽”

失败，是任何人都厌恶的字眼，然而，它又是人生中任何人都逃脱不了的一个字眼。该怎样对待失败呢？有的人失败后一蹶不振，听天由命，犹如项羽当年自刎于乌江前大声疾呼：“此天亡我也，非战之罪”。而有的人却分析原因寻找差距，积极面对现实，化悲痛为力量。越是伟大人物，越是有成就的人物，越不怕失败。俞敏洪 2002 年 1 月在多伦多大学演讲时说：

> 过去，我一直认为自己是个 loser：高考考了三年才考上，我是一个 loser；进了大学没有一个女孩爱上过我，我是个 loser；大学三年级得了肺结核，我是个 loser；在北大教了七年书没有什么成就，我是个 loser；在北大十年没有参加过任何活动、任何团队，我是个 loser；被北大开除出来无处安身，我更是个 loser。
>
> 在三十岁以前，我几乎没有尝到过成功的喜悦，我的自信心被现实不断地摧毁。在做学校的过程中，在和别人打交道的过程中，不断地失败，不断地成功，又不断地失败，再不断地成功。在这个过程中造就了我坚忍不拔的意志。
>
> 所以，我的朋友王强对我的评价是：俞敏洪像芦苇一样刚强！意思是说我的性格尽管柔韧，但却不容易屈服。后来我发现，我周围许多成功人士的个性里都有着非常柔和、非常刚强的两面性。

看到俞敏洪这样的演讲词，笔者突然想到了美国总统林肯的失败经历。林肯经历了无数次的失败，但是他最终登上了总统的宝座，并成为美国历史上最受人民爱戴的总统之一。林肯的一生，给了世人无穷的力量。与林肯的失败相比，我们遭遇到的困难算什么？俞敏洪也经历了无数次的失败，但最终成为了中国最富有的老师，成为在哈佛和耶鲁的号召力超过中国任何一所大学校长的老师。

俞敏洪从“失败者”到“成功者”的人生转型，经历了“忍受孤独”、“忍受失败”与“忍受屈辱”的历练。他说：

忍受孤独是成功者的必经之路；忍受失败是重新振作的力量源泉；忍受屈辱是成就大业的必然前提。

人永远是在孤独地奋斗；你要能够经得住失败，并且能够从失败中奋进；你心中有着远大的目标，忍受着暂时的苦难和屈辱是无关紧要的；勇敢地面对任何困境，保持乐观的心态，并且坚持到底。态度决定一切，也决定了最终的结局。

新东方的精神对我而言是在痛苦之后绝不回头的努力，是在绝望之后坚韧不拔的追求，是在颤抖之后不屈不挠的勇气，是在哭喊之后重新积聚的力量。

的确，世界上没有随随便便的成功。俞敏洪的成功就是对永不言败精神的最好注释。俞敏洪说：

在我做事的时候，我一般都会问自己两个问题：一是做这件事情的目标是什么，因为盲目做事情就像捡了一堆砖头而不知道干什么一样，会浪费自己的生命；第二个问题是需要多少努力才能够把这件事情做成，也就是需要捡多少砖头才能把房子造好。之后就要有足够的耐心，因为砖头不是一天就能捡够的。我生命中的三件事证明了这一思路的好处。第一件是我的高考，目标明确：要上大学，第一年第二年我都没考上，我的砖头没有捡够，第三年我继续拼命捡砖头，终于进了北大；第二件是我背单词，目标明确：成为中国最好的英语词汇老师之一，于是我开始一个一个单词背，在背过的单词不断遗忘的痛苦中，我父亲捡砖头的形象总能浮现在我眼前，最后我终于背下了两三万个单词，成了一名不错的词汇老师；第三件事是我做新东方，目标明确：要做成中国最好的英语培训机构之一，然后我就开始给学生上课，平均每天给学生上六到十个小时的课，很多老师倒下了或放弃了，我没有放弃，十几年如一日。每上一次课我就感觉多捡了一块砖头，梦想着把新东方这栋房子建起来。到今天为止我还在努力着，并已经看到了新东方这座房子能够建好的希望。

正是这种永不言败、坚持梦想、刻苦追求的精神，才有了今天的俞敏洪，才有了今天的新东方。

四、奉献哲理语言，引人思考未来

“语言是思想的外衣”。透过俞敏洪的语言，我们可以看出一个草根英雄的奋斗历程，也看到了他的思想的变化。他说：

> 新东方的整个创办过程就是从一点点的希望做起，最后不断扩大希望的过程。请记住：绝望是大山，希望是石头。但是你只要砍出一块希望的石头，你就有了希望。

俞敏洪就是这样从只有十几个学生开始发展到如今有几十万学生，他甚至想象着将新东方发展成中国的哈佛。他就是这样一步步地看到希望，真正做到星火燎原。

> 会做事的人，必须具备以下三个特点：一是愿意从小事做起，知道做小事是成大事的必经之路；二是胸中要有目标，知道把所有的小事积累起来的最终结果是什么；三是要有一种精神，能够为了将来的目标自始至终把小事做好。

这几句话是俞敏洪从他父亲的实践中得出的结论。他父亲给别人建房子，然后把别人不用的边角料顺便带回家，时间长了，自家院子里堆满了砖瓦材料，于是他父亲就利用这些边边角料做了一个小猪舍。邻居人羡慕得不得了。他于是从中得出结论，就是心中要有目标并为之不停地添砖加瓦。

> “做人像水”，你就能容纳百川，你的心胸就能变成大海，广阔无边；否则你永远站在山顶上，你的空间永远是狭窄的。“做事像山”，就

是做任何一件事情，只要确定了目标，就必须像爬山一样爬上去，要有山一样坚定的意志和山一样不可动摇的决心。

这些都是俞敏洪在创办新东方过程中得出的结论。为了办学，他能够吃常人不能吃的苦，受常人不能受的罪；为了办学，他灵活机动，像水一样，哪里有缝隙，他就想方设法钻进去，低姿态地做人；同时为了办学，他做事像山一样，意志坚定，克服重重苦难，终于有了今天的成绩。这正如美国作家爱默生说的那样："一心朝着自己目标前进的人，整个世界都会为之让路。"

人的生活方式有两种，第一种方式是像草一样活着，你尽管活着，每年还在成长，但是你毕竟是草，尽管你吸收雨露阳光，但还是长不大。人们可以踩过你，但是人们不会因为你的痛苦而产生痛苦；人们不会因为你被踩了而来怜悯你，因为人们本身就没有看到你。所以我们每一个人，都应该像树一样的成长，即使我们现在什么都不是，但是只要你有树的种子，即使你被踩到泥土中间，你依然能够吸收泥土的养分，自己成长起来。当你长成参天大树以后，遥远的地方，人们就能看到你；走近你，你能给人一片绿色。活着是美丽的风景，死了依然是栋梁之才，活着死了都有用。这就是我们每一个同学做人的标准和成长的标准。

这是俞敏洪的"树草理论"，这种理论得到了"赢在中国"的赞同，把"树"当作"赢在中国"的形象代表很贴切，能够引起人们对未来的思考：我们究竟是长成参天大树，还是宁做默默无闻的小草？俞敏洪的"树草理论"实际上是激励青年勇敢地去撒播大树的种子，他告诉我们：只要你的心灵里有一棵树的种子，你早晚有一天会长成参天大树。不管你是白杨树还是松树，人们在遥远的地方都能看见在地平线上成长的你，他们能在树下休息。因此做人的要求是你自己首先成为地平线上的一棵大树。当你是草的时候，你没有理由让别人注意到你。

松下幸之助说：逆境给人宝贵的磨炼机会。只有经得起环境考验的人，才能算是真正的强者。自古以来的伟人，大多是抱着不屈不挠的精神，从逆境中挣扎奋斗过来的。

鲁迅先生说："不耻最后"。即使慢，驰而不息，纵会落后，纵会失败，但一定可以达到他所向的目标。

俞敏洪，一介书生，短短十多年的工夫，成为中国最富有的教师，他创造了中国教育界的一个神话。俞敏洪的演讲，也为他走向成功助了一臂之力；俞敏洪的演讲为他的新东方精神走向世界插上了腾飞的翅膀！

（原载《阅读与写作》2009 年第 10 期）

俞敏洪送给草根青年的成功箴言

既靠天，也靠地，还靠自己。

只有知道如何停止的人才知道如何加快速度。

运气不可能持续一辈子，能帮助你持续一辈子的东西只有你个人的能力。

人生的奋斗目标不要太大，认准了一件事情，投入兴趣与热情坚持去做，你就会成功。

哪怕是最没有希望的事情，只要有一个勇敢者去坚持做，到最后就会拥有希望。

为了不让生活留下遗憾和后悔，我们应该尽可能地抓住一切改变生活的机会。

有些人一生没有辉煌，并不是因为他们不能辉煌，而是因为他们的头脑中没有闪过辉煌的念头，或者不知道应该如何辉煌。

上帝制造人类的时候就把我们制造成不完美的人，我们一辈子努力的过程就是使自己变得更加完美的过程，我们的一切美德都来自于克服自身缺点的奋斗。

所有的人都是凡人，但所有的人都不甘于平庸。我知道很多人是在绝望中来到了新东方，但你们一定要相信自己，只要艰苦努力，奋发进取，在绝望中也能寻找到希望，平凡的人生终将会发出耀眼的光芒。

生命，需要我们去努力。年轻时，我们要努力锻炼自己的能力，掌握知识、掌握技能、掌握必要的社会经验。

每条河流都有一个梦想：奔向大海。长江、黄河都奔向了大海，方式不一样。长江劈山开路，黄河迂回曲折，轨迹不一样，但都有一种水的精神。水在奔流的过程中，如果像泥沙般沉淀，就永远见不到阳光了。

谁说"机会面前，人人平等"，新东方相信，个人奋斗制胜，攫取成功的精神财产将永远贫富不均。在浩瀚的生命之岸，你应该自豪地告诉世界，你追求过，你奋斗过，你为了辉煌的人生从来没有放弃过希望，从来没有停止过拼搏。而这个造就了万物的世界也将自豪而欣慰地回答你：只要奋斗不息，人生终将辉煌。

在我们的生活中最让人感动的日子总是那些一心一意为了一个目标而努力奋斗的日子，哪怕是为了一个卑微的目标而奋斗也是值得我们骄傲的，因为无数卑微的目标累积起来可能就是一个伟大的成就。金字塔也是由每一块石头累积而成的，每一块石头都是很简单的，而金字塔却是宏伟而永恒的。

新东方"在绝望中寻找希望"这句话，跟美国著名的民权运动家 Martin Luther King（马丁·路德·金）所说的话是一模一样的，他在"I have a dream"（我有一个梦想）演讲词中说过："We will hew out of the mountain of despair a stone of hope."（我们从绝望的大山中砍出一块希望的石头。）请记住，绝望是大山，但是只要你能砍出一块希望的石头，你就有了希望。

光有奋斗精神是不够的，还需要脚踏实地一步一步地去做。要先分析自己的现状，分析自己现在处于什么位置，到底具备什么样的能力，这也是一种科学精神。你给自己定了目标，你还要知道怎么样去一步一步地实现这个目标。从某种意义上说，树立具体目标和脚踏实地地去做同等重要。

要获得别人的敬意，就要研究一个非常专业的领域，在那个领域中，你是最顶尖的，至少是中国前十名，这样无论任何时候你都有话说，有事情可做。我俞敏洪原来想成为中国研究英语的前 100 名，但后来发现根本不可能。所以我就背单词，用一年的时间背诵了一本英文词典，成为中国单词专家，现在我出版的红宝书系列，从初中到GRE词汇有十几本，年销量100万册，稿费比我正式工作都高得多。

成功的定义是什么？俞敏洪认为，“有历史定论的东西才叫成功。商人无所谓成功与否，因为商海永远是惊涛骇浪险象环生，把自己定义在商海中就没有成功出头日。假如写一本书，受到历史定论，千百年都有人捧读，那是成功。像陈忠实的《白鹿原》、冯巩的小品，就是成功。新东方现在还没有这种永恒的东西。”在俞敏洪看来，成功必须与永恒有着默契的对应。

第二节　“创业教父”马云演讲的艺术

而立之年的他放弃高校教师的铁饭碗选择下海，他不顾众人反对，投身到当时不为人所知的互联网行业，他到处宣传互联网却被人们当成了“骗子”……如今，他创办的阿里巴巴已成为全球最大的B2B电子商务平台，且连续五年被美国权威财经杂志《福布斯》选为全球最佳B2B站点之一，被传媒界誉为“真正的世界级品牌”；他是第一个登上《福布斯》封面的中国大陆企业家；被“世界经济论坛”评选为2001年全球100位“未来领袖”之一；被美国亚洲商业协会评选为“2001年商业领袖”；2004年当选为“年度十大经济人物”之一……连英国前首相布莱尔访华，都点名要见他并称其“改变了全球商人做生意的方式”。

他就是阿里巴巴董事局执行主席，阿里巴巴CEO马云。

马云就是这么一颗创业明星，他的从前与我们普通人是一样的，并没有什么超常之处，但是仅仅十年的时间他就成为了企业界一颗璀璨夺目的新星。马云成功后，很多地方找他演讲，而每次演讲总是听众爆满，掌声雷动。下面就其演讲语言艺术作个探讨。

一、积极乐观说目标，坚持死顶死扛

马云从创业之初他就心里非常明白他要做什么事情，那就是在国内创立

一个网络公司，在国内向企业收钱并把企业的资料收集起来翻译成英文，快递到美国，然后再让美国的朋友做成网页放到网上。这就是马云当初的目标。1999年，马云明确提出：要做80年的企业，要成为世界十大网站之一，只要是商人就一定要用阿里巴巴。这就是我们的目标。目标确定后的前几年一直不被人看好，甚至遭受很多人的质疑。但是马云说：

> 我们在打地基，至于要盖什么样的楼，图纸没有公布过，但有些人已经在评论我们的房子怎么不好看。有些公司的房子的确很好看，但地基不稳，一有大风就倒了。

因为马云有这样一个明确的目标，所以他遭遇到任何挫折困难，都能坚持、能挺住、能死扛。

针对很多人对阿里巴巴的成功难以理解，马云说：

> 很多人比我们聪明，很多人比我们努力，为什么我们成功了？难道是我们拥有财富，而别人没有？当然不是。一个重要的原因就是我们坚持下来了。

其实，早在1999年3月阿里巴巴刚成立的时候，马云就立下誓言："即使是泰森把我打到，只要我不死，我就会跳起来继续战斗！"

在实现目标的过程中，马云从来没有流泪，也没有抱怨。他更乐于讲述的是阿里巴巴活得不错。他说：

> 困难的时候，你要学会用左手温暖你的右手。在你开心的时候，把开心带给别人；在你不开心的时候，别人才会把开心带给你。开心快乐是一种投资，你开心就要和别人分享，有一天别人会回报于你。

马云说：

> 判断一个人、一个公司是不是优秀，不是看他是不是哈佛，是不是斯坦福毕业的，不要看里面有多少名牌大学毕业生，而要看这帮人是不是发疯一样干，看他每天下班是不是笑眯眯地回家。没有笑脸的公司其实是很痛苦的公司。任何一个创业者永远要把自己的笑脸展示出来，如果你的脸看起来很痛苦，那么就不可能给别人带来快乐，所以快乐是需要展示的。让员工快乐工作是好雇主应该做的事情。

马云是这样说的，也是这样做的，他会制造气氛来逗员工开心。2005年9月，在阿里巴巴与雅虎中国的杭州大联欢晚会上，马云把自己打扮成维吾尔族姑娘，戴着面纱，穿着民族服装，跳起了新疆舞，让员工感受到在阿里巴巴工作的快乐。

你想干什么？你该干什么？你能干多久？只要有梦想，就能到达大洋的彼岸。马云能成功，是因为马云具有明确的奋斗目标并为之乐观奋斗。

二、幽默风趣谈创业，妙用修辞艺术

马云不仅是一个乐观向上的人，而且也是一个很幽默很风趣的人，遇到任何困难，他都能一笑了之。一位阿里巴巴的元老这样评价马云："他很幽默，让人愿意和他在一起待着。什么事情经过他一说，都变得生动起来了。"马云的口才是很好的，这除了他雄辩的能力外，他还善于在演讲中不知不觉地艺术性地使用一些修辞手法。

在他连自己都不完全明白互联网是怎么回事的情况下开始涉足互联网，他说："我这是盲人骑在瞎子老虎上面。"这种比喻非常形象，因为这隐含了当初创业的危险。

在阿里巴巴，什么都可以谈，只有价值观不能谈，所谓价值观实际上就是"六脉神剑"文化。马云解释说，六脉神剑就是：

> 一是客户第一，关注客户的关注点，帮助客户成长；二是团队合作，共享共担，以小我完成大我；三是拥抱变化，突破自我，迎接变化；四是诚信，诚实正直，信守承诺；五是热情，永不言弃，乐观向

上；六是敬业，以专业的态度和平常的心态做非凡的事情。

凭着“六脉神剑”的用人标准，阿里巴巴聚集了一群有着共同梦想、共同价值观的平凡人，但这些平凡人在一起却做出了不平凡的事。（“六脉神剑”乃大理段氏一脉中的最高武学，是一门极高的技术，指力所能及的地方，有如一柄无形的剑，无论是横扫或虚指，均可伤敌），马云钟情武侠，热爱武术，因此他用借代的修辞手法简单明了地描述了阿里巴巴的文化价值观。

关于阿里巴巴招聘人才的标准，马云用了一组排比，他说：

> 如果你认为我们是疯子，请你离开；如果你专等上市，请你离开；如果你带着不利于公司的个人目的，请你离开；如果你心浮气躁，请你离开。

阿里巴巴的用人标准别具一格，正是这些别具一格的用人标准，吸引了大量的人才，这些人才在马云的麾下为了公司共同努力，为公司发展尽心尽力。正是因为有这些优秀的人才，所以才有了阿里巴巴的今天。

关于成功的根本原因，马云又用排比句归纳为：

> 小企业成功靠精明，中等企业成功靠管理，大企业成功靠的是诚信。

从众多成功企业的案例来看，这句话可谓经典。有人问李嘉诚创业成功的根本原因是什么，李嘉诚也说是“诚信”。马云在《赢在中国》的现场曾告诫创业者说：

> 我觉得一个CEO、一个创业者最重要的也是最大的财富，就是你的诚信。我可以这么说，如果我今天缺1亿美金，打电话3天之内肯定到账。

中小企业好比沙滩上的一颗颗石子，通过互联网可以把这些石子全粘起来，用混凝土粘起来的石子们威力无穷，可以和大石头抗衡，而互联网经济的特色以小搏大、以快打慢。

马云用比喻的方式揭示了互联网将中小企业联系起来的重要意义。

三、经典语言口语化，凝缩人生精华

马云的演讲很精彩，很具有煽动性和蛊惑力，他的演讲会场往往不时爆发雷鸣般的掌声。这是因为他演讲的语言不仅口语化，通俗易懂，深入浅出，更关键的是其语言经典，这些经典的语言恰恰是他人生经验的积累。我们可以欣赏一下他的经典语言：

今天很残酷，明天更残酷，后天很美好，但绝大多数人都死在明天晚上。所以我们必须每天努力面对今天。

这是要求企业家时时要有危机感，如履薄冰。

重要的不是你的公司在哪里，有时候你的心在哪里，你的眼光在哪里更为重要。

这是告诫创业者要有梦想，要有眼光。

一个创业者最重要的、也是最大的财富，就是你的诚信。一个创业者一定要有一批朋友，这批朋友是你这么多年来诚信积累起来的，越积越大。诚信不是一种销售，不是一种高深空洞的理念，是实实在在的言出必行，点点滴滴的细节，诚信不能拿来销售，不能拿来做概念。

这是告诫创业者创业一定要讲诚信。正是因为有这样的诚信，所以才有那么多人被他的人格魅力所吸引，愿意与之并肩作战共同进退。

那些私下忠告我们，指出我们错误的人，才是真正的朋友。

这是告诉我们谁是我们真正的朋友。

我们不想做商人，我们只想做一个企业，做一个企业家，因为在我看来，生意人、商人和企业家是有区别的，生意人以钱为本，一切为了赚钱，商人有所为，而有所不为。企业家是创造财富，为社会创造价值，影响这个社会，赚钱是一个企业家的基本技能，而不是所有技能。

这是马云告诉创业者目光要远大，要做创造社会财富的企业家，而不仅仅是一般的商人。

人一辈子不会因为你做过什么而后悔，很多的时候因为你没做过什么而后悔。

这是鼓励青年创业者勇敢地迈出创业的第一步，将梦想逐渐变成现实。他曾在《赢在中国》点评参赛人员说："人永远不要忘记自己第一天的梦想，你的梦想就是世界上最伟大的事情。"

进攻就是最好的防守。

马云可算是一个战略家，他说他从不看对手在做什么，但是关心对手将来做什么，看准了对手要走的方向，想办法走到他的前面。这就是马云为什么能够一路过关斩将最终创造了中国互联网奇迹的原因。

男人的长相往往和他的才华成反比。

这句话比较幽默，是马云的一种自我安慰。因为马云确实没有仪表堂堂，有些网友将马云描述为：相貌奇崛，脑袋不大，容量丰富，见解独到，领袖风范。《福布斯》杂志如此描写马云："深凹的颧骨，扭曲的头发，淘气的露齿笑，一个5英尺高，100磅重的顽童模样。"又说，"这个长相怪异的人有着拿破仑一样的身材，更有拿破仑一样的伟大志向！""看了《福布斯》杂志后，我才知道自己其实有多丑。"马云说。马云胸怀宽广，志向远大，妙语连珠，娱人娱己，听他演讲岂不是一种享受！

四、现身说法效果佳，激励青年勇闯

马云成功之后，少不了被人邀请到处演讲，每次演讲他没有豪言壮语，没有悲天悯人，没有凌厉批评，有的只是实实在在的朴素语言现身说法。这个现身说法恰是我们青年创业者所需要聆听的。

关于创业之初的艰难，马云说：

> 我们当初创业时，没有名气，没有品牌，没有现金，人们也不相信电子商务，那时候非常难招聘员工，我们开玩笑说街上会走路的人，只要不是太残疾的我们都招聘过来了。

这是很多创业者最初面临的形势，因为大部分创业者都是白手起家。所以青年朋友要创业一定要在思想上有充分的准备。创业者更重要的是创造条件，如果机会成熟了，往往可能就没有我们的机会了。所以创业者要给自己一个承诺，并且为之坚持。

> 我没有关系，也没有钱，我是一点点起来的，我相信关系特别不可靠，做生意不能凭关系，做生意不能凭小聪明，做生意最重要的是明白客户需要什么，实实在在创造价值，坚持下去。倾听客户的声音，满足客户的需求是阿里巴巴生存与发展的根基。

正是因为马云一直坚持做任何事都是为了满足客户需要的思想，坚持为客户提供更好的服务，才有阿里巴巴独创B2B业务的迅速做大做强，才有淘宝网打败 eBay 的壮举，才有支付宝的抢先占领市场。

> 我是个很笨的人，算，算不过人家，说，说不过人家，但是我创业成功了。我想，如果连我都能创业成功，那我相信 80％的年轻人创业都能成功。

马云毕业于杭州师范学院，一所可以被认为是“名不见经传”的二流学校，其求学经历可谓是一路坎坷。但是，就是这样一个人，却创建了一个中国乃至世界最大的电子商务网站。这是为什么？这对于每一个教育者、教育管理者、家庭、学校和每一个有着成功梦想的创业者，都是值得思考的。到底什么样的人才能成功？成功者的素质是什么？马云说“马云能够成功，80％的人都能成功。”但为什么只有少数人成功了？马云成功的案例揭示了什么？成功的关键因素是什么？这引起我们的思考。

关于创业的挫折和失败，马云说：

> 创业很累，创业的失败率很高。创业者都是疯疯癫癫的。100 个人创业，其中 95 人连怎么死的都不知道，没有听见声音就掉到悬崖底下；还有 4 个人是你听到一声惨叫时他掉下去了；剩下 1 个可能不知道自己为什么还活着，但也不知道明天还活不活得下来。所以说失败是绝大部分创业者一定会碰到的问题。

马云又说：

> 这些事太多太多，每次打击只要你扛过来，你就会变得更加坚强。我又想，通常期望越高，结果失望越大，所以我总是想着明天肯定会倒霉，一定会有更倒霉的事情发生，那么明天真的有打击来了，我就不会害怕了。你除了重重地打击我，又能怎样？来吧，我都抗得住。抗打击能力强了，真正的信心也就有了。所以我现在最欣赏两句话，一句是丘吉尔先生对遭受重创的英国公众讲的话：‘Never never never give up’

(永不放弃!) 另一句就是:“满怀信心的上路,远胜过到达目的地。”

这就是马云主张的一定要坚持坚持再坚持。只有这样才能赢得最后的胜利。

马云是青年创业者的一个奇迹,也是青年创业者的一个标本。他在短短的几年时间内成为了中国最有钱的企业家之一,成为了中国青年创业的教父。他的创业之路也为今天苦寻工作的大学生们树立了一个典范。他的创业精神多多少少地从他的演讲语言中反映出来,他的创业轨迹也可以从他的演讲语言中窥见一斑,他的创业之路在今天大学生求职就业艰难的时刻更具有现实意义。

(原载《阅读与写作》2009 年第 8 期)

爱迪生欺骗了世界

马　云

今天是我第一次和雅虎的朋友们面对面交流。我希望把我成功的经验和大家分享,尽管我认为你们其中的绝大多数勤劳聪明的人都无法从中获益,但我坚信,一定有个别懒得去判断我讲的是否正确就效仿的人能够获益匪浅。

让我们开启今天的话题吧!

世界上很多非常聪明并且受过高等教育的人无法成功,就是因为他们从小就受到了错误的教育,他们养成了勤劳的恶习。很多人都记得爱迪生说的那句话吧:天才就是 99% 的汗水加上 1% 的灵感,并且被这句话误导了一生。勤勤恳恳地奋斗,最终却碌碌无为。其实爱迪生是因为懒得想他成功的真正原因,所以就编了这句话来误导我们。

很多人可能认为我是在胡说八道,好,让我用 100 个例子来证实你们的错误吧!事实胜于雄辩。

世界上最富有的人，比尔·盖茨，他是个程序员，懒得读书，他就退学了。他又懒得记那些复杂的DOS命令，于是，他就编了个图形的界面程序，叫什么来着？我忘了，懒得记这些东西。于是，全世界的电脑都长着相同的脸，而他也成了世界首富。

世界上最值钱的品牌，可口可乐。它的老板更懒，尽管中国的茶文化历史悠久，巴西的咖啡香味浓郁，但他实在太懒了，弄点糖精加上凉水，装瓶就卖。于是全世界有人的地方，大家都在喝那种像血一样的液体。

世界上最好的足球运动员，罗纳尔多，它在场上连动都懒得动，就在对方的门前站着。等球砸到他的时候，踢一脚。这就是全世界身价最高的运动员了。有的人说，他带球的速度惊人，那是废话，别人一场跑90分钟，他就跑15秒，当然要快些了。

世界上最厉害的餐饮企业，麦当劳。它的老板也是懒得出奇，懒得学习法国大餐的精美，懒得掌握中餐的复杂技巧，弄两片破面包夹块牛肉就卖，结果全世界都能看到那个“M”的标志。必胜客的老板，懒得把馅饼的馅装进去，直接撒在发面饼上边就卖，结果大家管那叫PIZZA，比十张馅饼还贵。

还有更聪明的懒人：

懒得爬楼，于是他们发明了电梯；

懒得走路，于是他们制造出汽车、火车和飞机；

懒得一个一个地杀人，于是他们发明了原子弹；

懒得每次去计算，于是他们发明了数学公式；

懒得出去听音乐会，于是他们发明了唱片、磁带和CD。

这样的例子太多了，我都懒得再说了。还有那句废话也要提一下，生命在于运动，你见过哪个运动员长寿了？世界上最长寿的人还不是那些连肉都懒得吃的和尚？

如果没有这些懒人，我们现在会生活在什么样的环境里，我都懒得想！

人是这样，动物也如此。世界上最长寿的动物叫乌龟，它们一辈子几乎不怎么动，就趴在那里，结果能活一千年。它们懒得走，但和勤劳好动的兔子赛跑，谁赢了？牛最勤劳，结果人们给它吃草，却还要挤它的奶。熊猫傻了吧唧的，什么也不干，抱着根竹子能啃一天，人们亲昵地称它为“国宝”。

回到我们的工作中，看看你公司里每天最早来最晚走、一天像发条一样忙个不停的人，他是不是工资最低的？那个每天游手好闲、没事就发呆的家伙，是不是工资最高，据说还有不少公司的股票呢！

以上我所举的例子，只是想说明一个问题，这个世界实际上是靠懒人来支撑的。世界如此的精彩，都是拜懒人所赐。现在你应该知道你不成功的主要原因了吧！

懒不是傻懒，如果你想少干，就要想出懒的方法。要懒出风格，懒出境界。像我从小就懒，连长肉都懒得长，这就是境界。再次感谢大家！

简析：

本文是马云和雅虎的员工们的一次面对面的交流。在演讲中，马云颠覆了传统天才的定义，认为爱迪生的说法是有问题的。我们不在这个问题上纠缠，因为公说公有理，婆说婆有理。但是马云的演讲给了我们重要启示，这就是凡事要动脑筋，不能蛮干，否则很难成功。马云的演讲说理透彻，证据充分，修辞手法运用得当，幽默风趣，很有说服力，是一篇很好的演讲词。

马云语录

所有的创业者应该多花点时间，去学习别人是怎么失败的。

不是你的公司在哪里，有时候你的心在哪里，你的眼光在哪里更为重要。

不是别人都比你狡猾你才会上当，而是因为你太贪。

一个创业者最重要的，也是你最大的财富，就是你的诚信。

创业者书读得不多没关系，就怕不在社会上读书。

创业者光有激情和创新是不够的，它需要很好的体系、制度、团队以及良好的盈利模式。

记住，关系特别不可靠，做生意不能凭关系，做生意也不能凭小聪明。

小企业要有大的胸怀，大企业要讲细节的东西。

聪明是对现在事物的敏感能力，智慧是对未来事物的观察判断能力，聪明是智慧的天敌。短暂的激情不值钱，长久的激情才值钱。

我希望每一个人，都来用我的产品和服务，那是不可能的。定位一定要准确，你才能做好。所以我给所有的创业者包括你一个建议，少做就是多做，不要贪多，把它做精、做透很重要。

我想也许你太在乎自己，太想得到一些东西。人要成功一定要有永不放弃的精神，但你学会放弃的时候，你才开始进步。

愚蠢的人用嘴说话，聪明的人用脑袋说话，智慧的人用心说话。

心中无敌，才能无敌于天下，不光要承认错误，还要勇于承担责任。

战略不能落实到结果和目标上面，都是空话。

男人的胸怀是委屈撑大的，多一点委屈，少一些脾气你会更快乐。

诚信绝对不是一种销售，更不是一种高深空洞的理念，它是实实在在的言出必行、点点滴滴的细节。

永远要把对手想得非常强大，哪怕他非常弱小，你也要把他想得非常强大。

创业时期千万不要找明星团队，千万不要找已经成功过的人。创业要找最适合的人，不要找最好的人。

领导力在顺境的时候，每个人都能出来，只有在逆境的时候才是真正的领导力。

有时候死扛下去总是会有机会的。

可能一个人说你不服气，两个人说你不服气，很多人在说的时候，你要反省，一定是自己出了一些问题。

别人可以拷贝我的模式，不能拷贝我的苦难，不能拷贝我不断向前的激情。

做小了，一定要做到独特。

有结果未必是成功，但是没有结果一定是失败。

永远把别人对你的批评记在心里，别人的表扬，就把它忘了。

做任何事，必须要有突破，没有突破，就等于没做。

在公司内部找到能够超过你自己的人，这就是你发现人才的办法。

第三节　新东方创业元老徐小平励志演讲的形象特点

徐小平，著名留学、签证、职业规划和人生发展咨询专家，现任新东方教育科技集团董事、新东方文化发展研究院院长，号称新东方创业的“三驾马车”之一，2003年荣登中国《福布斯》名人榜，被中国青年一代尊称为“人生设计师”。长期从事新东方出国咨询和人生咨询事业，在大学生中产生积极而强烈的启蒙效应。很多学校、单位请他演讲，往往都是座无虚席，徐小平总是以他独特的风格博得满堂彩，他的演讲有如下特点。

一、充满激情，富有真情的演讲演绎出了一个青春永驻豪情满怀的“新青年”

“语言是思想的外衣”。徐小平的演讲总是激情澎湃，总给人以热情、开朗、激励、激情、兴奋的感觉，总是能给人回味无穷。他说：人要有四个“ion”：要有 vision（梦想），要有 passion（激情），要有 mission（使命感），同时还要 fashion（时尚）。他说“找一个激动人心的目标，然后死在上面!”“选择目标要正确，追求目标要疯狂。”

充满激情地干自己的事业，这应该是徐小平一贯遵循的准则。2009年3月，徐小平为重庆晨报“留学生妈妈俱乐部”的会员举办讲座，徐小平用他特有的幽默和睿智，为自己赢得了主动。讲台设在舞台左前方，但作为主讲的徐小平却始终没打算“归位”，他手持麦克风，在舞台中央像开演唱会似的，激动时手舞足蹈，进行了长达两小时的演讲。记者粗略统计了一下，几乎每几分钟就有一阵掌声，每三分钟就蹦出一阵笑声。从他演讲时的手舞足蹈、蹦蹦跳跳、姿态万千，我们丝毫看不出这个其貌不扬的人、这个永不服输的人居然已经是五十多岁的人了。因为他拥有一颗永远年轻的心。

对于成功的态度，徐小平提出“成功不是左思右想，而是投入去做”。在讲到自己在新东方发展历程时，徐小平说：

真正的投入就是一种成功。笔者归纳两点贡献给大家。第一，无论你是工作还是创业还是要做公益，一定不仅要投入你的时间，还要投入你的情感，把这种精神的东西能够当作自己一生追求的价值。第二，如果你不喜欢这个团体，如果你不喜欢这个老板，如果你和周围的人不太好相处，你也一定要敬业，一定要遵守你自己的承诺，你不要说你自己的老板不好。简单讲，即使你不想在这里待一辈子，你一定要有一种敬业精神，我觉得这是中国创业者或就业者最最缺少的东西。一旦你拥有了这种东西，如果这个企业是一个好的企业，能够一直做下去，你就会获得成功，获得事业上的成功，也包括精神上的成功。那么即便你选择离开也会获得良好的口碑。

二、语言通俗，朴实动人的演讲展示出了一个纯朴敦厚爱憎分明的“新市民”

徐小平的演讲语言通俗，朴实动人。他的演讲没有雕章琢句，没有卖弄文采，而是满腔热情地实实在在吐露自己的肺腑之言。在中国农业大学演讲结束后，有一个学生提问：“徐老师，你在中央电视台《对话》节目中被问到跳槽的主要原因，在四个原因中，你认为‘金钱’占百分之五十，请问这是为什么?”徐小平自我解剖说：“人们为什么出来工作？——工作的主要目的、或曰最低纲领，就是谋生，就是挣钱养家，拿工资孝敬父母养活妻儿，交税养活政府官员、资助公共服务。人生还有更高的境界，比如为了社会进步牺牲个人利益、追求信仰以及传播信仰……这些都属于为社会服务、为国家服务、为人类服务的层次，都属于‘工作’。这是人生行为的最高纲领。假如一个人连自己都不能养活自己，你拿什么来拯救社会，我的同学?”确实，人首先要生存，其次才是发展。是人就离不开社会，在社会上生存，就必须要赚钱。并非说金钱万能，但没钱也是万万不能的。倘使徐小平一天到晚为了生计而发愁，那他也就没有心思去给别人进行“人生规划”了。徐小平用通俗的语言说明了“最低纲领”和“最高纲领”的关系，所以徐小平说："徐老师也要养家活口，徐老师也爱钱。我为什么不爱钱？我为什么不能爱钱？我为什么不能大张旗鼓地说：我爱你祖国，以及钱！"一个朴实、温良、憨厚、可爱的形象展现在我们面前。

徐小平毕业于中央音乐学院，音乐学院音乐学系建系五十周年庆典时，徐小平发去了一封贺信，并委托现任音乐学系主任张伯瑜先生宣读了自己的贺信，虽然并非他本人直接演讲和表述，但依然打动心灵，让人佩服。在贺信里他说：

> "中央音乐学院音乐学系建系五十周年，对我是一件大事。因为我本人就是音乐学系的一个产物（笑）——尽管我没有从事音乐事业，是一个变形的产物（笑）——但无论我走到哪里，都以自己曾是音乐学院的毕业生而骄傲；我无论从事什么职业，都以曾经是音乐学系的一分子而自豪。""考上音乐学系之前，我是江苏省泰兴县文工团一名走街串巷的乐手——音乐造诣虽然无法和阿炳相比，（微笑）但社会地位基本可以和他攀附（大笑）——读完音乐学系之后，我这个乡村游吟乐手被培养成为得到国家文化部、人民音乐出版社、北京大学等机构聘用意向的有用专才。"（微笑）"敬祝中央音乐学院音乐学系青春不老，继续辉煌！敬祝音乐学系所有老师们健康长寿，事业兴旺！再祝所有音乐学系的系友、同学学业有成，人生幸福！"

有人评价这篇讲稿"以亲切的口吻来打动人、以感恩的心态来感染人、以幽默智慧的语言来吸引人。"通读全稿，徐小平始终以一个普通学友的姿态来表述自己的观点，处处流露着真情。他重感情，爱憎分明，对于母校的情感是真挚的、朴实的。

对于不尊重母校感情的人，徐小平是决不留情的。他在博客中写道：

> 有一次，在央视《对话》栏目，人们问他（注：指潘石屹）毕业于哪个学校，他完全可以理直气壮地告诉全中国广大"名校情结"受害者，他毕业于河北石油职业技术学院，让他的母校狠狠地扬一下名，让他的

校友以及所有非名校出身的人，大大地出一口气！但可惜，老潘从头至尾，就是不肯说出他母校的名字，搞得我以为他毕业于某个秘密军校。

他用实实在在的语言，对潘石屹表达了强烈的不满，也对中国“名校情结”的现状进行了猛烈的抨击。

三、诙谐幽默，自信盈盈的演讲影印了一个机敏活泼娱人娱己的“快乐天使”

纵观徐小平的演讲，处处闪烁着幽默的光芒，处处也显露着“舍我其谁”的自信。怎么进行一次成功的演讲？这是许多初学演讲的人十分担心的问题。其实，关键是演讲者要学会调动现场的气氛，让自己牢牢把握主动权，幽默是极其重要的一个手段。徐小平每次演讲，每每在开篇便让大家捧腹，一下子就拉近了与听众的距离。在很多大学演讲时，徐小平往往是这么开始的：“大家好！我姓徐叫徐小平，叫小平同志（笑）。因为我在班上爱表现自己，非常自信，所以大家都叫我‘芙蓉叔叔’。我的嗓子比较哑，因为感冒了，但是我不感冒的时候，嗓子也很哑。有一句话讲，一个人想哑并不难，难的是一辈子都不哑。”一个幽默的开篇，拿自己开涮，产生了很好的幽默效应，整个演讲就在轻松愉快中进行下去了。

“大家下午好，我是新东方的徐小平，大家叫我小平同志。虽然有事，但今天的会我还是很想来，因为我看到所有参会人员均有礼袋赠送，所以我期待着拿一个大礼袋。”期待一个大礼包，这话从徐小平口中说出来，我们绝没有人说是他在乎什么礼包，但一下就把现场的氛围调动起来了。

在广西某大学演讲中讲到自己到国外当洗碗工的经历时，徐小平笑着感叹道“天将降大任于斯人也，必先劳其筋骨，洗其碗碟。”此言一出，引得大家捧腹而笑。很朴实的一个篡改，既达到了调动听众情绪的目的，又讲出了自己成长的辛酸，正是“洗其碗碟”的磨砺，让他更具韧性。又如：“我在加拿大就读的学校并不有名，但这所大学对于我却是如雷贯耳，因为我毕业于那里……这所学校其实也就出了两三个世界级名人——比如：加拿大前总理约翰蒂芬贝克、加拿大前总督瑞纳提辛以及新东方前副校长徐小平！”

短短几句话，充分展现了他的自信和坚韧，听众也为之动容。再如：“芙蓉姐姐，凭着她那笑傲江湖的身材、那玉洁冰清的面容、那令人目瞪口呆的自我表达、那气吞山河的强大自信，以及敢于在公司电梯间里和男同事打架的凶悍气势，她几乎具备了现代企业优秀人士所需要的一切成功素质！”徐小平对“芙蓉姐姐”反面品质戏谑般的概括，把成功人士所需具备的素质都自然而然地表达出来了。

四、饱含哲理，激励后生的演讲勾勒出一个富有使命感责任心的“青年导师”

徐小平的演讲绝不仅仅是热热闹闹，他热闹的表象下隐含着深刻的人生哲理和涌动着奋斗的激情。他说：

> 人的一生，应该把有限的时间和精力用在正确的奋斗目标和方向上，而不是放在某种‘看上去很美’，但实际上却很恐怖的追求上。

徐小平推崇实干，主张奋斗。

> 奋斗要基于三年内的现状，不是三十年后的妄想！让空洞的梦想降落于具体的行业！实现梦想的方法简单，就是冒着风险直接去干！

徐小平认为，只有实实在在的脚踏实地，才能实现人生的伟大梦想。

> 人生的伟大目标都是从养活自己开始，立足生存，追求梦想，这就是从卑微的工作干起的基本意义所在。生存永远在成功之前，换言之，靠自己的劳动赢得生存，本身就是一种成功。假如上帝暂时没有给你很多机会，就让你扫厕所，那么你就必须面对现实，把厕所扫好。我在美国就扫过……

徐小平鼓励大家从点滴开始，为了追求自己的梦想，一步一个脚印。为了生存，他在农村基层干过，在美国端过盘子，甚至洗过厕所。正是因为有这种从基层干起的工作经验，一步一步地才有了今天的辉煌。

> 人们需要改变，哪怕改变一点点，不要天天停滞不前，等你做到了改变，才更能体验改变带给你的满足感，否则生活便会平淡无味，你要为你的生活负责，千万不要懦弱，要自信，要有掌控世界的信心，即使失败了又如何？没有什么大不了，失败只是生活的一部分，每次失败你便晋升一级，直到成功。人的一辈子就是这样。

徐小平鼓励大家要渴望成功，因为“害怕成功的人永远不会成功。不敢追求幸福的人永远不会尝到幸福的滋味。

五、坎坷经历，乐观向上的人生经历打造出了一个设计青年人生的“规划师”

徐小平在农村基层走街串户卖唱，类似老民间艺人，《二泉映月》作者阿炳，其社会地位极其低下；出国留学美国多年，也吃尽了苦头，多年的美国生活经历使他对东西方文化有了比较深刻的了解。徐小平在为大学生作演讲时，总是为学子们规划着完美的人生：培养综合素质意识，树立职业意识和幸福意识，成为一个全面发展的人，成为一个幸福的人，成为一个成功的人。在人生选择上，徐小平强调，“人生选择的时候应遵从三原则，第一是你的一切奋斗是不是对你的职业发展有帮助，第二是你的一切奋斗是不是对你的将来实现有帮助，第三你的一切奋斗是不是对你的幸福人生有保障。”人生选择时必须牢记：“没有一个城市叫幸福，幸福在你心中，你如果不追求的话，你永远不可能幸福。”

徐小平鼓励大学生多参加校园活动，他说：“在大学期间，拿出一部分精力，假如你有志于创业，有志于社会工作，有志于和人打交道，有志于和钱打交道，有志于和机会打交道，有志于作为一个团队的 Player，而不是一个人关在书斋里面去搞那种中世纪研究的话，那么就要参加各种各样的活动，‘无事生非’，在大学期间产生创意，无论怎样，做出一些事情来，那么大家一定不会浪费时间，大家一定会在三年五年甚至二十年的时间结出辉煌的人生成果。”徐小平以自身经历回答说，大学期间除了学知识，还得学习社会、学习他人，还得了解自己，“正是在课堂和校园里面我们一天天全面成长而不是单向地发展，所以我迅速找到了我的事业。”

他时常讲述新东方副校长、当代美式口语“教父”王强的故事。他说，这位新东方的创始人在大学时曾在广播站跑过腿，做过广播台台长，做过艺术团话剧的队长。他说，大学可以给一个人学习之外的经历，在此期间，一个人对校园活动的积极参与，对自己工作的深切热爱和融入，将影响你的一生。他在玩笑中回忆着与新东方创始人俞敏洪、王强等共度的大学时光，徐小平说，“对朋友、对同学的热爱，互相帮助、互相学习的经历，转眼十几年，就构成了我们一生事业的基础。”他告诫大家：“善待你上铺的兄弟，热爱同桌的你，最终我们大学的同学、朋友、老师是一生最宝贵的人生奋斗的资源。”

“人是要有一种理想的，这种理想，就是超越卓越、追赶伟大的人生理想。”徐小平是个有理想的人，他主张人要为目的活着。在必然和可能之中，他选择了必然；在别人和自己之间，他选择了自己；在独立和依附之间，他选择了独立；在自由与稳妥之间，他选择了自由。在人生的路上，他不停地奋斗着，“当奋斗成为一种不考虑代价、不正视出路和可行性的追求时，奋斗就变成了痴迷和狂热”，他的热情、痴迷和狂热，注定了他必然要成功，必然会实现自己的理想。

徐小平是开朗的、乐观的、积极的、向上的；他有着青年的激情、火一般的热情，五十多岁的人，其言行举止比许多年轻人还活泼，还自诩“芙蓉叔叔”；他无论走到哪里，都能把快乐带到哪里，把笑声带到哪里；他为迷茫的莘莘学子指点迷津，从人性出发，实事求是，不夸大，不缩小，不讲空洞的大道理；他强烈要求广大学子树立职业意识，为今后的就业做好充分的准备。

（原载《阅读与写作》2010 年第 6 期）

母校的赞歌

——徐小平给中央音乐学院音乐学系建系五十周年的贺信

各位尊敬的老师、各位亲爱的同学：

我刚刚抵达美国，就传来中央音乐学院音乐学系庆祝建系五十周年的消息。如果我提前知道有这个活动的话，我就会重新改变日程，确保自己能够参加这样一个重要的节日。

中央音乐学院音乐学系建系五十周年，对我是一件大事。因为我本人就是音乐学系的一个产物（笑）——尽管我没有从事音乐事业，是一个变形的产物（笑）——但无论我走到哪里，都以自己曾是音乐学院的毕业生而骄傲；我无论从事什么职业，都以曾经是音乐学系的一分子而自豪。音乐学系给了我走进社会时的一切，音乐学系决定了我面向未来时的一生。

进入音乐学院，是我人生提升和发展的难忘过程的开始。这个过程有时候是那么快乐，有时候是那么痛苦，有时候给老师同学带来麻烦烦恼，有时候偶尔也给同学老师带来欢笑。大学五年，我掌握了东西方音乐的丰盛遗产，并能在大学三四年级的时候，就去给北大、北师大、北理工的学生做音乐欣赏讲座；大学五年，我把握了东西方文化的基本脉络，并且学会如何以此丰富自己的观察、研究与思考；大学五年，我还积极参加了团委学生会活动，并被破格提拔为音乐学院黑板报主编！（大笑）大学五年，我更知道了一个知识分子的社会责任，并懂得应该如何为此承担自己应尽的责任。

考上音乐学系之前，我是江苏省泰兴县文工团一名走街串巷的乐手——音乐造诣虽然无法和阿炳相比，（微笑）但社会地位基本可以和他攀附（大笑）——读完音乐学系之后，我这个乡村游吟乐手被培养成为得到国家文化部、人民音乐出版社、北京大学等机构聘用意向的有用专才。（微笑）这个变化的过程，是伟大的音乐学系训练人才、点石成金的奇迹（爆笑——可能是因为自己比作“奇迹”的缘故!），也是敬爱的音乐学系老师们教书育人、春风化雨的骄傲！

多年来，我虽然没有在音乐学界工作，但从来没有忘却过我是音乐学系的学生。我为我们系老师们的成就而骄傲，为我们系同学们的发展而欢乐，为我们系培养出了一批院长、一群所长、一把主编、一代教授、一堆成功的学者、专业人士而自豪！（欢笑——能不自豪么！）所有这些成功，都是音乐学系历任老师们的荣耀——当年的同学很多已经是老师，但无论何时何地，那些教育过我们，指导过我们的老师，永远是我心中的恩师，永远是我心中的英雄。

音乐学院是我的母校，音乐学系是我的母系，为了表示对母系社会的崇敬和感恩，（大笑）我想在庆祝五十周年生日的时候，向母系敬赠一个小小的生日礼物——我想向音乐学系捐款×××元，（鼓掌）供音乐学系进一步促进学术、提升教学、奖励人才之用。请母校老师们接受我卑微的礼物，这是一个在音乐学系长大成才的学子对母系表达的一点拳拳之心。

敬祝中央音乐学院音乐学系青春不老，继续辉煌！

敬祝音乐学系所有老师们健康长寿，事业兴旺！

再祝所有音乐学系的系友、同学学业有成，人生幸福！

最后，请帮我念贺信的学长把我专门改编的《音乐学系生日快乐歌》大声唱出来（笑）：

Happy birthday to you,

Happy birthday to you,

Happy birthday dear musicology department,

Happy birthday to you!

赏析：

这是被誉为中国人生设计第一人的著名留学、签证、职业规划和人生发展咨询专家，新东方教育科技集团董事、新东方文化发展研究院院长徐小平先生为其“母系”中央音乐学院音乐学系建系五十周年发来的贺信，并委托现任音乐学系系主任张伯瑜先生宣读了自己的贺信，可以说这是一份间接的演讲稿。一份需要通过别人宣读和表述的演讲稿，是必须有其非常独特和出彩的地方的，而通读这篇精彩的演讲稿，你就会发现这篇演讲稿里充满了智慧、幽默、生动和亲切，让人读之听之心情愉悦而饱含感情，虽然并非他本人直接演讲和表述，但依然打动人心，让人佩服。

而这篇演讲稿之所以能在间接表述的情况下，感染和打动听众，主要是因为以下几点：

一、以亲切平实的口吻来打动人

在演讲稿的第一段，由于徐小平本人无法参加系庆典礼，他很诚实地解释了自己没能出席系庆典礼的原因，他这样说："如果我提前知道有这个活动的话，我就会重新改变日程，确保自己能够参加这样一个重要的节日。"

这句话首先表明了他对这个"重要的节日"的重视，宁愿改变日程安排，也愿意"确保"参加这个"重要的节日"。这样的解释对他不能直接演讲做好了铺垫。

接下来，他又表明系庆是他的"一件大事"，并且称自己是音乐系的"产物"，甚至说自己是"变形的产物"。他把自己当成一个音乐系生产出来的"物品"，无疑展现出自己在校友之中的平实，而根本没有把自己当成一个名人。

通读全文，徐小平都以一种普通学友的姿态表述自己的观点，丝毫没有把自己当作一个炙手可热的成功名人来对待，他以亲切平实的语言来表明自己对母校"母系"的热爱和尊敬。直到最后他还表述自己"向母系敬赠一个小小的生日礼物……捐款×××元，供音乐学系进一步促进学术、提升教学、奖励人才之用。"并"请求"母校老师们接受这"卑微的礼物"，声称这是"一个在音乐学系长大成才的学子对母系表达的一点拳拳之心"。

这些平实的话语无疑拉近了听众和自己的距离，达到和徐小平本人真的出现在现场一样的效果。

二、以感恩的心态来感染人

通读演讲稿你会发现，全文徐小平始终以一种感恩的心态面对母校和母系，从一开始他就表示："但无论我走到哪里，都以自己曾是音乐学院的毕业生而骄傲；我无论从事什么职业，都以曾经是音乐学系的一分子而自豪"，并强调"音乐学系决定了我面向未来时的一生"，这足以显示出他对母校、母系的感激。

接下来，徐小平通过自己的在校经历来阐述母校给予自己的一切，哪怕是一个“音乐学院黑板报主编”都让自己“知道了一个知识分子的社会责任”，对细节的记忆和分析将感恩之情表述得淋漓尽致。而后，他更表示，虽然自己没有在音乐上有所成就，而在别的领域崭露头角，但他依然认为是“音乐学系老师们教书育人、春风化雨”的结果，感恩之情深不容动摇。

直到最后，徐小平在表示“拳拳之心”之余，还连送三个祝福，无疑将感恩之情推向了高潮！

三、以幽默智慧的语言来吸引人

在演讲稿的内容中，哪怕是经过张伯瑜先生的转读，但也激起了十数次的“笑场”，全文只有一千多字，也就意味着每讲一百多个字，就有幽默的火花悄然盛开，让大家捧腹大笑。这无疑是演讲稿难得的成功之处，它激起了听众聆听的兴趣，同时也将节日的气氛烘托了出来。

从徐小平将自己比喻成“变形的产物”，到通过“音乐造诣”到“社会地位”与阿炳的比较，再到把音乐系妙喻为“母系社会”，直到为母系即兴改编了一首《音乐学系生日快乐歌》，令人笑声不断，倍感亲切，而为这篇演讲稿深深吸引。听众很容易就能感受到一个幽默风趣的老学友的风采，脑子里油然而生的是他生动的形象，并为之吸引。

作为一种亲切的庆祝性的演讲词，拉近与听众的距离、表达深切的感情和烘托节日的气氛无疑是最重要的三点，平实的口吻带来平等的姿态往往最能拉近与听众的距离，感恩的心态往往能表达出深切的感情，而幽默生动的语言更能将气氛推向高潮！

当然，我们还有必要关注一下最后那首徐小平先生为母系即兴改编的《音乐学系生日快乐歌》，这无疑是非常符合他的身份的。众所周知，“新东方”是我国著名的英语教学机构，而他作为新东方教育科技集团董事、新东方文化发展研究院院长，以此表达和回报自己对母校和母系的感情，是再好不过的点睛之笔了！

徐小平语录集锦

当年我在北大艺术教研室工作，主管北大艺术团，是艺术团的指导老师，王强是艺术团团长，英达是话剧队队长，俞敏洪是艺术团最著名的成员——观众。现在老俞就坐在台下，依然是观众——同学们，一个人坐在观众席上二十年如一日，能够耐得住这种大寂寞的人，肯定不是凡人！

要知道，猫是手段，老鼠是目的。学历知识是手段，服务、应用、成功、幸福才是目的啊。

让空洞的梦想降落于具体的行业！

人不要为虚荣而活，而要为实质而活，人不要为手段活着，而要为目的活着。

人们成功与失败的关键，在于他是否能够适应环境的变化。

人要有四个“ion”：要有 vision（梦想），要有 passion（激情），要有 mission（使命感），同时还要 fashion（时尚）。

徐老师也要养家活口！徐老师也爱钱！我为什么不爱钱？我为什么不能爱钱？我为什么不能大张旗鼓地说：我爱你祖国，以及钱！

活着就是要不断地让自己活得更好！

诗曰：“黑夜给了我黑色的眼睛，我要用它来寻找美金。”

害怕成功的人永远不会成功。不敢追求幸福的人永远不会尝到幸福的滋味。

芙蓉姐姐凭着她那笑傲江湖的身材、那玉洁冰清的面容、那令人目瞪口呆的自我表达、那气吞山河如虎的强大自信，以及敢于在公司电梯间里和男同事打架的凶悍气势（那个男人也够恶心的），她几乎具备了现代企业优秀人士所需要的一切成功素质！

选择目标要正确，追求目标要疯狂。

成功不是左思右想，而是投入去做！

新东方很多著名老师，绝大多数，一开始都是为了出国、考研而来新东方上课，上着上着，发现了一个真理：与其在新东方上课花钱，还不如在新东方教课赚钱来得爽呢。假如通过努力能够成为新东方老师，为什么不？

好学生要有三板斧：好成绩、好英语、好的社会活动能力。

我不怕学生想做什么，最怕学生什么都不想做。

坦白地说，年轻人只要朝着目标走，哪怕两年、三年达不到目标，哪怕目标是错的，都是值得的；唯一不值得的就是那些到六十、八十岁痛苦了一生的人，也许他们从没有走错过路，但那是因为他们没有去按自己的意愿走过，你知道吗？

不管做什么工作，一个人的工作做到别人没法替代的程度，就算成功。

生存永远在成功之前，换言之，靠自己的劳动赢得生存，本身就是一种成功。假如上帝暂时没有给你很多机会，就让你扫厕所，那么你就必须面对现实，把厕所扫好。我在美国就扫过……

人生的伟大目标都是从养活自己开始，立足生存，追求梦想，这就是从卑微的工作干起的基本意义所在。

骑驴找马的人，也不应该虐待驴。

事实上是，哪个男孩女孩没有做过上天入地、移山倒海的梦啊，只不过在生活面前，很多人慢慢放弃了自己童年的梦想，所以他们沦落为失去梦想的人；而有些人，无论生活多么艰难，从来没有放弃梦想，于是，他们成为永葆青春梦想、永葆奋斗激情的人，能够改变世界、创造未来的人。身为普通人，但为人类社会创造丰功伟绩的伟大理想主义，一直是我心中的明灯，奋斗的指南，也应该是所有人的明灯和指南。

人们需要改变，哪怕改变一点点，不要天天停滞不前，等你做到了改变，才更能体验改变带给你的满足感，否则生活便会平淡无味。你才是这个地球的主人，要为你的生活负责，千万不要懦弱，要自信，要有点能掌控世界的信心，即使失败了又如何？没有什么大不了，失败只是生活的一部分，每次失败你便晋升一级，直到成功，人的一辈子就是这样。奥巴马是我们学习的对象，奥巴马正是凭借着改变现状的坚定信念和坚强毅力获得了成功，即使没成功，也为以后的生活奠定了基础，从而可以更好地生活。

第四节　蒙牛CEO牛根生的牛言牛语

2003年CCTV中国经济年度人物颁奖词是这样说的：“他姓牛，但他喜欢速度，只用4年就从行业千名之外跨进乳业三强。2003年，他敏锐捕捉航天商机；2003年，他从大草原登上APEC国际舞台。他姓牛，但他跑出了火箭的速度。”他是一个传奇人物：他经历坎坷、个性鲜明、头顶无数光环：“中国十大创业风云人物”、“中国民营工业行业领袖”、“中国十大创业领袖”、“中国改革年度人物”、《赢牛在中国》评委。他就是蒙牛集团董事长牛根生。2011年6月，牛根生辞任董事会主席一职。

牛根生的事业是成功的。虽然企业曾经因为各种原因受到一些挫折，但是毕竟牛根生也曾经大红大紫过一段时间。下文拟就牛根生的语言特点谈谈笔者的看法。我们认为牛根生的语言是丰富多彩的。笔者多次听过牛根生的演讲，阅读过牛根生的作品，觉得牛根生的语言也是很有研究价值的。

一、哲理性的语言，闪烁着智慧的光芒

聆听牛根生演讲、阅读牛根生的文章，总是可以听到或者读到许多富有哲理的语言。这些哲理性的语言总是充满着智慧的光芒。

1999年牛根生从原单位伊利公司出来自主创业，在一无资金、二无厂房设备等的情况下，居然有四五百人跟着他出来创业。那么牛根生是怎样凝聚人心的呢？他挂在口边的一句话就是：“财聚人散，财散人聚”。“散财”是他的最大特点之一。凡是和他接触的人，都知道他喜欢分钱。把钱分给大家，于是大家就跟着他走。牛根生是非常善于经营人心的。他说：

> 这世上的企业，最初成立的时候情况其实都差不多，几个小兄弟，几条破枪。可是后来差距就逐渐扩大了，有的人越干声势越大，有的人越干动静越小。原因是多方面的，但有一条很有共性，那就是“财聚人

散，财散人聚。”

“小胜凭智，大胜凭德”，这也是挂在牛根生口边的一句话，因为“德”是制服人心的最佳武器。想赢两三个回合、赢三年五年有点智就行；要想一辈子赢，没有“德商”绝对不行。具体地说，一个企业的管理者，首先要有宽广的胸怀，发展顺利的时候，要多想到不顺利的时候，要居安思危；不顺利的时候要想到顺利的时候，要有对企业发展的信心。“德”还要与有效的“人本管理”相结合。因此蒙牛招聘员工的原则是：“有德有才，破格重用；有德无才，培养使用；有才无德，限制使用；无才无德，坚决不用”。

这个“德”是渗透在方方面面的：他的产业链被誉为西部开发以来“中国最大的造饭碗企业”，他参与航天事业、体育事业、教育事业、公益事业投入超过数亿元，他创立了“面向三农事业、面向教育事业、面向医疗事业”的“老牛专项基金”，2007 年市值已突破 30 亿元。

二、艺术性的语言，体现着思路的清晰

牛根生演讲也好，作报告也好，访谈也好，语言是很有艺术的，这种艺术性的语言，体现了他思路的清晰。

针对有些人说创业守业的问题，牛根生说：“这世界只有‘创业态’，没有‘守业态’。创业是唯一的‘长生不老’药，当你不再创业而妄想‘守业’的时候，前面的路只剩下一条：萎缩，衰落，死亡。要么自我革命，要么被人革命，没有第三条道路！”牛根生用经典语言概述了企业生死存亡的规律。

针对创业之初的艰难，牛根生说：“创业难，你不难别人都要难你。当年我们多灾多难。银行账上堵，媒体空中堵，有关部门文件堵，竞争对手地下堵，不明身份的人棍棒堵……”这组排比，从多方面描写了创业之初的艰难困苦。

牛根生特别注重公司文化的建设，因为他明白一流的企业看文化，二流的企业看创新，三流的企业看利润。比如：蒙牛厂区大门口悬挂着这样的标语：“讲奉献，但不追求清贫；讲学习，但不注重形式；讲党性，但不排除个性；讲原则，但不脱离实际；讲公司利益，但不忘国家和员工的利益。”

一进公司大门，映入眼帘的是这样的标语："如果你有智慧，请你拿出智慧；如果你缺少智慧，请你流汗；如果你既缺少智慧，又不想流汗，那么请你离开本单位。"销售部门的标语是"老市场寸土不让，新市场寸土必争"；生产车间的标语是"产品等于人品，质量等于生命"。

人际关系难处是很多单位头疼的事情，针对这种情况，蒙牛公司在容易产生人际摩擦的车间及机关办公楼附近悬挂着这样标语："太阳光大，父母恩大；君子量大，小人气大……看别人不顺眼，首先是我们自己修养不够……"等等。如果说因为有这些标语所以蒙牛能发展到今天，这是不现实的，但是说这些标语一点作用没有也是不可能的。因为悬挂于公司各个角落的这些标语口号，一定会在潜移默化中规范着每个员工的思想和行为，影响着员工的精神风貌。

三、进取性的语言，燃烧着奋斗的激情

牛根生生来就是做大事业的料子，他说：

> 不问我一双手能干多少事，唯问移泰山需要多少双手；不问我一口锅能煮多少斤米，唯问劳千军需要多少口锅；不问我一盏灯能照多少里路，唯问亮天下需要多少盏灯。

这是多么豪迈的语言。这种豪迈的语言透视着牛根生创业的激情、热情、豪情！

关于什么样的人能够创业，百度总裁李彦宏说："如果没有足够的热情和激情，创业者将是很难坚持下去的。"阿里巴巴的创业者马云也说："创业者最优秀的特点就是激情。"牛根生说："激情，那种被事业燃烧得不知疲倦的感觉，那种为了完成使命不畏艰难的冲动，那种不达目标就坐卧不宁的心态，都是创业者所需要的。"

当蒙牛遭受到重重危机时，牛根生想到的就是"不放弃：创业没有退路"，他说："我自己的亲身体会就是只要不放弃肯定有办法！"

关于创业的冒险精神，牛根生说："冒险，只要不死就行"，他说："别

人看是冒险的事，我感觉是安全的，什么是安全？超乎常人的冒险就是安全，常人没有想到的就是肯定的，因为别人还没有想到那个区域，那个区域就是我的！”

关于如何选择产品作为企业的突破口、敲门砖，牛根生说：“空隙在哪里，机会就在哪里，率先挺进无竞争领域是弱势企业迅速制造相对强势的不二法门。”牛根生就是利用这双锐眼瞅准市场空隙创造出一个又一个的奇迹。

关于企业学习的问题，牛根生说：“一两智慧胜过十吨辛苦。直接去举一千斤的人，笨蛋；四两拨千斤的人，聪明。就财富的创造者而言，脑袋决定口袋。怎样做到大脑先行？学习！……老虎、狮子、北极熊，身体比人强壮得多。为什么弱于人类？主要是因为他们不能用文字学习。”正因为如此，建立学习型的组织，始终是蒙牛的一个奋斗目标。所以蒙牛从成立之日起，便规定了每周学习日，雷打不动。因为只有不断学习、领会、实践、提高，才能真正提高企业的核心竞争力，才能实现企业的辉煌目标，才能自豪地向人们展示一个真正的现代企业风采。

2005 年，在《品牌中国》论坛上，牛根生说出了“蒙牛中国牛世界牛”声若洪钟的豪言壮语。这也代表了蒙牛发展的“战略三部曲”。这里的“牛”，客观上具有了“三关意义”——是代表乳业之“牛”，也代表事业之“牛”，还代表精神之“牛”！从牛根生的语言可以看出牛根生一心向上的进取精神，这就是蒙牛不仅要成为内蒙古牛，成为中国牛，更要成为世界牛！

四、幽默性的语言，昭示着强烈的自信

牛根生其实是一个很幽默的人。听他的演讲、报告或者访谈，我们常常为他的幽默语言所吸引，也常常为之露出笑容，甚至是哈哈大笑。

有一次，牛根生在北大演讲，有大学生朋友问他离开伊利公司而自创蒙牛公司，是什么力量吸引那么多人到自己身边的？

牛根生爽快地答道：“他们是来找我分钱的。因为他们知道我有一个喜欢分钱的习惯。”一句话把在场听众说得哈哈大笑。是的，牛根生喜欢分钱在商界是出了名的。正因为喜欢分钱，所以人家也愿意投钱给他。牛根生从伊利出来创办蒙牛时注册资本只有 100 万元，半年之后猛增到 1398 万元。

这些钱都是投奔他的人入伙的。牛根生说："这些钱有的是借来的，有的是家里的存款，有的是孩子上学的钱，有的是买房的钱，有的是老同志买棺材的钱，这不是我老牛牛，而是跟我那个分钱的习惯有关系，因为他们看好我，认为我能够干事，感觉到我像一个钞票复印机。"这既是牛根生的豪爽，也是牛根生的自信。牛根生抓住了人们投资理财的心理，勇敢地带领大家共同创业。事实证明，这些人的选择是英明的、正确的。

还有一次，他和马云被请到录制一个节目，节目现场他对所有的观众说："大家有什么问题尽管提，尽管问，不要有什么顾虑，用我们蒙牛产品就是'随便'。"现场观众被他这么一说都会心地笑了。牛根生到哪里都不忘给自己的产品做广告。做企业的人都知道，要学会抓住一切机遇给自己的产品做广告，提高知名度，打开销路。

牛根生在北大演讲时说："中央领导前往蒙牛视察，问及蒙牛给养牛户带来什么效益时，牛根生说，我们这里有一段顺口溜：一家一户一头牛，老婆孩子热炕头；一家一户两头牛，吃穿用住不用愁；一家一户三头牛，三年五年盖洋楼；一家一户一群牛，我们比牛根生还要牛！"牛根生随口说的顺口溜，让听众耳目一新。的确，蒙牛推动了当地的经济发展，带动了其他相关产业的发展。

创业是要承担风险的，创业者是要有冒险意识的。牛根生就是一个敢冒风险的人。他曾经很幽默地说："回顾这些年我们的发展，专家都说'不能'；但因为我们识字不多，一不小心把'不'字给丢了，结果就变成了'能'！"这就是牛根生的胆识、勇气、自信和魄力！

蒙牛还很年轻，在成长的过程中还将会遭遇到各种挫折和困难，比如前段时间分别因为三聚氰胺事件、特仑苏事件，让牛根生遭遇到重大打击，但是，牛根生带领的蒙牛企业终于攻克难关，跨越坎坷，化险为夷。我们希望蒙牛的步伐迈得越来越稳，越走越坚实，争取早日成为世界的"牛"！蒙牛老总牛根生也正值壮年，这些年走来很不容易，我们也希望牛根生一路走好，不要辜负全国人民的希望，早日成为世界的"牛"！

牛根生经典语录

小胜凭智，大胜靠德。

有干劲，你就洒下汗水；有知识，你就献出智慧；二者都不具备，请你让出岗位。

城市多喝一杯奶，农村致富一家人。

财散人聚，财聚人散。

一个产品，抓眼球，揪耳朵，都不如暖人心。

一个人智力有问题，是次品；一个人的灵魂有问题，就是危险品。

产品市场是亿万公民，资本市场是千万股民，原料市场是百万农民。

让认识你的人受益，还不能算好；让不认识你的人也受益，那才是真好。

吃亏吃到再也吃不进的时候，就不会吃亏了。苦多了，甜就大了。

想赢个三回两回，三年五年，有点智商就行；想做个百年老店，想一辈子赢，没有德商绝对不行。

学得辛苦，做得舒服；学得舒服，做得辛苦。

产品等于人品，质量就是生命。

看别人不顺眼，首先是自己修养不够。

人不能把金钱带入坟墓，但金钱却可以把人带入坟墓。

别人从零起步，而我从负数起步。

听不到奉承的人是一种幸运，听不到批评的人却是一种危险。

善待每一头牛，因为他们都是母亲。

世界上还有很多事情，只要你把它做透了，做成专家，你就能够为自己创造成功的机会。

不要小看小地方，小地方的人不想则已，一想便是着眼全国的大事！

一个人一生只做一件事，肯定比三年做东、五年做西的人更容易成功。

潮流有浅层的，也有深层的。这就像海流一样。当我们看到表层海流向西涌去的时候，深层海流往往是向东涌动的。

专家都说“不能”；但因为我们识字不多，一不小心把“不”字给丢了，结果就变成了“能”！

世界上的竞争，从古到今，无非是三种资源的竞争，一是体力竞争，二是财力竞争，三是脑力竞争。

野蛮社会，体力可以统御财力和智力；资本社会，财力可以雇佣体力和智力；信息社会，智力可以整合财力和体力。

直接去举一千斤的人，笨蛋；四两拨千斤的人，聪明。

这个世界不是有权人的世界，不是有钱人的世界，而是有心人的世界。

“有心人”擅长“三大做”：做事，做势，做市。

人人都是人才，就看放的是不是地方。

同样的设备，同样的原料，同样的人，在不同的企业发挥的效力是不同的，因为各个企业的文化不同。

发射自己的光，但不要吹熄别人的灯。

每天进步一点，每天突破自我，就能走在前面。

世界上没有奇迹，只有专注和聚焦的力量。

人，不要担心地位不尊贵，而要担心道德不高尚；不要耻于待遇不丰厚，而要耻于知识不渊博。

铁饭碗的真正含义不是在一个地方吃一辈子饭，而是一辈子到哪儿都有饭吃。

宁可为真话负罪，绝不为假话开脱。

有德有才，破格重用；有德无才，培养使用；有才无德，限制录用；无德无才，坚决不用。

要么自我革命，要么被人革命，没有第三条道路！

一个人就是一座神奇的工厂。输入的原料即使大同小异，输出的产品也会有天壤之别。

开端决定终端，入手决定出手，势能决定动能。

发生任何问题，先从自己身上找问题。因为改变自己容易，改变别人难。

财富不在口袋里，而在脑袋里。脑袋决定口袋。

有问题就拿差额工资，没问题就拿全额工资，成绩卓著就拿超额工资，铸成大过就拿负数工资。

如果你有行动力，你就会成功；如果你有创造力，你就会卓越；如果你有影响力，你就会有成就。

太阳光大，父母恩大，君子量大，小人气大。

成功是优点的发挥，失败是缺点的积累。

领导给员工送钱，这叫对员工的关怀；员工给领导送钱，那叫对领导的行贿。

脾气嘴巴不好，心地再好也不能算是好人。

对自己所喜欢的人，要看到他的短处，对自己所厌恶的人，要看到他的长处。

能弄制度弄制度，没有制度弄规定，没有规定弄说法。

可以越级关怀，但不可以越级管理。

房子上面漏雨，只有下面的人才知道。

第五节　“打工皇帝”唐骏演讲的幽默生成艺术

唐俊，常州人，中国名副其实的身价10亿的打工皇帝，曾获得中国信息产业年度经济人物、中华十大英才管理人物、中国十大科技人物、中国十大IT风云人物、中国十大最有价值职业经理人等殊荣。离开微软后，获微软“荣誉总裁”称号——这也是微软迄今为止唯一一位获此殊荣的人。不久，他出任盛大网络总裁，带领盛大成功在美国纳斯达克上市，并成为现今国内一家实力雄厚的网络公司。现在的唐骏又以10亿元人民币的天价转会新华都，开始了他新的职业生涯。2009年10月，唐骏成功说服其老板陈发树捐款84亿成立慈善基金。近年唐骏因为“学历门”事件很受伤，主要原因是唐骏最初死扛不肯承认错误，后来终于总算认错了。希望唐骏以后有了缺点和错误及时改正，改正了仍然是一个好同志。

笔者多次通过视频听过唐骏的演讲，他的演讲常常引起听众阵阵爆笑，这与他高超的演讲艺术是分不开的。他是幽默的，他是睿智的，他是快乐的，当然也是成功的。分析起来，有如下几种幽默方式。

一、演讲时嘲己誉人生成的幽默

唐骏在演讲中喜欢自嘲誉人。这种幽默方式最大的好处就是不伤害人，相反能让别人得到愉快的享受。比如：有一次他参加《鲁豫有约》节目，鲁豫说，唐骏博士你有这么多头衔我都不知道该叫你哪个，你认为你最重视的，最有价值的是哪个？唐骏说，我最有价值的最有含金量的那个你介绍我时没说出来。鲁豫很奇怪，是哪个？唐骏说，前一阵我被时尚杂志评为全国十大帅哥CEO，这是我认为最有含金量的一个。我被评选过全国十大经济人物，全国十大CEO，只要经济方面有关十大的我都被评过，就是时尚方面还是第一次。像我这种没有相貌的人能被评为帅哥，我能不激动嘛，这是我人生的一次里程碑，我得感谢我的爸爸妈妈。

唐骏说，在被评选为十大帅哥总裁之后，他的母亲感到一些欣慰。但是唐骏说不敢把背后的故事告诉给他母亲。因为她不知道十大帅哥总裁背后的故事。评选组委会负责人告诉唐骏，说投唐骏票的百分之七十八的都是中国的中老年妇女。你要感谢就感谢中国的中老年妇女。

唐骏的这番嘲讽自己的话引起了听众的热烈掌声和笑声。

唐骏在演讲中嘲笑自己的同时尽量赞誉听众，他最喜欢说的就是来听他演讲的同学、领导的“品位高”、“很纯”、“很纯洁”。不过，赞誉之后往往来一句“表面上的”。

这些抖包袱的语言往往引得现场听众大笑不已，因为他容易造成听众极大的心理落差，从而形成幽默机制。

二、讲述北邮追女友生成的幽默

唐骏的幽默表现了他的机敏睿智。我们无法测试唐骏的智商，但绝对可以说他是一个聪明睿智的人物。他说到他在北京邮电学院追求女孩子的过程，他看上的一个女孩是北邮五十大美女之一，是五十朵校花之一，可了不得了，其实当时北邮总共有一百五十六名女孩子。

他说他追求女孩子的手段主要是采用写信的方式，而且一写就是三封，三封信就把女朋友的事情搞定了。他说：

> 我那时是弱势群体，我性格不好，没有人喜欢我，除了有两个我喜欢的人之外。我能做什么呢，我什么都做不了，最后想出了一招我能做的事：写信。第一封信我写了身高1米82，体重132斤，家在江苏常州，父母是干什么的，家有几个兄弟。这简直就是一份简历，没办法，那时的我没什么只有这些，就相当于给她投了简历。她没有理我。我也没有指望她理睬我。于是我开始写第二封信，为了展现自己的才华，我就介绍了一下国内国际经济形势，同时我对国内国外的政治问题作了自己的阐述，而且我说了我今后将怎么怎么做……还是没回音。我就写了第三封，我说我现在什么都没有，但是未来的十年二十年我将一直努力，我知道你不喜欢我，我不要求你做什么，我只要求你让我默默地喜欢你就好了。你知道那时的女生“纯”呢！三封信就感动了她，她回信给我。我就约她看电影，看的什么电影我不记得了。之后我们散步，我对她说，要不你嫁给我吧。她很惊讶，说唐骏你是认真的？我说是，她说好我嫁给你。就这样，第一次约会，她就同意嫁给我，而后我们一起走过了随后的20多个春秋。（全场热烈的掌声）
>
> 你们知道我们那个上大学的年代不像你们这么丰富多彩。我们那时候除了追女孩外没有什么事情可做。可你们现在比我们那时候还要惨，还要郁闷，我们那时是老师让我们学啥我们就学啥，不懂还得想办法使自己懂，也不管有没有用；而你们现在明明知道没有用，却还要学，所以比较郁闷。（非常经典的幽默）

演讲的一个重要技巧就是要寻找听众感兴趣的话题，而大学生往往对名人的情感故事兴趣浓厚，对名人读大学的逸事感兴趣。所以，唐骏很会寻找突破口，从自己的初恋情感说起，从自己的大学生活说起，从而引起大学生极大兴趣。特别是现在的大学开设的有些课程其意义不大，甚至基本上是浪费学生的宝贵时间，但是，可怜的大学生们还不得不花大量时间去记忆去背诵。这样唐骏将自己读大学情况和现在的大学生的情况作了一个对比，引起学生的共鸣，自然会引起学生的掌声和笑声。

三、讲述曲线出国生成的幽默

唐骏考上研究生争取留学名额的时候，由于转学繁杂的手续，错过了上报材料给教育部的机会，所以唐骏最后采用在教育部门口“蹲点上班”的方式，最终心想事成。他说：

> 你们知道咱们大学生是弱势群体，什么也改变不了，咱们什么都没有，但有的是时间，于是我就想了一个我能想到的办法，很简单很笨的办法：我开始去教育部“上班”，上班地点是教育部门口，（台下狂笑）出国司司长早上来上班的时候，我就迎上去说，司长好，来上班了？中午司长出门去对面食堂吃饭的时候，我就说司长吃饭啦，吃好点；司长吃饭回来的时候，我就说，司长吃完了，还有点时间，您可以午睡一会；下午下班的时候我说司长下班了。就这样一天两天，司长很奇怪什么时候教育局门口多了个保安，还只给他打招呼。你们知道，人啊，不怕被人恨，不怕被人凶，就怕被人盯上，司长开始有点受不了了。我倒无所谓，我还有四个月才毕业，这段时间我正好没地方去，就可以天天到教育部来“上班”，感觉也都很气派（台下爆笑）。到第五天的时候，司长撑不住了，中午我照样说，司长吃完啦，还有点时间可以午睡一下。司长说我不午睡了，你跟我上来一下。进了司长办公室，司长问你干吗的，我就说明了原因。司长什么也没说，第六天我照样过去“上班”，中午的时候又被叫进去，司长给了我一堆资料说这些你填一下，我就拿回去填。第七天，司长给了我一张纸，说这是你一直想要的东西，那张纸就是出国留学批准证。（全场爆发出热烈的掌声）大家知道吗，人们需要执著的精神，你就拿出执著的精神给他们看，世上就不怕没有办不成的事。（全场热烈的掌声）

唐骏争取出国留学的过程实际上反映了他坚持不懈不达目的誓不罢休的一种精神，只要我们确定了一个目标，然后付出艰苦的努力，何愁不能达到目的。唐骏争取出国留学的过程实际上也给了大学生一次生动的教育。我们现在很多大学生缺乏毅力，没有坚持精神，做什么事情都是三分钟的热度，所以很多事情就很难成功。唐骏的演讲同样激起大学生的共鸣，也自然引起雷鸣般的掌声和笑声。

四、讲述差异化竞争生成的幽默

唐骏的成功得益于他与常人不同的思维方式，或者说是不同的商业运作模式。他说：

我在洛杉矶开了一家第一移民律师事务所，我是计算机博士出身，对法律一点都不明白，光是有关的法律书就有一米这么高。我注意到别家事务所都是按小时收费，有时移民采用打电话的方式，一个小时都问不明白，但钱却搭进去了，让人感觉移民咨询像个无底洞，不知道得花多少钱才能办成。我就采用和别家事务所不一样的商业模式：我是按案例收费，如工作卡转签证收1000美金，签证转绿卡600美金等，还有最重要的一句：不成功不收费，成功了再收费。这样就在洛杉矶一炮打响，我的第一移民律师事务所在开业五个月后就排洛杉矶第一位。

我现在告诉大家在接下来的两年内我准备做一件事情，做我从未涉足的领域，电影事业，（台下一片惊讶）别惊讶，谁让我爱好广泛呢。（台下哈哈大笑）中国好电影这么多，我的电影不一定能成功，但我想运用一种和他们不同的商业模式，现在电影宣传力度很大，但许多观众看完后都会失望，好多人就自己买碟看，不再去电影院看电影。我不会请大腕明星，砸很多钱进去，我会采用就和我刚才讲的在洛杉矶开律师事务所一样的商业模式，就是满意了收钱，不满意可以退票。当然我有满意的标准的，我会在每个电影放映室里安装笑声计数器，如果70％以上的观众都笑了，那它就会记数。我要拍喜剧片，励志型的喜剧片，我希望电影所达到的效果让观众至少笑二十次，如果观众没有笑二十次，那么观众可以退票，我们会无条件接受。

唐骏的思维与平常人就是不一样，这种不一样的思维实际上就是一种差异化的思维，这种差异化的思维容易形成差异化的竞争，这种差异化的竞争造就了他不一样的商业模式，所以也就造成了他的成功。

五、讲述神秘八卦生成的幽默

唐骏在演讲中给大家讲了不知道是否真有其事的故事。这个故事里唐骏的听众对象只有两个人。一个是盖茨，他非常相信；另一个是朱镕基，他一点都不相信。所以在场的同学们不用担心，你若相信，说不定你就是下一个盖茨；你若不相信，你或许就是下一个朱镕基。

我讲的这个八卦故事，你们要是相信，就是未来的宏观经济学家。在 1985 年的时候，日本经济各个指数突然飘红，经济形势一片大好，据当时经济学家预计照这种形势发展下去，到 2012 年日本就会在各个方面超过美国，成为世界第一超级大国。许多经济学家找不到快速发展的原因所在，令人很费解，你们知道为什么吗？因为那时候有个年轻人到了日本，这个年轻人就是站在你们面前的唐骏。后来 1990 年，日本经济萎靡不振，持续五年的增长突然停滞不前，而这时美国的经济从萎靡中摆脱出来开始快速增长，道格拉斯指数一天涨了 28.3%，全世界的经济学家都无法解释这个原因，感觉很奇怪，你们又知道为什么吗？只有我知道，因为那时候有一个年轻人离开日本去了美国。不用我说你们知道那人是谁了吧。我把这个故事讲给盖茨听后，问他微软从什么时候出现转机快速增长的，盖茨说 1994 年几月份，他说不会你那时来的微软吧。我说你猜对了，然后盖茨目瞪口呆地盯着我……后来我把这个八卦的故事告诉朱镕基总理后问他：中国经济什么时候开始快速发展的，总理说 1997 年下半年吧，他说你不会是那时回国吧，我就告诉总理我是 1997 年下半年回国的。总理急忙说：中国的经济发展跟你唐骏

没关系，这是中央政府宏观调控的结果。总理果然是总理，什么事都会往政府上靠。（台下爆笑）

后来，我要离开微软的时候，写了一封很长的信给盖茨，据说很煽情，我也给公司每个员工都发了一份，因为我是计算机出身，所以会COPY很多份。（爆笑）好多员工看后都哭了，信中我记得有这么一段："在微软的几年里，我不敢说我是微软最勤奋的员工，但我敢说微软里没有比我更勤奋的员工。"两句是一个意思。很快盖茨打电话给我："骏（特深情），你一定要走吗？"我说："比尔，我一定要走。""你真的不可以留下吗，我可以给你任何位置，随便你选。"（全场爆笑）"我离开中国太久了，我得回去参加祖国的建设。""那好吧。"随后盖茨立即召开董事会会议，会上全体一致同意授予唐骏微软中国终身荣誉总裁称号。这是历史上唯一的一个微软终身荣誉总裁称号，以前没有，以后也不会再有了，你们知道为什么吗？就因为我曾经给盖茨讲了那个八卦的故事……授予我终身荣誉总裁，盖茨就可以一辈子把我留在微软了。（全场爆笑加特热烈的掌声）我现在哪都不敢去，大家都知道，其实宏观经济跟我没啥关系，但我就怕离开了中国，中国万一出点啥事，那我可就是千古罪人了。（台下爆笑）我可以负责任地告诉大家，未来50年我不会再离开中国！（台下热烈的鼓掌）

神秘八卦的故事，一方面很巧妙地宣传了自己，另一方面也为成功演讲增添了很多幽默元素。而且关键是听众对象都是响当当的伟大人物，唐骏居然敢当面忽悠这两位伟人，也令人佩服不已。这样的对象，这样的语言以及唐骏演讲时辅助的特别的神态和姿势，怎不令人发笑呢？

六、讲述盖茨逸事生成的幽默

唐骏一直在微软做事，在盖茨身边做事，因此，人们很想通过唐骏的演讲对盖茨有更深的了解。于是，唐骏选择盖茨的日常逸事作为话题，当然能够引起大学生的广泛兴趣。如下面这个故事就是唐骏讲的，他说：

2003年我接到盖茨秘书打来的电话，她说盖茨要在2月3号来中国，我大吃一惊，也很惊喜，你们知道吗，我在中国当微软总裁，副总理谁都可以见，就是江主席见不着，盖茨来中国会和江主席见面，我高兴的不是盖茨来中国，是我可以见着江主席了。（台下狂笑）但算了一下，那一天正好是大年初三，和江主席见面可能有麻烦。我就告诉秘书说不行，那天大年初三盖茨不能来。你们知道有种人地位不高，但权力很大，（全场笑）秘书很生气，说你竟然敢说不，你可知道盖茨的行程都是一年前安排好的。是，我知道，可是那天来会有麻烦，会面不会顺利的。秘书说，你自己跟盖茨谈吧。我就打电话给盖茨，告诉他那天不能来中国，他很惊讶，说你可知道我的行程都是一年前安排好的。你们知道盖茨脾气很大，不，应该说他是很有"个性"的一个人。我说，我知道，你的行程是一年前安排好的，可是中国的春节是5000年前就安排好的。（全场鼓掌）盖茨更惊讶了。你想想美国人听到5000年是什么概念，盖茨惊讶成什么样。（台下一片笑声）就这样盖茨同意改了行程。后来盖茨来中国，我到首都国际机场迎接的时候，盖茨见着我第一句话就是，你好大胆，这是我进入微软36年来第一次改行程。我说你不是输给了我，你是输给了中国5000年的文化。你看这样说，立马抬高了盖茨的地位，把盖茨和5000年的中华文化挂上了钩。（笑声掌声起）

唐骏在事业上是成功的，他的演讲也是杰出的。唐骏成功经验的"4＋1"模式（4是"智慧、机遇、勤奋、激情"，1是"性格"），给听众留下了深刻的印象。他的演讲能给人以精神上的充实和享受，感官上的刺激与愉悦，激情而不乏智慧，富有内涵而又不失风趣幽默，越是搞笑的事情他越是一本正经。从他的演讲中我们所能学到的，将不仅仅是其演讲的语言魅力，还有其精神魅力和智慧魅力。

第三章　艺术界人物言语表达研究

第一节　赵本山小品的语言艺术

——从《昨天　今天　明天》说开去

当今小品演员中，赵本山可算是独树一帜。其深厚的农村生活的积淀，扎实的传统文化的底蕴，多年的摸爬滚打的磨炼以及他那种特殊的剪不断理还乱的农民情结，一步一步把他锻炼成多才多艺的小品语言天才。他的小品语言艺术，是当今众多小品语言的一个典型，每年春节联欢晚会如果缺少了他，总觉得像少了什么似的。他的小品很多，下面就以他的《昨天　今天　明天》为例铺展开，分析他独特的语言艺术的表现形式。

一、民间语言，张口即来

在赵本山众多的小品里，几乎每则小品都有一些民间语言。比如顺口溜、打油诗、歇后语、谚语、俗语等，这些语言来自民间，来自基层，来自社会生活的方方面面，与百姓生活贴近，平易自然，清新活泼，具有浓厚的生活气息，广大人民喜闻乐见。小品一开始，大叔即先来一首打油诗：

改革春风吹满地，
中国人民真争气。
齐心协力跨世纪，
一场大水没咋地。

接着又来了一段顺口溜：

各位领导，同志们：
大家好！
九八九八不得了，
粮食大丰收，洪水被撵跑。
尤其人民军队，更是天下难找。
百姓安居乐业，齐夸党的领导。
国外比较乱套，整天钩心斗角。
今儿个内阁下台，明儿个首相被炒。
闹完金融危机，又要弹劾领导。
纵观世界风云，风景这边独好！

通俗易懂的打油诗、顺口溜，囊括了国内国外1998年人所共知的重大事件，同时也把党心民心军情民情进行了高度的概括与浓缩。

顺口溜在他的很多作品里面都是少不了的。如在《拜年》中，赵本山一开口就来了一段歇后语的顺口溜，将观众的情绪调动起来：

蛤蟆蛤子去南极——根本找不着北；
脑血栓练下岔——根本劈不开腿；
大马猴穿旗袍——根本看不出美；
你让潘长江去吻郑海霞——根本够不着嘴。

一组顺口溜将人们熟悉的事物串联在一起，风趣无比，尤其是最后一句，将潘长江和郑海霞这两个知名度很高却八竿子打不到一起的人物胡乱联系在一起，将观众的笑声引向了高潮。

当然还有一些歇后语，比如：

> 产房传喜讯——人家生（升）了；
> 耗子给猫当三陪——挣钱不要命；
> 老母猪戴口罩——还挺重视这张老脸。

这些都在观众心目中留下了深刻的印象。

除了歇后语之外，一些惯用语也常常出现在赵本山的小品里，如：

> 人是衣裳马是鞍，一看长相二看穿；
> 干啥啥不行，吃啥啥没够；
> 给点阳光你就灿烂；
> 上顿陪，下顿陪，终于陪出了胃下垂。

这些惯用语随处可见。

二、词语角色，易换而用

说话写文章要讲究受众对象。严肃的、庄重的、专业性强的、政治性强的以及国际间一些谈判用语，如果用在一般平头百姓的鸡毛蒜皮、家长里短、夫妻吵架这些无关宏旨的琐事上，或把当代产生的一些词语移用到若干年前，往往会收到意想不到的幽默效果。《昨天　今天　明天》中赵大叔被迫道歉时，说：

> 把我们家男女老少、东西两院议员都找来开会，要弹劾我……后来经过全家人举手表决，大家一致同意要我赔礼道歉。

“两院议员、弹劾、赔礼道歉、举手表决、一致同意”等都属政治术语，那是非常严肃的事情，可不是闹着玩儿的，可赵大叔用在这儿却恰如其分。而当赵大叔回忆当年的恋爱经过谁追谁时，说：

> 小崔你也应该有点眼力，我当时用现在的话说是小伙子长得比较帅呆了。是她追的我。

这里的“帅呆了”，那是我们现在的青年挂在嘴边使用频率很高的流行词语。赵大叔将它移用来形容自己当年的英俊潇洒，亦庄亦谐，自然而然地生成了幽默机制。

在《三鞭子》中有这样一段对话：

> 没啥好办法，就这条破路，赶上这么个破天儿，你再整这么个破司机……
>
> 你长得就违章了！

这段对话有两个超常搭配“破司机”、“长得违章”，两个构成成分本来不能搭配的，但是作者或顺势拈连，或顺境联系将不能搭配的两个成分很巧妙地联系起来，并且效果出奇得好。

在《昨天 今天 明天》里说：“两颗洁白的牙齿也光荣地下岗了。”“下岗”一词，当年是何等火爆，被作者用在这里，巧妙智慧，非常形象，效果极好。

三、理解讹误，冒点傻气

在小品语言中，适当地冒点傻气，有时显得更加可爱，更加幽默。小品一开始主持人让赵大叔说说“昨天 今天 明天”这个话题时，赵大叔故意理解为：

> 昨天在家准备一宿，今天上这儿来，明天回去。

经主持人再三启发，才理解为“过去、现在和将来”。

当说到年轻人谈恋爱送彩礼时，赵大叔说：

> 我记得给你送过笔、送过桌，还给你们家送过一口锅，啥时送过秋波，秋波是啥玩意儿？……当时还有一样家用电器——手电筒嘛。

把“秋波”理解为“秋天的菠菜”，把“手电筒”理解为“家用电器”。非常适合这对农村老人的身份。

俩人自我介绍的语言：

> 赵大妈：我叫白云，
> 赵大叔：我叫黑土。
> 赵大妈：我今年七十一，
> 赵大叔：我今年七十五。
> 赵大妈：我属鸡，
> 赵大叔：我属虎。
> 赵大妈：他是我老公，
> 赵大叔：她是我老母。

为了押韵，没想到因为紧张，结果最后一句竟说成了“她是我老母”。于是不经意造成了大笑话。适当地冒点傻气，甚至装聋作哑，这是制造幽默的一种技巧。

在《红高粱模特队》里故意将“基功”理解成“鸡公”；将“猫步”理解成“猫在散步”，甚至说“猫走不走直线，完全取决于耗子”；在《卖拐》里，将好心人的举动反而说成是“生活在一起的两口子，做人的差距怎么这么大呢？”完全是颠倒是非，善恶不分，美丑不辨。同样在《红高粱模特队》小品里，赵本山把模特训练和给果树喷农药联系在一起了：

范老师，你太有生活了。你这不是给果树喷农药吗？收腹，是勒紧小肚，提臀，是把药箱卡住，斜视，是要看准果树，这边加压，这边就喷雾。他的节拍是这样的：一刺刺，二刺刺，三刺刺，四刺刺。

这个小品的内容完全取自于生活。所以说，没有生活，也就没有艺术。生活是一切艺术的源头活水。

四、歌词名句，顺手拈来

在小品语言中，引用流行歌词和流行广告语，赋予其新鲜含义，一般能收到理想的表达效果。当主持人询问他们何时认识和结婚时：

赵大妈：相约五八。

赵大叔：大约在冬季。

此处的《相约五八》借用《相约九八》，而《相约九八》和《大约在冬季》正是当时流行的歌曲名。

当赵大叔向赵大妈道歉时，用的词是：

啊！白云，
黑土向你道歉。
来到你门前，
请你睁开眼，
看我多可怜。
今天的你我怎样重复昨天的故事，
我这张旧船票还能否登上你的破船？

赵大叔的回答是："涛声依旧"。道歉词是经过改写了的歌词。而《涛声依旧》也正是当时流行歌曲名。

在《功夫》里，赵本山回忆当年卖车时说："说来话长了。那是二〇〇三年的第一场雪，比二〇〇二年来得稍晚了些。”这一句话造成了空前的幽默效果，因为它正是来自当年非常流行的歌曲《二〇〇二年的第一场雪》的第一句歌词。

又如在《我想有个家》有一段对话：

赵：我俩生活不到两年，突然提出一个非常严肃而带有原则性的问题，实在让我难以接受。

黄：什么问题？

赵：说我缺乏男子汉的气派，越看越像老太太。像吗？像点儿又有什么呢！这说明我长的脱俗超群。充分证明那句话吗——男人的一半是女人吗？

“男人的一半是女人”是借用作家张贤亮小说中的名句，把它随机用在这里使两个孤独人的对话立即上了一个层次，同时也给人愉悦感，造成了幽默机制。

在《拜年》中，为了和乡长攀亲，唱道：“啊，咱俩原来是一个堡子的，父老乡亲小米饭把你养大，堡子里长满了故事，想没想起来？”就是借用彭丽媛的《父老乡亲》的歌词来打开局面的。

在《小崔说事》里，赵本山说：“她倒好，给人家鸡场剪彩，剪完第二天禽流感，死了一万多只鸡，人家送她一个外号——一剪梅。”

这些歌名歌词恰到好处的运用极大地丰富了赵本山小品的语言魅力。

五、多种语言，重新整合

在小品语言中，由于表达的需要，表演者可能就会把各种形式的语言、各种风格的语言加以运用，形成错综复杂、五彩缤纷、斑驳陆离的语言特色。方言、普通话、口头语言、书面语言、平实语言、艺术语体、汉语、英语、日语、洋泾浜英语，随意组合，任意发挥，这些语言生动活泼、通俗易懂、生命力强，具有浓厚的生活气息。在赵本山小品语言中，这种能力发挥到了极致，老百姓喜欢。在《昨天　今天　明天》中，当赵大叔谈到现在生活条件好了，夫妻俩产生了矛盾时说：

> ……俺俩感情出现过危机，改革开放富起来后，我们俩盖起了二层小楼，这楼盖起来之后，屋多了，突然提出了分居，说一个屋睡耽误了学外语，说感情这玩意儿是距离产生美。结果我这一上楼，距离是拉开了，美却没有了，天天吃饭也不正经招呼我了，打电话通知我，还说外语，Hello 啊，饭已经 OK 了，下来咪西吧。

“感情危机、分居、距离产生美、Hello、OK、咪西”以及后文出现的“心中偶像、梦中情人”等各种混用的语言，出自一对饱经沧桑的农村老人之口，怎不令人发笑。

在赵本山小品中，方言的运用也是比较普遍的，尤其是东北方言“整”的出现频率更高。不过，这个方言词在其他方言区的人也能够听得懂。如：“我要不整这声音你没个停的”，“你别把正事儿给整耽误了呀”，“别整这没用的，整点干的吧……”等都是小品《相亲》中的台词。“整”的意思很丰富，和南方方言词“搞”比较接近。方言词的广泛使用使赵本山塑造的人物形象生活化了。

六、多种辞格，综合运用

过去有人把修辞学称为美学，意思是专为研究文词的美化，或增加语言文字的美感的。在赵本山的小品语言中，各种修辞手法综合运用，恰到好处，制造的幽默效应一浪高过一浪。

有比喻句如：“她心眼儿太实，五十只羊，你薅羊毛偏给一个薅，薅得跟葛优似的，谁看不出来。”“我一开门，木头桩子似的，两眼直勾勾地盯着我。”前一个比喻喻体必须是大家熟悉的公众人物葛优或是其他什么人，否则受众将不知所云。

有夸张句如：“那赵忠祥一出来你眼睛不也直吗?”“柳叶弯眉樱桃口，谁见了我都乐一口。俺们隔壁伍老二，瞅我一眼就浑身发抖。”（赵大妈语）“那伍老二脑血栓，见谁都哆嗦。”

有排比句如："现在不行了，头发也变白了，皱纹也增长了，两颗洁白的牙齿去年也光荣的下岗了。"（赵大妈语）"我们俩现在生活好了，越来越老了，余下的时间也越来越少了。下一步……"

有仿词的修辞手法，如：仿当时流行的"挖社会主义墙角"的罪名造"薅社会主义羊毛"的句子，仿倪萍的书《日子》造《月子》，接着造《伺候月子》。

有双关的修辞手法，如："大叔，你拿这个干什么？""干什么？我回去好有个解释。玻璃的事情没办成，倒跑这儿学会扯淡了。"表面上指饭桌上串连起来的乌龟蛋，实际上指一些干部不干正事。

在赵本山的小品里，其他修辞手法比如对偶、反复、拈连、飞白、双关、顶针等的综合运用，随处可见。修辞手法的综合运用，既可以增强话语的生动性、新颖性、深刻性，同时又可以使话语滑稽、风趣、幽默，使受众忍俊不禁。

七、歧义运用，驾轻就熟

赵本山小品语言里面大量的幽默语言都由歧义造成。如在《心病》里有一段对话：

赵：那行，我们就开始治疗，谈话治疗。

范：怎么个谈话治疗？

赵：不打针，不吃药，坐这里就是跟你唠叨，用谈话的方式治疗，也叫"话疗"。

范：还得化疗。媳妇。完了，大夫都通知我化疗了。

把"话疗"理解成"化疗"，属于同音歧义，从而造成幽默效果。

同样，在赵本山的《卖车》里，有一段对话：

赵：树上骑（七）个猴，地上一个猴，加一起几个猴？

范：八个猴。

赵：错，媳妇答。

高：俩猴。

赵：正确。树上骑个猴，地上一个猴，俩猴。

“七”和“骑”，音近义不同，当然会造成对方的曲解。从而将对方陷入尴尬的境地，造成哭笑不得的幽默。

在同一部作品里，赵本山故意让对方把“生跳蚤”理解成“生出跳蚤”；把“平镜”理解成“平静”；把“秋波”理解成“秋天的菠菜”等等，都是因为各种原因造成的歧义。这些歧义为赵本山小品增添了大量的笑料因子。

在《卖拐》里有这样一段对话：

高：拐啦！拐啦！拐啦！拐啦！

范：我说你瞎指挥啥呀你呀！你知道我上哪儿你就让我拐啦！

由于“拐”在不同场合词性不同，演员（高）的“拐”是名词，而演员（范）的“拐”理解为动词“拐弯”的动词词性。词性的误解造成言语机制变化，从而引发笑料。

总之，赵本山的小品可以说把中国的小品推向了一个新的高度，他那根植于泥土的充满哲理的质朴语言，他那特有的智慧与风趣的语言，给全国亿万观众带来了笑声。在他的小品中，凡是能够表现主题思想的各种语言手段，他都能化腐朽为神奇，如风行水面自然成文。天才的表演才能和他对中国农村农民特殊的感情，成全了他一步一步地从养育了他半辈子的青山黑土走向沈阳、走向北京甚至走向世界，成全了他由一个农民到小品演员再一步一步地走向电影、走向导演、走向全国人民。

（原载《阅读与写作》2003年第10期，收入本书时有修改）

赵本山、范伟、宋丹丹小品精彩语言集

赵本山精彩语言

睡得腰生疼，吃得直反胃，瞅啥啥都迷糊，干啥啥不对，追求了一辈子幸福了，追到手明白了，幸福是什么，答：幸福就是受罪！

走过南闯过北，火车道上压过腿，长江黄河喝过水，还跟MM亲过嘴！

春风吹战鼓擂，赵老大我怕过谁！

我看你就顺眼多了，从头到脚，从裤子到袄，从心灵到外表。

那可真是——十二级台风不是吹的，四川盆地不是推的，喜马拉雅也不是堆的，葫芦岛也不是勒的，老赵我的草包肚子也不是塞的，脸上这俩大酒坑也不是锥的！

我可得说你两句了，你整天喝狼酒迈犬步，唱情歌走山路，梳着失恋的头型追赶着爱情的脚步，长了一对捡破烂的眼珠子，还总寻找爱情的雨露。

我看他是有啥迷着心窍了不知南北了，大脑失灵指挥不了两条大腿了。

人生在世屈指算，最多三万六千天，家有房屋千万所，睡觉只需三尺宽，总结起来四句话，——说人好比盆中鲜花，生活就是一团乱麻，房子修得再好，那也是个临时住所，那个小盒才是你永久的家呀！

先用盅，再用杯，用完小嘴对瓶吹。

别说你开车不合格，你长得都违章了。

正愁没人教，天上掉下粘豆包。

白天想，夜里哭，做梦都想进首都，首都的楼儿高又高，我们时刻准备着。

争取在最短的时间内，榨干他身上的艺术细胞。

猫走不走直线，完全取决于耗子。

耗子给猫当三陪——赚钱不要命。

谁说我的脸长得像鞋拔子，这是典型的猪腰子脸。

说你人长得有特点，一笑像哭似的。

当时，我用现在的话说，小伙长得帅呆了。

那老太太长得没你难看，你长得比她难看，她长得没你难看。

脑袋大，脖子粗，不是大款就是伙夫。

信不？不信！走两步。

搭档范伟的精彩语言

我就纳闷了，生活在同一个屋檐下的两口子，做人的差距咋就这么大呢！

这是病人与病人之间在探讨病情，你瞎掺和啥呀你！

拐一年卖一年，缘分啊！吃一堑长一智，谢谢啊！横批是：自学成才！

你这人怎么不按套路出牌？

忽海无涯，回头是岸。

忽悠，接着忽悠！

苍天啊！大地啊！哪位天使大姐给我出的这口气啊！

你也不理我，我成狗不理了。

啥也不说了，全在酒里边了。

智商是什么东西，给……给我拿来！

婚姻是人的第二次投胎，你老舅我就没投好！

一生就看一个女人是不科学的，容易看出病来。

有钱男子汉，没钱汉子难啊！

好歹我也是个戴眼镜的，怎么能干这事呢？

得不到女同志的青睐，得到了都是伤害。

要想生活过得去，不怕身上背点绿。横批：忍者神龟！

钱是王八蛋，没了再去赚！

你敬我一尺，我敬你一丈，尊重他人人格，树立模范形象！

高职不如高薪，高薪不如高寿，高寿不如高兴。

上顿陪，下顿陪，终于陪出胃下垂。

走自己的路，让前妻后悔去吧！

床前明月光，粒粒皆辛苦；举头望明月，更上一层楼。

幸福就是：我饿了，看见别人手里拿个肉包子，他就比我幸福；我冷了，看见别人穿了一件厚棉袄，他就比我幸福；我想上茅房，就一个坑，你蹲那儿了，你就比我幸福。

搭档宋丹丹小品经典台词

生男生女是老爷们决定，你种了辣椒能长出茄子来呀？

听听，还盲流呢，离流氓不远了！

我看你绝对是没事找抽型的！

啊，白云，黑土向你道歉！来到你门前，请你睁开眼，看我多可怜。今天的你我怎样重复昨天的故事，我这张旧船票还能否登上你的破船！

我都畅想好了，我是生在旧社会，长在红旗下，走在春风里，准备跨世纪。想过去，看今朝，我此起彼伏。于是乎我冒出个想法。

头发也变白了，皱纹也增长了，我的两颗洁白的门牙去年也光荣下岗了！

秋波是啥玩意你咋都不懂，这么没文化呢，秋波就是秋天的菠菜。

那家伙，那场面，那是相当壮观，是锣鼓喧天，鞭炮齐鸣，红旗招展，人山人海……

克隆绵羊，没爹没娘！

你太有才了！

想当年你一曲小喇叭吹开了我少女的心扉！

前脚一抬，到这儿；后脚一抬，到这儿。现在鞋上去了，腿上不去了！

第二节　周立波“搞怪”表演的艺术研究

周立波，海派文化的发起人。近年来他凭着对新鲜事物的关注，始终以独特新颖的视角剖析时事新闻，以调侃幽默的话语针砭时弊，而又不失分寸，同时也不忘以严肃的态度表达自己的观点和建议，继而成为上海“票房之王”。本文将就他的“搞怪”表演艺术的特点谈谈自己的看法。

一、追求热点问题的讽刺调侃

周立波的表演不是让人一笑了事，而是进一步把观众领入其所处的环境，再给人以思考。他往往从社会热点着手，从市民的普通生活入手，吊起观众的胃口。

如在说到地沟油时，他说：“面对日益上涨的油价，许多人都在寻找其他的新型燃料来代替汽油。今日，有专家宣称中国特产的地沟油其实也具备作为燃料的品质。（笑）消息一传，市面上的地沟油立即被抢购一空。中国人民终于等来了在饭店放心用餐的这一天……”地沟油，是人们关注的现实问题，而被他这么一趣解，不仅说明地沟油给人们生活带来的恶劣影响，就连受众心理也如泄愤了似的。

周立波很少直接抨击一些令人激愤的现象，而以调侃的幽默的形式呈现实情。他从来没有因谈到某些话题而激动得失态。如说到辽宁石油化工大学毕业生王某某被破格提拔为副院长的时候，却说“哎呀，偏见，我觉得这是偏见嘛，市长的女儿就不是人吗？（笑）市长的女儿就不是女儿吗？（笑）市长的女儿就一定没有能力吗？为什么市长的女儿当上了副院长，大家就一定要用这样的态度来对待呢？很不公平嘛！”似乎在替“受害者”平反，但后面又来了“2007 年 6 月，获得了经济与社会研究荣誉文学学士学位，吓人吧，恐怖吧！2008 年 9 月获得英国牛津大学理学硕士学位。牛吧，恐怖吧！（笑）……哈哈。我相信当时一定是震惊了英伦三岛，可见王副院长的确是一位天才，而且她的本科是文学学士学位，研究生是理学学士，是理科的，跨度之大令人叹为观止，这不得不使我想起一句名言‘上南极能与小企鹅翩翩起舞，下北极能与大白熊促膝谈心。’（掌声）真是能上九天揽月，能下五洋捉鳖。搞不清楚她到底是空军呢还是海军呢！这样的人才哦，到石油大学当一个什么副院长，有什么问题吗？没有问题，哈哈哈哈哈，确实有问题，我觉得屈才了，屈才了，这样一个在国外深造多年的海归，只在国内的一所普通大学当一个副院长，我都替她鸣冤呐。我觉得王副院长应该去中科院当院长。”（笑）说反语起到了很好的讽刺效果，并且形成了表演者与受众之间的默契。

二、追求语言表达的随意自由

周立波语言最大的特点之一就是“自由”，其自由的原因之一是不喜欢“按部就班”。我们可以看到他的舞台上很干净，几乎就一个台子，上面是提示夹。提示夹里也并非是准备好的台词，只是一些提示性的单词而已，所以语言一般都是现场组织的。另一特点就是将错就错，顺着错的逻辑发展下去，错得越荒唐，反而显得越深刻。他正是运用这种反逻辑思维的话语层层揭露一系列现象。余秋雨认为，周立波在表演中采用了一种意识流的方法，评价他的逻辑时说“他的自由交给了欣赏者的自由。”确实，他的表演像散文一样，给人一种“形散神不散”的感觉，而这是需要很大功夫的。例如，他针对两会提案中的“经典”之一——“老百姓有老百姓的活法，政府有政府的活法，有钱人有有钱人的活法”进行分析：

> 这是什么语法？这是北京市某人大代表在两会分组讨论谈到房价的问题时，他这样说的。首先我必须要纠正这位代表，政府那不叫活法，那叫办法。政府从来就是为我们老百姓想办法的，你怎么能诋毁政府呢？其次，关于老百姓的活法，老百姓的活法是什么，你作为一个政府官员首先要学习中国的宪法，然后还要去了解我们的老百姓的活法，两者结合以后你才能想出办法，有了办法之后老百姓才知道老百姓的活法。现在老百姓的想法比活法多。有钱人有有钱人的活法，难道有钱人就不是老百姓吗？你怎么把有钱人置于政府和老百姓之外呢？这不是太荒唐了吗？难道有钱人是被剥夺了政治权利的犯罪分子吗？难道他们是敌对分子吗？我相信有钱人不会同意这个委员的说法，对吧?！如果有钱人同意他的说法，那么他就没有活法了，只有死法了。鉴于该委员文化水平低下，建议送往当地学校重新进行九年制义务教育。

从中可见其剖析问题时抽丝剥茧，条理清晰，丝毫不紊乱，而且前因后果讲得细致而又明确，有很强的说服力。话语看似很散漫，却句句不游离于主线之外，形散而神不散。

三、追求表演思路的出奇制胜

周立波的行为艺术将其表演与脱口秀、说书等艺术区分开来。因此，这种诙谐幽默的行为艺术也就成为其表演艺术的重要组成部分。正如他所说“我是像演唱会一样的开头，下面人会尖叫的，然后我像交响乐一样的结束，就是全体起立，有节奏的鼓掌，这个非常受用。”他的行为艺术也是经过精心策划的，这又为他的表演中加入了独角戏的效果。其中贯穿始终的，也是最重要的一种行为就是“不露声色”，俗称“不笑场”，当观众笑得前俯后仰时，他却从容自若地继续他的表演。如一次开场时，他向观众鞠了几个不同程度的躬，然后说“鞠躬鞠这么长时间，不是想讨掌声，实际上我主要想让大家检查一下我头势（头路）清楚伐。（指着他清晰的锃光瓦亮的小分头）”这把莫名其妙的观众一下子逗乐了，而且一语双关，掌声是免不了的，观众的兴奋度一下子就被提高了。

再如说到严肃的婆媳关系时，“中国有句俗话叫‘多年的媳妇熬成婆’。婆婆都曾经是媳妇，要体谅媳妇的难处，而媳妇有一天也会成为婆婆，所以要善待婆婆。婆婆就像是你的妈妈。”到此为止都很中肯，也很正常，可他就突然来了句“所以才有句叫婆婆妈妈。”观众便捧腹而笑。之所以产生这样的喜剧效果，是因为他时常不根据人的正常思路发展下去，而当人们接收到这样的突如其来的却又很实在的信息时自然会产生兴奋。他自己已有了心理准备，自然就显得镇定。

在谈到“医闹”时说“在医院门口设灵堂，开追悼会，里面的人各个都在痛哭流涕，我当时很惊讶，这灵堂怎么设到医院门口来了，而且这些人个个都是悲痛欲绝，哦咳呀……哇……啊（配合一系列悲痛欲绝的动作、表情）（观众掌声、大笑）不得了，我想这个人人缘真好，你看他一死怎么来了这么多人呐，人缘真好，要是我死的时候，肯定是没几个人能哭成这样的（笑）。后来有人告诉我，全都是假的，那些哭得死去活来的人，全部是医闹。他们的工作就是在各个灵堂里假装哭来哭去，当时我很惊讶，这些医闹真是可惜喽，他们的哭功啊，真是令人叹为观止啊，女的个个都像刘雪华（笑），男的个个都是马景涛（笑），当然不能看脸哦（笑），脸和他们的区别还是很大的。”这一段用了一系列语气词“哦、哇、啊、呐、喽”等，将作者的感情充分带了出来。

周立波的感染力在于他不仅是在讲故事，更是在演故事，将故事戏剧化地搬上荧屏，经过夸张而又不失真的处理展现给观众，观众得到的便是新鲜，自然而然地就被这种立体形象的表演形式所吸引。周立波之所以演绎得如此传神，正是由于他对故事本身的理解及其非常到位的行为表现。

四、追求表达方式的娱人娱己

（一）喜欢开涮别人，对事不对人

周立波喜欢涮人，这也是有目共睹的。比如说费玉清“我帮他算过了，他每次到上海开好演唱会后第二天就跑掉了，他不在上海消费的，这对我们上海整个 GDP 的拉动没有任何好处的嘛!”他所表达的是对明星以华丽的理由来达成自己目的的这种现象的不满。他在讽刺“两会雷人语录”时，针对某一代表所说的话“打工 28 年，我依然买不起房子。”周立波发言道：“照他这个逻辑的话，那么我周立波今年 43 岁了，我凭什么不是上海市宣传部副部长？……所以我觉得很多人大代表也好，政协委员也好，你是人民选出来的，你是代表人民说话，你不能只代表自己说话！人民相信你，让你做代表了，你就要说人民说的话!”可见，他的目的并非刻意要讽刺谁，针对谁。他是用特殊来揭露普遍，说明某种现象的弊端，更重要的还是希望引起诸方面的关注，改善这种现象，这才是他的目的。

（二）善于调侃自己，不避自家丑闻

幽默一种很高的境界就是嘲笑自己。周立波在表演中随时有对自己进行嘲讽的意味。比如在谈到敏感的婚姻问题时，他不避自己的离婚风波。“周立波你说得好听，你不是也离过婚的嘛！我是啊，我是离过婚啊！我告诉你我离过两次婚（笑），和同一个人，你说我坏到哪里去吧。”说到剩男剩女的问题时，也不避自己蹲监狱的这段不堪岁月。“过去找对象主要看人品，这

个人只要忠厚老实，没蹲过监狱，基本就可以。现在条件多了，对吧。现在监狱可以蹲，蹲过监狱不要紧，对吧，周立波都蹲过监狱（笑），蹲过监狱不要紧，但没房子不行，没车不行，有房位置不好不行，有车不是好车不行。现在谈恋爱就像谈生意，找老公就想找项目。”（笑）这样说旨在揭露当今社会“房”碍婚姻等现象比挑剔人品更严重。谈到金钱对于夫妻关系的影响时，“根据统计，太有钱和太没钱的夫妻，都容易因为钱而起冲突。其实我觉得这个何必呢，男人都大度点嘛，让女人管钱不就完了嘛，对吧。就拿我来说，我家里的钱我全部交给我太太，但是我太太人很好啊，她也会给我办张信用卡，出去的时候给我放 2000 块钱。‘老公我给你一张可以透支的信用卡’。我觉得很拽。有一次跟朋友一块去吃肯德基，一拉卡 140 块，咦！她的手机铃声就响了。（笑）……大家看到我虽然已经人格独立了，但是我在经济上仍处于被独裁的那个境界哦。”他所要表达的就是对于金钱，夫妻不仅要互相信任，而且要自律，不要让金钱成为双方的障碍。婚姻上，谈到男女要互相赞美，他说：“她叫我在外面要有腔调，回家必须傻掉……有一次工作太忙，我把它搞反了。（笑）我出去傻掉，我回来腔调，结果晚饭全部给我老婆倒掉了。”他要说明的是不要把工作的腔调和情绪带进家庭，旨在倡导和谐的生活。偶尔将某事戏剧化不难，难的是能把每件事都说得如此滑稽生动，这就是他的形象魅力所在。

搞怪滑稽的天赋让他在对生活的感悟中创造了“海派清口”；特殊的人生经历让他以崭新的姿态登上了舞台；别具一格的表演形式让他为上海人所知晓，为全国人民所津津乐道。他呼吁“这个民族幽默了，就有希望了”。他本身也在为这项事业奠定基础，并希望能够被继承下去，让中华民族成为一个幽默的民族。我们希望周立波在这个舞台上做得越来越好，给观众带来更多的笑声。

周立波表演幽默的几种生成方式

2008年年底，由周立波创作的海派清口《笑侃三十年》、《笑侃大上海》在上海引起了强烈的轰动，一票难求。其艺术形式为独创的海派清口，一个人，一个提示夹，一张椅子，以上海话脱口秀的形式演出2个小时。周立波和他的海派清口以一种清新独特的艺术形式赢得了广大观众的喜爱，以至成为一种文化现象引人关注。那么，周立波是以怎样的语言艺术风格赢得观众的好评的呢？周立波的海派清口，从本质上来看还是根植于海派艺术的代表——滑稽艺术，属于通俗文化的范畴。那么，周立波的这种幽默的语言艺术是以怎样的方式生成的呢？

一、比喻联想

比喻是一种形象化的表达方法，更是文学创作的重要手段。广义的比喻即打比方，它是借两个事物的相似点进行类比联想。所谓联想，就是从一个事物想到另一个事物的心理过程。联想的基础在于世间万物之中存在着的联系、联结。联想就是通过一个个联结点，从一事物想到另一事物，又由第二个事物想到第三个事物，乃至无穷。

周立波调侃20世纪80年代春晚歌手费翔演唱的一首《冬天里的一把火》时，说“一把火，把我们大兴安岭也烧掉了。”把风马牛不相及的几个事物联系在一起，达到幽默的效果。另外，他还有两个经典的比喻，形象地说明了南北文化的差异性：“春晚的主流观众是9亿农民，如果说周立波是上海人民的小菜，那么赵本山就是全国人民的北方水饺。”“一个吃大蒜的怎么能够和一个喝咖啡的比较呢？”尽管这些言论引起了部分人的不满和非议，但就语言本身来说还是幽默诙谐的。

二、善于反讽

反讽即通常所说的“说反话”。该艺术手法用以说反话的方式增强表达效果。有的讽刺揭露，有的表达亲密友好的感情。

例如，在《笑侃三十年》专辑中，有一句“你们一定要像容忍你们领导一样容忍我的无知。我的意思并不代表领导就一定无知，但无知的基本就是领导，这句话是不对的！领导怎么可能无知呢？领导这叫大智若愚！”这段话中，周立波既调侃了自己，表示自己的谦虚，也不失时机地讽刺了生活中某些领导不懂装懂、装腔作势、外行领导内行的现象，使听众忍俊不禁，同时引发听众的思考。

三、移花接木

移花接木是指为了满足特定的表达目的——讽刺、嘲弄或者诙谐幽默，根据现有的特定的形式来模仿，仿造出具有临时新意的一种修辞手法。主要包括仿词、仿句、仿调等。在相声、小品等表演艺术中，这种表现手法是最为常见的。演员通过即兴篡改或生造一些新的词汇或语句来增强语言的新奇感和生动感，使其产生强烈的幽默效果。例如我们经常看到的广告词“默默无蚊”，将成语的字改掉，让人印象深刻，这一表现手法在周立波的作品中尤为突出。

例如，在《笑侃三十年》专辑中，周立波笑侃中国股民应该以一种什么样的心态对待股票市场时说道：“要做到涨跌不惊，闲看庭前花开花落，盈亏随意，任由天外云卷云舒，如果你做股票能做到这种境界，你基本上已经不是人了。”我国古代有一副著名对联叫做“宠辱不惊，看庭前花开花落；去留无意，望天上云卷云舒”，周立波将其巧妙地稍加改动，就形象贴切地提醒广大股民“股市有风险，投资须谨慎”。这类例子还有很多，如“现在我们中国这个股市，应该倒过来说，已经变事故了”，“从6124点往下看，我们都是熊的传人”等等。这种表现手法让人捧腹，同时让人难以忘记。

四、夸张变形

在文学艺术作品中，为追求某种表达效果，对原有事物进行合乎情理的着意扩大或缩小，这就是修辞学上的夸张手法。其作用在于烘托气氛，增强联想，给人启示。

在《笑侃三十年》中，周立波最经典的段子恐怕要数笑侃中国股市一段了。他说，“现在中国股市基本上属于——老板进去，瘪三出来。人才进去，棺材出来。博士进去，白痴出来。杨百万进去，杨白劳出来。进去的时候想发财，出来的时候想发疯。握着双枪进去，举着双手出来，全部缴枪不杀了。想学巴菲特进去，被扒层皮出来。小康家庭进去，五保特困出来。拍着胸脯进去，抽着耳光出来。男人进去，太监出来。周立波冲进去，周扒皮逃出来。”

此段综合运用了夸张、对比、借代等修辞手法，把自金融危机以来中国股民在翻云覆雨的股市当中落魄与尴尬的众生相演绎得淋漓尽致，惟妙惟肖充分显示了周立波丰富的生活阅历、联想能力和敏锐的洞察力。

五、含沙射影

含沙射影有两种，一种是运用双关修辞手法，即利用词的多义及同音（或音近）条件，有意使语句有双重意义，言在此而意在彼，就是双关。其表达效果可使语言表达得含蓄、幽默，而且能加深语意，给人以深刻印象；另一种是借代手法，即不直接说出所要表达的人或事物，而是借用与它有密切相关的人或事物来代替。其作用是，突出事物的本质特征，增强语言的形象性，使文笔简洁精炼，语言富于变化和幽默感，从而引人联想，令人发笑。

例如，《笑侃三十年》调侃股市的那些经典语录：

“阿拉（我们）的股票，不仅玩人，而且玩鸟。连鸟都被你们玩死了，那阿拉还玩个鸟啊?!”

“最残古额（可怜的）就是那些麻雀。证券公司门口那个大屏幕没有红过咯，一直是碧碧绿额。麻雀又不懂的咯，它们以为共青森林公园到了，延中绿地到了，一只只朝大屏幕上冲！冲一只死一只，冲一只死一只。”

周立波用“玩鸟”和“玩个鸟啊”等语句讽刺股市行情的惨淡和凶险，用“绿色”代指股市的“跌跌不休”，不但形象生动，而且幽默深刻。

此外，“我上次从电脑里打开一看，李宇春一张海报老漂亮哦，小姑娘老阳光哦！下面是计划生育委员会的一句标语，叫：生男生女一个样。”拿知名歌手开涮，委婉批评时下某些年轻人的不伦不类。

周立波说：“一个缺乏幽默感的民族，是没有希望的。”虽不免偏颇，却也道出了幽默感对于个人、社会乃至民族文化内涵与品味提升的重要性。

"周氏幽默"体现了周立波本人具有很强的语言驾驭能力，深谙语言修辞艺术。笔者以为，周立波式的幽默，俏皮而不失睿智，冷峻而不失温情，极富喜剧化色彩，让人爆笑之余回味无穷。

周立波的趣味语言

一、以前的春晚和现在的春晚

以前春晚是晚会里插播广告；后来是广告里插播晚会；现在看来都错了，春晚是广告里插播广告。

二、12种新大傻：（1）默默奉献等待提拔的；（2）没有关系想高爬的；（3）身体有病不去查的；（4）经常加班不觉乏的；（5）什么破事都管辖的；（6）能退不退还挣扎的；（7）当众对头特肉麻的；（8）感情靠酒来表达的；（9）不论谁送都敢拿的；（10）包了二奶还要娃的；（11）高级名表腕上挎的；（12））摄像机前抽中华的。

三、现代中国股市

现在中国股市基本上属于：老板进去，瘪三出来。人才进去，棺材出来。博士进去，白痴出来。杨百万进去，杨白劳出来。进去的时候想发财，出来的时候想发疯。握着双枪进去，举着双手出来，全部缴枪不杀了。想学巴菲特进去，被扒层皮出来。小康家庭进去，五保特困出来。拍着胸脯进去，抽着耳光出来。男人进去，太监出来。周立波冲进去，周扒皮逃出来。大小便解禁进去，大小便失禁出来。

第三节　马三立的相声幽默艺术

马三立先生（1914—2003）已经离开我们十多年了，但是马三立先生的艺术生命永远活在广大群众心中。马先生是平民艺术家，他根植于平民之中，又超于世俗之上。马先生是温柔敦厚的长者，只有在温柔敦厚的胸怀与境界里才能够生出经典传世的作品。马先生的作品通俗易懂，说理明白，说话近情，幽默隽永，常常一段絮絮叨叨啰啰唆唆的相声却滋润着人们的心灵。可以说，马先生及其作品因温厚而近情，因近情而从容，因从容而练达，因练达而智慧，因智慧而幽默，因幽默而不朽。本文将简要分析马三立先生及其相声的幽默艺术。

一、自娱自乐，自讽自嘲

自嘲是幽默的一种境界。马三立将自娱自乐、自讽自嘲用到了极致。通过长期艺术实践，马三立形成了艺术上的独特风格。他喜欢用第一人称的表演方式，“我”，既是作品中的主人公，又是讽刺嘲讽的对象。有人曾这样评论：“他就是被讽刺的对象，有时虽然捧哏的指出他的漏洞，但并没有公开的评论。他尽力把被讽刺的对象演活，而把评论工作交给观众。”

马三立的相声选择了“小市民”的一种类型，采用第一人称“我”，以近似“戏剧化”的性格表演，半真半假似虚若实的手法“现身说法”，不直接指斥他们身上的种种缺点，而是让他们察觉领悟到自己身上同样存在着与“我”类似的毛病。这是一种非常高明的自嘲手法，与其毫不留情地揶揄奚落他们，不如含蓄善意地暗示规劝他们。这种手法在马三立的相声中随处可见。

当年的北京听众是通过相声《开粥厂》认识马三立的，里面的马善人成了马三立的别称。许多听众纷纷点播“马善人”的节目，都想一睹他的庐山真面目。马三立“惭愧”地告诉听众：“知道很多听众想见我，这让我既高兴又心慌，就怕您见了我的相貌后深表遗憾。这……不能怪我，我自己也不愿长成这样……”听众都说“看马三立的长相比他的相声还逗”。

马三立住在养老院时，在信笺写了两行诗：“兄弟十二我行七，推倒四六二十一”。什么意思呢？马三立解释说，这两句写的是他的名字。“‘兄弟十二’指的是‘天干地支’中的‘地支’，子丑寅卯辰巳午未申酉戌亥共十二个，我行七，正好是‘午’。‘午’对应的属相是‘马’，这就是我的姓。

推倒四六二十一，四六应该是二十四，推倒二十一，甭说，还剩三个立着。这就是我的名字‘三立’。”

马三立在《自述》中说道：我叫马三立。三立，立起来，被人打倒；立起来，又被人打倒；最后，又立了起来。（但愿不要再被打倒）我这个名字叫得不对：祸也因它，福也因它。我今年 85 岁，体重 86 斤。明年我 86 岁，体重 85 斤。我很瘦，但没有病。从小到大，从大到老，体重没有超过 100 斤。

马三立在诉说自己年轻时学说相声的情景是这样说的：“相声逗乐，不乐算什么呢？当初学徒学 3 年。我 16 岁从天津汇文中学毕业后，就没考大学，穷。当学徒学相声。拜周德山（周蛤蟆）老师学 3 年，常挨打。忘词，挨打；吃栗子（结巴了），挨打；自己乐，挨打；明明是个包袱（笑料），没响（咱可乐，可观众没乐），挨打；学了再忘，挨打！”

在《起名的艺术》里嘲笑自己的名字不好，说“马三立，这名字没有起好，一匹马，剩下三条腿，还凑合着立着。”马先生边说边做着动作，台下的听众大笑不已。

其实，马三立的名字完全不是他老人家自嘲时解释的那样，他说：“古书云：君子有三立，即立德、立言、立功。我希望这一生，永远朝着这个方向努力。”

二、题材平常，语言朴实

相声的历史渊源决定了它的题材必须来自于平民，来自于市井，来自于百姓。相声通俗的“说唱”艺术特质与跟观众听众直接交流的审美机制决定了它必须立意高远，既能举一反三又要表达浅近、见微知著。既要把话说明白，把理讲透彻，又要给听众充分联想余地的审美要求，逼迫着艺术家们要在雅与俗、明与暗、虚与实、远与近、少与多的二律背反中“走钢丝”。“包袱”的皮儿厚了不行，太薄了过于肤浅则会“穿帮”，也不行；太奇巧了做作，太浅白了乏味，马三立似乎独谙相声传统的个中三昧。他在相声编演上是彻头彻尾的通俗派：台风亲切、口风随和、题材平常、内容朴素、语言平实、结构简单，人称“平民艺术家”；但其艺术效果却往往事半而功倍，十分力量七分使，大白话中见机趣。比如同样是拿自己“开涮”，马三立在调侃自己的姓名时，一句“马剩下三条腿，对付着还能立得住”的歪解，于幽默中依然留有几分尊严，绝不是像旧社会的相声艺人那样，将自己贬损得一塌糊涂。忠于传统而又能光大传统，在对传统的继承上，能化腐朽为神奇，于俗套中出新意。这就是相声艺术史上集大成者的马三立。他的相貌精瘦，表演朴素，语言粘连甚至显得似乎有些啰唆，犹如轻声絮叨的说笑中还貌似时有语病，可听着却使人感到如聊家常，如遇故知。亲切随意中会突然迸发出机智与幽默。听他的相声常让人忍俊不禁、猝不及防，而又余音绕梁、隽永悠长，回味的余地极大。他的相声是散淡的，犹如打太极拳，“包袱”轻易不出手，而一旦出手，必力拔千钧，一语破的，使人久难忘怀。其代表性节目如《大保镖》、《文章会》、《夸住宅》、《白事会》、《卖挂票》、《黄鹤楼》、《开粥厂》、《买猴儿》、《似曾相识的人》、《晚十点钟开始》、《家传秘方》、《学说瞎话》、《逗你玩》等，无不从各个方面体现了他的编演风格。马三立的相声，从文学脚本看，主要是以第一人称“我”的口吻来叙述故事，刻画人物，情节和人物构成了马三立相声文学的两大支柱。“我”这个第一人称的叙事表现方式，又使得表现的内容更细腻、更可信，也更具艺术上的感染力与讽刺审美的便利与张力。

“马大哈”、“似曾相识的人”、“马善人”等典型形象与“挠挠”、“学说瞎话”、“逗你玩”等审美含义一定的符号性话语构成了马三立相声艺术的思想风景线。马三立的相声表演，犹如空气和水，在不经意和不知不觉中，荡涤污秽，化解迷茫。一个是外科手术式的指点剔抉，一个则如汤药下肚式的温和通脱。马三立的相声表演因着第一人称叙事体式的具体与延展，而在思维上属于“归纳”式的升华与浸染。在艺术手法上，体现着“人情练达即文章”式的深刻；在思想展示的类型上，是对市民趣味的艺术表露；在审美的趋向上，是俗而质朴；在风格的价值归属上，以传统精神演绎着无处不在的平民心态与生活风情，长于写实。1949年后，有相声作家何迟的一系列优秀作品作基础，马三立的相声表演更是如日中天、艺术常青。天津的文化氛围和长期的演出生涯以及深厚的艺术渊源，使得马三立不仅基本功扎实，传统的修养深厚，熟悉市民生活，懂得老百姓心理，了解观众听众的欣赏习惯，因而他有可能既拥有传统，并且又得以充分地表演市民的生活情趣。所以他的艺术是平民的或市民的，平易的或朴素的，是典型的“平民艺术家”表演的有浓郁地方风味的相声。

马三立说，如果说相声艺术有什么规律可循的话，那就是它从群众中来，又到群众中去。它扎根于民间，繁荣于民间，它在民间的这块沃土上生根、开花、结果、繁衍。人民大众是相声艺术赖以生存的根基，是鱼水情深的脉脉相承。一部中国相声史，就是与人民大众不断密切结合的发展史。马三立先生说过，观众是他的老师，人民是他的衣食父母。平常题材，群众语言，经过马三立的加工就成为一个一个的“包袱”，经马三立选择时机一抖，于是观众席中的笑声掌声就经久不息。

三、淡泊名利，积极进取

“大智若愚”这个成语用在马三立身上，是十分贴切的。生活中的他不像一般喜剧演员那样锋芒毕露，相反地倒有些木讷。在待人接物上，他也从来不给人以咄咄逼人好为人师的印象，而总是那样温和与平静，平静得像一泓清水。这平静正是他的修养、他的达观、他的洞悉人生、他的宽容大度。对于名与利，他一向是淡泊的。这些年来，比他能耐小得多的“笑星”们，不少人成了“大款”，而他却从来安于清贫不攀比。有位以模仿他的音容笑貌而出名的青年业余演员，因为他而身价陡增，每场演出的收入竟然高达四位数字，而真马三立却只能拿他的十分之一，甚至还要少。而且，他从来不伸手接钱，而是让主办单位的人，把演出费直接交给曲艺团负责人。有人问及马三立：您比那个当红一时的晚生后辈在艺术上强得不是一星半点儿，他拿那么多钱，根本就不值！您难道一点儿也不生气？马三立对此一笑置之，他说：

“人家学我，拿我当名人，是抬举我。每场挣那么多钱，也是有人愿意给。我都这么大岁数了，要那么多钱有什么用？几年以来，我在剧场、学校、机关、工厂、部队等处演出，都是通过咨询委员会领导下达的任务或义务演出。得到的礼品有相册、花瓶、镜子、钢笔架，等等。有的演出，什么也没有。给民警、武警、政协、人代会、车站、外环、平房改建、居委会、焊条厂、油墨厂等单位演出，没有礼品报酬，一分钱也没给。北京笑星约我一星期，没经过组织联系，我婉言谢绝。打来长途，约我去香港、新加坡，吃住全管，报酬给港币，我回答暂时不去。他们又来挂号信，提些待遇，我没给回信。贵州某单位组台演出，约我坐飞机去，寄来一千元演出费。邮递员让我盖章取款，钱我不收，请邮递员按地址退回。

每年的“六一”儿童节，我是五个小学的校外辅导员。儿童节我必须赶场，最少要去三个学校讲话、说故事，报酬是戴红领巾。我去八里台南边的养老院，慰问演出。我连说四段小笑话，老爷子、老奶奶们高兴极了。爱听，不让我说了，怕我累着。我回答，不累，只要你们高兴，心情愉快，我可以多来几次。有一个姓朱的老头子，称我三哥。他说，您也到这地方来吧，这里的孤老户、老大娘很多，能搞个对象。想用美人计骗我。我参加居民委员会的义务值班巡逻，戴红袖箍儿，在楼群、路口转一转，防匪防盗，维护治安。每月我轮班两次。不管是风雨冬夏，我决不缺勤。查一查各户的门锁，还有门前的自行车上锁没有。监督路口的车辆停车，交警就不敢让我在路口值班，因为有我，堵塞交通。”

马三立先生不喜欢“大师”这个头衔，甚至叫声“马先生”他也总觉得不舒服。那叫什么呢？“叫老马。老马，老马好，老马识途；叫马老，马老好，马老了不吃草！”

马三立热爱观众，他说：“我是观众捧红的，不能忘了观众，演员的艺术水平高低好坏，应由观众来评说，观众是演员的衣食父母。”

马三立在遗嘱中写道：

我是一个相声演员，也是一名普通的共产党员。我按照党的要求，用相声，用笑声，为人民服务。各级领导，天津的父老乡亲，给予了我很多荣誉和关爱。我也曾被评选为“天津市优秀共产党员”，我心里的感谢之情是无法用语言表达的。人总是要死的。我有一个最后的请求，就是在我过世后，请将我丧事从简办理，我不愿让各级组织再为我费心费神；同时我的朋友、学生和再传弟子也比较多，所以不搞遗体告别，不接受花篮、花圈、挽联，不接受钱物。我毕生只想把笑留给人民，而不能给大家添麻烦，给国家浪费钱财。我衷心祝愿相声繁荣，人民幸福，国家富强。”

马三立一辈子坚持不断地学习。有人问“老了还学什么?”马三立说：“什么都得学，学习可以开阔眼界，宽广心胸。一天到晚嘟嘟囔囔，什么都不顺眼，不顺心，老生气，为什么？就因为你不学习，或老拿留着小辫子时的眼光看问题，还谈什么保健，那是保病。”马三立每天保持看书、写字、画画的习惯，有时还写诗填词。他说：“我没有一天不动笔，有时写些新段子，有时也用毛笔写写字、画个画，那是瞎写瞎画，因为基础太差，恐怕再有十年也练不出好字好画啦。不过，手脑并用对身体还是大有好处的。”马三立年近九十的时候，思维敏捷，语言流畅，正是得益于他勤于学习、勤于动手的缘故。研究表明，老人常学习能接受新信息、活跃大脑思维，可以减缓大脑功能衰退，多动手能刺激大脑功能活动，对预防老年痴呆也大有裨益。

这就是马三立，就是那个蒙受冤屈而不辩，享受隆遇而不骄，即所谓“宠辱不惊，处之泰然”的马三立。

四、刻画人物，谑而不虐

马三立的相声表演，对艺术形象的塑造与对艺术意象的点染，常给人过耳不忘、入耳入心的恒久享受。比如著名相声作家何迟的名作《买猴儿》，经马三立与其搭档赵佩茹一表演，那个“工作马马虎虎、办事大大咧咧、说话嘻嘻哈哈”的典型形象“马大哈”，便从此深入人心，成了我们生活中“吊儿郎当”一类人物的代名词。“马大哈”之所以成为现代汉语里的一个通用词语，与马三立的舞台表演及其巨大影响是分不开的。这或许是相声史上不多见的一种审美现象。他表演的《吃元宵》在讽刺“大成至圣先师”孔子时表现出的“大智若愚”，在《卖挂票》与《家传秘方》里反映出的“荒诞不经”与“滑稽突梯”，更使传统相声里蕴藏着的艺术机趣与批判精神发扬光大。其幽默品格与艺术机理又是相声独有的。就连他自己编演的“垫话”短段《找糖块儿》，尽管仅仅是供人一乐的小品，却于“不行啊，我那假牙还在上面呢”的大实话中，迸发出谑而不虐的幽默感。

马三立在相声中采用自嘲、夸张、变形乃至荒诞的手法塑造刻画了一系列人物形象，除了“马大哈”之外，还有如《卖挂票》里的“马洗澡”、《黄鹤楼》里的“马叫官儿”、《文章会》里“马大学问”、《开粥场》里的“马善人”等无不镌刻着这类形象的历史烙印或时代通病。

刻画人物，谑而不虐，俗不伤雅，是构成马三立相声艺术在继承传统方面最为成功的特色。

五、含蓄隽永，幽默无穷

马先生在生活中可以随时发现幽默因子并加以扶植，培养成令人忍俊不禁的幽默，他的幽默才华随时都可能显现出来，似乎他那干瘦的身体里全是幽默的细胞，只要空气水分阳光充足，条件成熟，这些幽默的细胞似乎就疯长，从而给身边的人带来无穷的欢乐。

至今老相声艺人中流传着马三立早年间开过的一个玩笑。那时，曲艺界的一个同行常和他“顶牛”，马三立憋着劲要涮他一回。一日，这位同行的父亲闹胃病，他打听到马三立有治疗胃病的特效药，便拉上一位与老马关系亲近的朋友上门索要。马三立笑了，告诉他，这药劲头猛，必须背熟了剂量才能服用。“千万记住了，我可只说一遍。这种药你若吃，是一粒，你爸爸吃是两粒，你爷爷要吃是几粒（立)?”

“那还用说吗，我爷爷肯定是三粒（立）了。”

“没错，你再说一遍。”

“我是一粒，我爸爸是两粒，我爷爷是三粒（立)。”

“哈哈……哈哈……”

马三立生病住院期间，在病房里，老人也总跟医护人员和陪伴他的儿子、儿媳、小孙子说笑话，病房里不时发出开心的笑声。

据悉，马三立手术那天，医护人员怕老人情绪紧张，便对他说：“马老，您别害怕。我们都爱听您说的相声。一会儿还让您给我们说‘逗你玩儿’

呢!”马三立连忙摆手，煞有介事地说：“千万别。这回可是动真格的，我不‘逗你玩儿’，你们也别‘逗我玩儿’。”在融洽的气氛里，手术非常成功。

马三立住院期间，每天都有许多人前去医院探望他。有一天，马三立对儿子马志良说：“志良，在我病房门上贴个告示。”志良应了一声，正准备写“请勿打扰”什么的，老人却说：“你就写本室代卖鲜花。”志良一愣，望望病房里摆满的一束束、一盆盆鲜花，立时明白老人是躺在病床上“抖”了个包袱。

晚年的马三立非常热爱公益事业。有一次他去探望监狱服刑人员，监狱方面认为马三立年事已高，担心出现闪失，就派两位年轻的民警搀扶在左右。马三立说：“千万别这样，你们左右一架胳膊，知道的是你们为我的安全着想，不知道的还以为是马三立真的进监狱了。”

俗话说，人老如顽童，马三立有时遇到特别高兴的事也手舞足蹈得像个孩子。有一次公益活动中，20岁的超级巨胖孟庆刚意外地与马三立相遇。哈尔滨籍的孟庆刚到天津爱民医院减肥时，体重超过282公斤。经过100天的减肥治疗，他奇迹般地减掉80公斤，打破吉尼斯减肥记录。孟庆刚平日非常喜欢听马三立的相声，今天能够见到马三立让他高兴不已，在向马三立走来的同时不停地喊着“马爷爷，马爷爷!”

马三立第一次见到这么胖的孩子，既新奇又高兴，他的第一句话又把大家逗乐了，“论体重你是我爷爷。”

马三立上下打量孟庆刚好半天，上捏胳膊，下按腿，最后说：“来，让爷爷抱一下。”说着，马三立将两只细细的胳膊伸向孟庆刚两米粗的腰。一个88岁44公斤，一个20岁200公斤的一老一少，就这样快乐地拥抱在一起。

六、身心健康，豁达开朗

马三立看起来是个普通的瘦老头子，但他的一对耳朵特别大，“耳大福大”。难怪马老尽管瘦，但从来没有病，他身体为何这般硬朗，马老自己不动声色地说：

“保持身心健康，讲究养身之道，我没研究，我不是卫生家。我再有一年半80岁了。没病。我从小就这么瘦。尤其到岁数大，更注意生活规律。40岁前我没抽过烟。大烟、白面、妓院什么样，我不知道。40多岁别人让烟才接过。也喝酒，打小时就喝，有几十年了，也从没醉过，醉鬼什么心情，不知道。”

“我每天早上浑身上下‘轴承’（关节）都要活动一下。每早还搓头发，我72岁后才有白头发。白头发多了，不是想老伴想的，是该着的。也不秃头、谢顶。我半个月理一次头发，头发长得快。漱口前叩牙32下，没假牙；搓耳朵，“下关、风池”，浑身上下打一顿，自己打，脚心、脚背、抬腿、踢屁股，转身向两边看两边的脚后跟。”

“饮食不过量，七八成饱，多好多爱吃多眼馋，多少年没吃也不多吃。一天四回饭，三回菜，早晨起来锻炼后休息一会儿，7点吃早餐，中午12点、下午6点吃中、晚餐。晚10点演出睡得晚，到家11点，吃得就晚一点。”

“还要心理健康。怎么愉快？新旧对比，没有不上算的，不要为私，私字作怪就会嫉妒。别胡思乱想，多想好事，看看书，精神健康人还须有玩的、有盼头。买一张彩券，明知中不了奖也行，给人一种精神鼓励。我不串门，怕人讨厌，欢迎人家来。”

“我还总结出老年健康就是‘动、静、学、乐’四个字。动，大事做不了，小的洗手绢可以做。手指动弹、搓铁球，买两个，七块多一个，五个手指一活动通五脏；静，是每天要安静一会儿，午睡睡到3点半，按电铃、打电话都不接；学，是学业务，我没一天不动笔，画画，背背词，还订了好几份报；乐，是想法自己找乐趣，听听相声，可乐，这包袱使的不错，好。”

“我不怕老、不相信老，上台还当自己是三四十岁，我不怕死，坟碑也有2米了，立好6年了，‘马三立之墓’，我还扶着坟碑照了相。常去看老伴的坟，花点钱也高兴。我不钓鱼、不养鸟，买不起；听半导体新闻，不看彩电，费眼；养花解闷，但买价钱贱的。”

“我不迷信。我没生气的时候，无论遇什么情况，不生气，不着急，也不过乐，就是捡到一万块钱，也不会太乐。我有难的时候，老伴没了，掉了眼泪，但也不会自己上吊。‘文革’时我进了牛棚，吃窝头，也行。看牛棚的人不在，搓搓头，叩叩牙，打打身子，当面不行。说我牛鬼蛇神，我一点不急，你把我怎么样？我不会放枪，我反社会主义？你拿我干吗？不着急。我老是知足、满足、愉快、不急。该吃就吃，别暴饮暴食，能活动，太极拳24招就行，不累又活动。我每天就在平台上活动活动，在屋里来回走20趟背台词，就行。”

总之，马三立大师在漫长的舞台生涯中，饱经风霜，历尽坎坷，矢志不渝地以相声为武器，讽刺假恶丑，歌颂真善美，勤勤恳恳、兢兢业业地为人民服务，为社会主义服务，受到群众爱戴，在海内外享有相当高的声誉。他家学渊源，博采众长，承前启后，形成了独特的艺术风格，推动了相声艺术的发展。

马三立的相声，可称得上是如行云游风，娓娓道来，天机自露，水到渠成，自始至终带着赏心悦目的松弛感。至于马三立那变幻莫测、出奇制胜的想象力，更是令人叹为观止。

相声界这样评价马三立：谁不学马三立谁不会说相声，谁模仿马三立谁说不好相声。这句话一语道破了马三立相声对于初学者的启蒙作用以及马三立相声的难学。马三立是迄今相声舞台上从艺时间最长久，跨越新旧不同社会历史时期最长，整理并创作传统作品和新段子最多，最富有个性化表演风格和最具经久艺术魅力的相声大师，是公认的“相声泰斗”。

相声泰斗马三立自述

我叫马三立。三立，立起来，被人打倒；立起来，又被人打倒；最后，又立了起来。（但愿不要再被打倒）我这个名字叫得不对：祸也因它，福也因它。

我今年85岁，体重86斤。明年我86岁，体重85斤。

我很瘦，但没有病。从小到大，从大到老，体重没有超过100斤。

现在，我脚往后踢，可以踢到自己的屁股蛋儿，还能做几个“下蹲”。向前弯腰，还可以够着自己的脚。头发黑白各占一半。牙好，还能吃黄瓜、生胡萝卜，别的老头儿、老太太很羡慕我。

我们终于赶上了好年头。托共产党的福，托三中全会的福。我不说了，事情在那儿明摆着，会说的不如会看的。没有三中全会，我肯定还在北闸口农村劳动。

其实，种田并非坏事，只是我肩不能担，手不能提。生产队长说：马三立，拉车不行，割麦也不行，挖沟更不行。要不，你到场上去，帮帮妇女们干点什么，轰轰鸡什么的……惨啦，连个妇女也不如。

也别说，有时候也有用。生产队开个大会，人总到不齐。队长在喇叭上宣布：今晚开大会，会前，有马三立说一段单口相声。立马，人就齐了。

（原载于 1998 年 11 月 24 日《天津日报》）

第四节　赵丽蓉小品表演的三个魅力

赵丽蓉是我国著名评剧表演艺术家和小品表演艺术家，她晚年步入小品表演行列，为观众留下了不少脍炙人口的经典小品。本文拟就赵丽蓉小品的语言魅力、形象魅力和创新魅力进行简单的分析。

一、语言魅力

小品中最经典最让人难忘的总是语言，巧妙地运用语言，可以让整个小品生色不少，而小品中所说的“抖包袱”就是要揣摩观众的心理，在适当的时候，灵活的运用语言技巧，这样才能引人发笑，把观众逗乐。赵丽蓉的小品中就不乏这样的魅力。

1. 乡音贯穿——质朴亲切

看赵丽蓉的小品，不难发现，她的台词经常使用家乡话，也就是唐山话。一句话中的某个词，某个字，声调发生变化，阴平转为阳平，上声变为阳平，使整个句子不那么硬邦邦的，一下子变得有人情味，突出了北方口音的特点，令全国的观众倍感亲切。在《打工奇遇》一开始老太太就用她质朴的乡音拉近了和观众的距离："我们村儿啊，现在也富了，也想开个大酒楼，开发旅游资源，我到您这儿打工，我不为赚钱，我为的是学习这开酒楼的经验。"这段话中，如果用普通话说出来，总是觉得少了点什么，而赵丽蓉恰好用乡音弥补了这一点。其中的"大酒楼"、"经验"，转换了声调，立刻就显出不一样，后面又出现了如"抹布"、"旗袍"、"我不就明白了"等等一些方言语调，不仅没有交流障碍，相反使得语言变得自然不做作，有一种别样的艺术美感。

在小品《老将出马》中，赵老师的乡音更加突出，为了迎接外宾，要学习英语，赵老主任努力学习伦敦味道的英语，可是说出来，还是带着唐山味。

巩主任：女士们，先生们！

老主任："来得森"、"减头门"！

巩主任：你这还是唐山味儿啊。

老主任：你念得也太短了，你再长点。

巩主任：我们热烈欢迎你们来到我们中国靠山屯。

老主任：Welcome to China 靠山屯。咋样？

巩主任：你这"屯儿"还真是伦敦味儿。

老主任：我前面的英语呢？

巩主任：那真是唐山味儿。

这段话用赵老师的唐山英语说出来取得了意想不到的喜剧效果，可见乡音在她作品中的重要作用。

乡音始终贯穿她的每部作品，如在《如此包装》中，赵老师一见到巩汉林扎着个小辫子，就来了一句"这姑娘真俊啊"，后来在讨论拍摄评剧MTV时赵老师一连说了好几个声调转换的词，"不来呢"、"真激动啊"、"高兴"，让人听着就舒服，就乐呵了。在这个小品中巩汉林说了这样一句话："比方说您讲话的声音，这就需要包装。"这句话不仅贴近了小品的主题——包装，又突出了赵老师说话带乡音的特点。而后她回答了巩汉林这样一句："那咋包啊？""改不了了，都六十多年了，就连说梦话也是这味儿。"不仅逗乐了观众，更让我们看出了赵老师的真，毫不掩饰，不为了表演而故意为之，而是自然而然的，给观众呈现最真的她，令我们感动。

2. 方言俚语——趣味诙谐

从东北二人转演变而来的小品，总是带着浓浓的北方味儿，要逗乐，要趣味，方言俚语的加入是必不可少的。在小品中，根据表现内容，人物身份等不同，适度地、恰当地使用一些方言俚语可以收到通俗新颖、幽默风趣的效果。

小品《打工奇遇》中，酒店经理巩汉林给赵老太太训练业务时，针对两样所谓的宫廷菜——宫廷玉液酒、群英荟萃，有这样一段对话：

巩汉林：老人家，您请看。

赵丽蓉：这是啥？

巩汉林：宫廷玉液酒。

赵丽蓉：皇上喝的？

……

赵丽蓉：还群英荟萃呢，我看就是萝卜开会。

巩汉林：别嬉皮笑脸的，谁告诉你这是萝卜开会啊，这都是皇上当年享用过的，我告诉你这东西都大补。

赵丽蓉：这皇上就拿萝卜，补？

……

巩汉林：你怎么老跟我抬杠啊，你拿他们比什么？你怎么不看看我。我怎么就这么精神？

赵丽蓉：你也补？

巩汉林：哎哟！我天天是玉液酒顶着，宫廷菜吃着，我是大补啊。

赵丽蓉：哎呀！那就补得跟个小鸡子似的？

这段对话引起了观众好几次的笑声，尤其是最后一句，用方言恰当地表现了巩汉林的人物形象，不仅不显得粗俗，更嘲讽了酒店经理利用不实的菜价欺骗大众的丑恶嘴脸。她的话和观众形成了默契，这个“包袱”成功地抖响，把观众心里所想的水到渠成地表现出来，引起了观众的共鸣，从而爆发热烈的掌声和欢笑。

又如随后巩汉林让老太太好好地练报菜价，摇头晃脑地到御膳房去看看“宫廷土豆”熟没熟，老太太又说了这么一句：“我练你奶奶个嘴儿。”这句话配合着老太太真切的表情，又和巩汉林“奸商”的表演相得益彰，逗乐了观众，让大家都感受到了农村老太太的淳朴。

在和巩汉林练习报菜价时，老太太最后把实话唱了出来，巩汉林急道：“你怎么把实话给说出来了？”老太太来了一句：“就这嘴，秃噜了。”又是一句方言的运用，说得自然顺嘴，不仅成功地骗到了酒店经理，连观众都差点以为老太太真的是不小心说的，虽然有些土气，但是确实生动，使话语一下子有了生命力。

在《如此包装》中，有一段艺术总监给老师包装语言时，让我们看到了可爱的赵老师也会说“Hi，嗯哼”，“先生，你的小辫子好好漂亮啊”这些时髦的话。但是后面赵老师又说了一句：“这就是不让人好好说话。”又一次让观众体会到她那颗平民的心和质朴的农民情结。

3. 说唱结合——耳目一新

20 世纪 80 年代，小品作为一个新的艺术形式在春晚的舞台上诞生了，它比以往的相声、二人转等融入了更多新鲜的元素，单靠着演员“说”台词，已经不能满足观众的要求了，而音乐作为一种大众化的，新兴的艺术形式，很容易引起大家的共鸣，于是小品中便出现了“唱”。

赵丽蓉作为著名小品艺术家，很好地把握住了这一点，她的很多作品中都穿插着“唱”的成分。因为她有着评剧的深厚底蕴，唱歌的功底自是十分了得。在《打工奇遇》中“说唱结合”这一特点就体现得十分明显，酒店老板要老太太唱上一段，借此吸引更多的客人：

巩汉林：就听你做饭这一段。

赵丽蓉：你请好吧。我做的是爆肚儿炒肉溜鱼片，醋熘腰子炸排骨，松花变蛋白菱藕，海蜇拌肚儿滋味儿足，四凉四热那个八碟菜，白干老酒烫一壶。走四方，你看一看尝一尝，我做的饭菜到底香不香。

音乐能起到相互交流感情、交换生活经验的效果，小品中这一段音乐一出来观众的耳朵就像被唤醒了，悠然的音乐声配合着老太太洪亮的嗓子，把很普通的做菜的事用歌声表达了出来，轻松写意，观众仿佛能看到当时老太太做菜时的样子，能够闻到饭菜的香味，甚至迫不及待地想要尝一尝。音乐是世界的通用语言，在小品中也不例外，好的音乐能够使人身临其境，而在音乐的背景下，台词变得不再生涩，甚至一句话只要配合上了音乐，能让人记忆深刻。就像小品中老太太唱的这一段，即使过去十几年，大家仍然记得，听到音乐还能跟着一起唱起来，这就是小品中“唱”的魅力所在。

紧接着和巩汉林对唱的部分也是经典，两个人你来我往，一唱一和，将小品推向了高潮。而巩汉林唱的一段，也为大家所津津乐道：

巩汉林：你看这道菜，群英荟萃
收您老八十一点都不贵
过来看一看，亲口尝一尝，吃到嘴里特别的脆
如果你不相信，你尝一块脆不脆
赵丽蓉：我吃了一块嚼在嘴里，确实它有点儿脆
……

这一段改自当时的流行歌手谢东的《笑脸》，将这首歌的词稍加改动，一下子抓住了观众的视线，切合小品实际，又和流行相结合，让观众很轻松地记住了这个场面，记住了这个小品。

而同样使用流行音乐改编歌词的还有《功夫令》中母子俩的对唱：

赵丽蓉：我总是心太软 心太软，不愿让你练功到天亮，你无怨无悔的要做个强人，我知道你根本没那么坚强。

巩汉林：你不该心太软 心太软，把所有问题都替我扛，练功看似简单练成太难，我知道我不会随便勉强。

赵丽蓉：好，我不该心太软 心太软，我要叫你练功到天亮。

巩汉林：我无怨无悔要做个强人，我会让自己变得坚强。

任贤齐的《心太软》，在当时掀起一股流行的热潮，而赵老师又一次改编歌词也掀起了一股改编歌词的热潮，让人深深感叹赵老师的流行语感和小品的魅力。

赵丽蓉的小品几乎每一个都能让我们记忆犹新，其中“唱”是很重要的一部分。在《如此包装》中，这一点也尤为明显。在总监的安排包装下，评剧大变样，让一个评剧艺术家穿着夹克，将台词说成RAP，虽然赵老师对总监的做法很气愤，但是却让我们轻易地记住了那些绕嘴的台词“春季里开花，十四五六，六月六啊开了不休，春打六九头，这么包装简直太难受，我张不开嘴儿，我跟不上溜儿，你说难受不难受。”

RAP在20世纪80年代初从美国传到中国，而赵丽蓉的小品也顺应着潮流，将RAP融入其中，时代气息浓厚。更有一种拓宽观众层次的作用，所以不管是哪个年龄的人都爱看她的小品，都能在小品里找到自己喜欢的元素。

早期的如《英雄母亲的一天》，赵丽蓉的一首《昨夜星辰》让我们看到老人家不仅评剧唱得好，流行歌曲也一样把握得好，唱得一样的专业。在《老将出马》中，她已经不满足于中文的歌曲，而是走向了国际化，一首《my heart will go on》让我们耳目一新，更是让我们感到震惊。

4. 谐音歧义——令人捧腹

小品以幽默风趣获得广大观众的喜欢，在小品中利用谐音，或是语言的歧义造成的错误理解，冒点傻气，却又显得特别可爱。在赵丽蓉的小品中，她多数的形象都是农村老百姓，所以适当地表现出点傻气，让大家忍俊不禁，却又十分符合她塑造的农民形象。

在《打工奇遇》中，经理让老太太扮上慈禧陪客人吃饭，出现了这样的对话：

巩汉林：您穿上这身衣裳，简直就是慈禧在世。

赵丽蓉：谁谁谁？

巩汉林：慈禧。

赵丽蓉：慈禧？就是一顿饭吃二百多道菜的那个皇太后??

巩汉林：喳。

赵丽蓉：不行不行不行，我是八辈贫农啊，她的成分太高了，我不装这个。

巩汉林：这跟那成分没关系，实话跟您说了吧，我这次就是招聘您呐，扮上慈禧陪客人吃饭。

赵丽蓉：那就更不行了，有文件啊，不许“三陪”。

这里老太太把拉客人进来吃饭理解成了违法的行为“三陪”，把老板都“吓”倒了，观众也不禁莞尔。大家没有觉得老太太文化水平低，反而把老太太农民的纯真烘托了出来，观众不禁想到，老太太也是懂法律的，知道文件规定的。这样的误解反而能让观众觉得老太太很可爱。

在《如此包装》中，总监要给赵老师拍一部评剧的MTV：

巩汉林：本公司为了弘扬民族艺术，就要给您拍这部评剧的MTV。

赵丽蓉：那就太好了，我不为这个，我还不来呢。我真激动啊，哎呀，高兴，那就TV吧，先踢哪儿？

评剧老艺术家赵老师没能理解MTV的意思，结果问出了“先踢哪”，把“T”和“踢”混淆了起来。表现出老太太急切地想要拍MTV，想要让评剧这门艺术有更多人了解，把评剧发扬光大的心情。老太太这种敬业朴实的精神，在这句误解的话语里很好地体现出来。

而当总监要给赵老师包装名字的时候，也出现了一段有趣的对话：

总　监：因此我决定称呼您为“玛丽基丝”。

赵老师：玛丽基丝，玛丽基斯，这一说我们都是“丝”字辈儿的？

总　监：对，你们都是“丝”字辈儿的。

赵老师：我叫啥丝儿来着？

总　监：玛丽基丝。

赵老师：玛丽基丝？玛丽基丝？

总　监：记住了？

赵老师：记住了，“麻辣鸡丝”，你可真能逗啊，那你咋给我起个菜名啊？

这里面总监说的都是外国人的名字，在那时候比较流行，我们现在听起来也觉得很正常，就是一个名字，但是赵老师却听成了“麻辣鸡丝”，变成一道菜的名字，让大家一下子笑开了。这其中赵老师巧妙地运用了谐音，制造了能抖响的“包袱”。

在《妈妈的今天》中有这样一段对话：

儿子：女子单打呀？

妈妈：男女混合。

儿子：感觉不错呗？

妈妈：不错。

儿子：男女搭配，干活就是不累。

妈妈：不累。

这段话中看似好像没什么问题，但是却让观众捧腹大笑，原因就在于妈妈对儿子的话理解错误了，儿子是想让妈妈找老伴儿，而妈妈是在“锻炼身体有益健康”的基础上做回答的，这样一问一答，两个都在理解错误的基础上，结果却收到了意想不到的效果。这种错位的理解，也是赵丽蓉小品中一大亮点。

5. 精彩语句——奉为经典

赵老师的小品有很多段子都让我们记忆犹新，很多脍炙人口的语句，最后都会变成那一年春晚过后的流行用语。不管是说唱部分的台词，还是人物对话中的语句，几乎到了顺手拈来、张嘴即说的水准。下面就让我们来重温一下赵老师小品中的那些经典语句。

小品《打工奇遇》中经理要试试老太太唱歌的水平，结合菜价，两人张嘴即来：

巩汉林：别耍嘴呀。

赵丽蓉：我要是耍嘴，我是个棒槌。

巩汉林：宫廷玉液酒。

赵丽蓉：一百八一杯。

巩汉林：这酒怎么样啊？

赵丽蓉：听我给你吹。

……

赵丽蓉：三杯五杯下了肚，保证你的小脸啊，白里透着红啊，红里透着黑呀？黑不溜秋，绿了吧唧的，蓝哇哇的，紫不溜秋的。粉嘟里呀透着那么美。

巩汉林：您可吓死我咯。

赵丽蓉：这酒怎么样啊？

巩汉林：这酒真是美啊。

巩、赵：啊美，啊美，美美美美……

赵丽蓉：美什么呀，其实就是那个二锅头，配的那个白开水。

老太太与酒店老板斗智的一段对唱，尤其是最后一句，把真正的大实话给唱了出来，酒店老板生气了，但是咱们的赵老师却还无辜地说是说漏了嘴。让人忍俊不禁，赞叹老太太的机智。最后一句暗藏讽刺的台词，也为大家津津乐道了好久。

《如此包装》中，总监要给赵老师的服装做包装，选的衣服都是很新潮的，可是赵老师是个传统的农民艺术家，于是就出现了这段对话：

总　监：请看我为你设计的服装。

赵老师：还给我做新衣裳啦？

总　监：好好看一下。

赵老师：这是啥材料的呀？

总　监：怎么样？

赵老师：不行，不行，后脊梁还没缝上呢。

总　监：我们追求的就是这种包装效果。

赵老师：那你没包上啊，都露了。

最后一句台词又成功地引来观众的掌声，变相地讽刺了所谓的现代包装。只追求表面而不关注真正的精华和艺术的实质，从赵老师嘴里说出来，还成功的起到了逗乐的效果。

在《老将出马》这个小品中，赵老师将英语也融入进去：

巩汉林：我告诉你们，外宾一到，你们讲英语的时候，千万不能带一丁点儿的唐山味儿。

赵丽蓉：巩主任说的对，必须要正宗的，标准的，英国的——伦敦音。

巩汉林：听见了嘛？要伦敦音。我说老主任呐，跟你商量商量，你是不是说两句给他们示范示范？

赵丽蓉：中。

巩汉林：让你们听听，老主任的伦敦音。请。

赵丽蓉：点头 yes，摇头 no，来是 come，去是 go。要打招呼喊 hello，哈喽哈喽，哈哈喽。

最后赵丽蓉的一段“伦敦音”的英文，爆发了热烈的掌声。轻快的节奏，整齐的押韵，再加上动作手势，让这段话一下子增色不少，而这句话也成为当年的流行标语，甚至小朋友刚开始学习英文的时候也会用这样一段顺口溜似的对话，又好记又好玩。

又如在《妈妈的今天》中，最后一段关于探戈的台词，“探戈就是趟着趟着走，三步一窜两步一回头，五步一下腰，三步一招手，然后你再趟着趟着走”又变成了一句经典，大家顺口就能说上几次，成了那年的流行语。

二、形象魅力

小品中人物形象的设置是否成功，关系到这部小品能否受到观众的喜爱。在赵丽蓉的小品中，我们总能感受到她别样的魅力，从评剧演员到小品演员，她成功地进行了转变，并且把她的喜剧天赋在另一个舞台上展现出来，成为一名优秀的小品表演艺术家。

1. 大妈造型——突显真实

从赵丽蓉出演小品以来，几乎都是农村的大妈式形象，这和她在评剧中饰演了那么多的“大妈”级的角色是分不开的。就是这样的形象却每次都有突破都有创新，都给人不同的感觉，而“大妈”人物的智慧也在赵老师的演绎下，展现在舞台上。

在小品《打工奇遇》中，赵丽蓉饰演一个来城市打工积累经验的农村老妈妈，她穿着朴实，还背着一个大麻袋，和酒店的老板以及老板的秘书穿着形成鲜明的对比，而后面她又以清朝慈禧的打扮出场，博得了阵阵掌声。当她脱下那件“工作服”的时候，当我们又看见她穿着农村样式衣服的时候，不禁感叹，这样的赵丽蓉才是真正的淳朴农民，是从村子里走出来的人。

在《如此包装》中，作为评剧艺术家的赵老师和音乐公司的总监之间的衣着对比，又一次将她那种乡村的质朴气息体现出来，尤其是赵老师本来就是一位优秀的评剧演员，在舞台上就是演绎她自己，出现的形象就更加真实，甚至“演”的那部分都“过滤”掉了。

在她初期的小品中，赵丽蓉也是以“大妈”的形象出现，只不过在这些小品里她饰演的都是“母亲”的角色。《英雄母亲的一天》中，“英雄”并没有出现，而是以英雄母亲和导演的活动，来表现母亲的生活。让我们看到了一个普通母亲平凡的一天，反映出广大老年妇女的生活状态和生活面貌。让观众喜欢上了那个朴实无华、又有点土气的母亲形象。《妈妈的今天》中时髦的母亲，《吃饺子》中慈祥的奶奶，都让我们看到了一个真实的，毫不做作的赵丽蓉，那种深入骨子里的朴实无华更是令她在演绎这些角色时得心应手。

2. 表情生动——不失自然

小品中另一个引人发笑的就是人物的表情，不管是搞笑的、夸张的、无奈的还是装傻充愣式的，都能帮助小品获得更好的评价。在赵丽蓉的小品中我们总能看到她生动又不失自然的表情，恰是这些表情获得了观众更多的掌声和欢笑声。

《打工奇遇》中，经理去了御膳房，留老太太一个人练习报菜价。

赵丽蓉：我练你奶奶个嘴儿，我在你这儿要是毕了业，那我就成绑票的了。说啥呢还。

这时物价局的电话来了，老太太拿起电话：

> 喂，我是慈禧。不，不是，是他们给我起的名字叫慈禧啊，您老是？物价局！菜价是？黑啊，真黑啊。不行我要走啦，不然一会儿他们还让我报菜价呢。哦，您老要听啊？好，明白了。

这一段老太太接电话也是经典的桥段，一开始老太太接起电话来就来了句“我是慈禧”，让观众爆笑了，老太太还为经理的不实菜价上着火，一时间没来得及改过来，竟然称呼自己为慈禧了，让我们感觉到老太太的朴实。后来听到是物价局的，老太太慌了，甚至身子一下子软了下来，跌坐在椅子上，不知所措的表情溢于言表，立刻和酒店澄清关系，表情自然，流露出一种害怕慌张的神情，让我们也不禁想，要是自己也是处在这样的环境下，一定也会有这样的表情吧。物价局询问酒店菜价的时候，老太太就用一个字来表现“黑”啊，就是这一个字，加上老太太面部表情，立刻让观众笑开了，这里我们看到了一个真诚善良的老太太，瞧着她一本正经地说着“黑啊，真黑啊”，让我们立刻就相信她的话，这就是她独有的吸引人的魅力。最后答应要报菜价给物价局听，又让我们看到了一个大智若愚的老太太的形象，看她智斗酒店经理，说出了实话又一脸无辜的表情，甚至让我们怀疑是不是真的是说漏了嘴呢。就短短的这一段，让我们看见了赵老师对人物心理高超的把握。就是这样生动表情，能成功地把观众吸引过去。

同样在《如此包装》中，最后总监要以签了合同威胁赵老师，一开始赵老师也慌神了“我说我不签，你偏让我们签，我签。”一边还带着要哭出来的表情，一时间让我们都替她担心了起来，这里老师的表情略显了一点夸张，但是却没有过，恰到好处，把人物委屈的心理稍加修饰地表现了出来，达到了很好的效果，但是当赵老师和我们都揪着一颗心的时候，她接过合同看了一眼，立刻来了个大反转“告我去吧。”看赵老师一脸的坦荡，一改之前的担心委屈的表情，还理直气壮地问“我签是的啥?”这句话里老师明显带着点嘲笑讽刺总监的意味了，让我们忍俊不禁了，赵老师的聪明机智让我们都放下了心，反而对那位总监有些幸灾乐祸了，果然“麻辣鸡丝”一出来，大家都会心地笑了。这其中表情的部分配合着台词，让故事结尾显得情理之中又意料之外。

3. 舞蹈尝试——视觉盛宴

随着小品越来越现代化，流行化，光是说唱已经不能满足观众，也不能满足赵丽蓉对小品的要求，于是我们在她的好几个小品中看见舞蹈演出。

最初的探戈，一步一下腰，跳得有板有眼；穿上清装扮上慈禧，摇摇手绢，和一群宫女跳着曼妙的舞蹈，同样气质十足；穿着带上亮片的马甲，跟着一群时髦打扮的舞蹈演员，跳着类似迪斯科的现代舞，也毫不逊色。尤其是《功夫令》中，那熟悉的歌词熟悉的音乐，加上赵老师的中国功夫，顿时让人热血沸腾。她总是能给我们带来惊喜，虽然年过花甲，但是毫不输给年轻人，让我们感受到她身上洋溢的活力和精气神，从而更加喜爱她，敬佩她。

三、创新魅力

创新是一个国家进步的灵魂，无论是经济、文化还是艺术方面，都必须往里灌注新鲜的元素。而小品作为一种独特的艺术形式，在思想上或是在教育上都有很大的意义。20 年来，小品以其独特的艺术个性和品质品味在艺术门类中独树一帜、独领风骚。小品艺术独特的品质特性决定了它最具“战斗性”和社会性，它褒扬进步，鞭笞丑恶，嘲讽落后，与社会生活贴得最紧，与老百姓最息息相关。这也就要求小品必须关注生活，跟随生活的脚步，加入创新的元素就势在必行。

1. 内容——紧扣当下

赵丽蓉每一年的小品总让人感觉新鲜，新的形象，新的定位，绝不炒冷饭，把普通老百姓的生活放大了拿到舞台上表演，选材新颖又十分真实。如《妈妈的今天》中，就反映了老年人丰富的文化生活，让我们看到了现在的老年人生活十分健康多彩，与过去有很大的不同。《吃饺子》中呈现除夕夜中大家一起吃饺子的情景，让人感觉别有趣味，十分亲切。《功夫令》中饰演“武林高手”的赵老师，顺应了全民运动的号召，把人们日常生活中坚持人人运动，个个保持健康，追求健康的心态都表达出来。加上“武术健身”这一个新的健身概念在里面，更加真实更有创新性。

2. 主题——现实意义

赵丽蓉的小品总是充满着现实意义的。看完赵老师的小品总会觉得还得再次细细品味，在感受小品魅力的同时又引人深思，每每总是反映或者讽刺当下社会的一些问题。

《打工奇遇》中，被雇佣的农村老太太对不良经理的愤怒不满，产生出逆反心理，后以她的机智，利用电话把坑蒙顾客的酒店经理告到了物价局，解了观众对假冒伪劣现实的心头之恨，批评了餐饮业标高价的丑陋行为和拿历史人物作噱头的不正之风，讽刺了那些利欲熏心的无良商人，揭露了社会中上欺骗消费者的黑心老板的丑恶嘴脸。

《如此包装》中，赵老师同样表达出对盲目追求通俗和时髦的包装手法的不满情绪和愤慨，通过“报花名”即兴改词，对之前语言、名字、唱腔和服装种种“包装”作了总结，暗讽了当前的娱乐业者对艺术的别有用心和对传统文化的颠覆。而选取娱乐业、餐饮业这两个与老百姓生活十分贴近的行业，让小品主题显得更加鲜明，更有典型性。

在赵丽蓉后期的一些作品中，主题也有所转变。《功夫令》中，“武林高手”的母亲，让我们倍加感动，更为我们的中国功夫感到骄傲，弘扬了民族文化，而那位母亲的儿子，则与母亲形成了鲜明的对比，也让我们感受到从小健身、锻炼身体的重要性。《老将出马》，已经是在准备跨世纪时候的作品了，明显让我们感到与先前的小品不同，感到了一股新鲜空气，正在向我们奔涌而来，突出展现了与时俱进的理念。

3. 结尾——画龙点睛

小品的成功，离不开精彩的结尾，不管中间有过多少亮点，如果在结尾处没有处理好，整个小品就会变得暗淡，随着时间被人所遗忘。所以一个巧妙的结尾也是小品成为经典的重要因素。

赵丽蓉的小品从开始到结束总是不断呈现精彩，尤其是小品的结尾，总不会落了俗套，它能把整个小品的地盘稳稳地托住，给人眼前一亮的感觉，起到画龙点睛的作用。

《打工奇遇》这个小品排练过 100 遍，但是结尾总是不能让人满意。赵老师说，“说书的讲扣儿，演戏的讲轴儿，编筐编篓全在收口。”“结尾改不好，这个节目不能上。”导演尤二群出了个主意，让赵老师写“货真价实，童叟无欺”8 个大字，大家一听，觉得不错，但又都觉得这个主意有点强人所难。谁都知道赵丽蓉从小没上过学，让赵老师现买现卖，还必须在 30 秒内完成，太难为人了。但是赵老师为了将最好的节目奉献给观众，硬是把这个不可能完成的任务给完成了，最后那几个字，把所有人都震撼到了，也便是这个结尾，成了这个小品的最高潮，最经典的一幕。

《妈妈的今天》中，最后赵丽蓉和巩汉林的探戈也可谓是神来一笔，先是巩汉林从街头舞场的探戈得到了灵感，想到了“探戈就是趟着趟着走，三步一窜两步一回头，五步一下腰，三步一招手，然后你再趟着趟着走”的精彩结尾，然后赵丽蓉想出来两人配合跳了起来，探戈的特点就是节奏感强，摆头、踢腿都得干脆利落，于是加上那一段“口诀”，这个小品立刻亮了起来，让观众都牢牢记住了这个经典的结尾。

赵丽蓉虽然离开我们已经十多个年头了，但是她的小品的每一句话，每一个动作，甚至每一个表情，都给观众留下了深刻的印象，她的观众永远记得她。

第四章　主持界人物言语表达研究

第一节　央视“名嘴”白岩松的语言艺术

他是“中国十大杰出青年”。他拥有一个全国人民都不陌生的名字，一个中国电视节目主持人值得骄傲的名字。他曾获“中国播音与主持”大奖特等奖、“中国金话筒奖”。他是一个“不传播毋宁死”的蒙古汉子，他以其优秀的新闻素质、强烈的媒体责任感、敏锐独到的评论采访、犀利明快的语言能力、个性鲜明的主持风格，轻松自如地驾驭着央视多个名牌栏目。

他就是白岩松，一个能够敲开老百姓心扉的著名主持人，也是中央电视台最有影响的专题栏目《东方时空》的创办人之一。随着名声的远扬，全国很多大学邀请白岩松去演讲，前一阵子他还应邀去耶鲁大学进行演讲。他的演讲包含着标新立异的修辞，咄咄逼人的口吻，深刻而不呆板，活泼而不媚俗，每次演讲总是听众爆满，掌声雷动。下文拟就白岩松的语言艺术作个探讨。

一、语言犀利，尖锐深刻

白岩松是一个有血性的青年，也是一个有正义感的主持人。前不久，针对周边国家和世界主流国家对我国采取的一系列不太友好的政策，白岩松在电视栏目上的评论非常深刻，其语言非常尖锐，甚至有人担心白岩松可能会因此下课。

白岩松说：

为什么中国到处援助别国，却缺少朋友。中国人都有这样的感慨，为什么我们在国力并不雄厚、人民并不富裕的情况下，宁可自己受穷，倾尽国力去支援一些国家，却并没有得到友谊。中国人勒紧裤带，把最好的物质奉献给我们的朋友，结果往往是反目为仇。当年在我们国家粮食非常紧张的时候，我们用宝贵的外汇购买粮食支援阿尔巴尼亚，但最后两国反目为仇；我们无偿支援越南，最后却兵戎相见；我们支援朝鲜石油、粮食，却发现那是个填不满的无底洞；我们支援外蒙古建设，他们却把中国工人关进监狱；我们支持非洲国家建立工厂，他们却责怪中国设备落后。这些受援国家的政府和平民并没有对中国有好感，中国的牺牲和奉献得不到友谊，难道中国人是天底下最大最大的傻瓜?

白岩松接着告诉了我们为什么。

他说：

我到美国参观了一家报纸博物馆，这里珍藏了世界主要国家的报纸。美国“9·11”恐怖袭击后，世界几乎所有9月12号的报纸头条都是关于“9·11”的报道，唯一只有中国的报纸头条是领导的活动。中国与世界脱节最大的是普世价值，中国与世界其他国家没有共同的价值观，所以得不到朋友。

白岩松的语言是尖锐的，也是深刻的。这是振聋发聩的语言，这是醍醐灌顶的语言。几十年来，我们过分地对外友好，可是自己人民生活的实际状况并不如意。最近几年来，中国灾难频发，汶川地震、冰雪灾害、西南旱灾、玉树地震、泥石流……灾害不断。可是根据相关数据，玉树地震，国家财政拨款仅仅5亿元。西南大旱灾，国家拨款仅仅1.26亿元……这是杯水车薪啊！至于教育经费的投入问题，贫困地区生存问题，医疗住房等问题，都需要大量的经费，可是，我们做得很不够。

白岩松朴实无华，一身正气，收看他主持的节目，一种与受众肝胆相照、息息相通的亲切感油然而生。在屏幕前，他时而与你促膝长谈，时而与你玩笑调侃，时而与你共同探讨，时而给你善意提醒，就仿佛是一位推心置腹的朋友。关于房价问题，白岩松说：

> 我们房改的一个非常大的错误是在十几年前房改初期的时候，给了全体国民一个非常糟糕的和不可能实现的预期，那就是每个人买一套属于自己的房子，抱歉，美国、日本、新加坡、香港都没有实现，请问13亿人口的中国如何实现呢？
>
> 我从2003、2004年开始，就抨击当时的经济适用房，我说连我的有些同事都住经济适用房里，连那么多的宝马奔驰都在经济适用房里，2004年两会期间我做的节目，我说经济适用房会是一个合适的政策吗？政府要从廉租房、保障房做起，像香港和新加坡一样，我专门去香港进行这方面的采访。

白岩松在讲述房价问题的时候直接抨击了现实，这是需要勇气的、需要智慧的，这是需要对党和人民一片赤诚之心的。没有这种勇气和赤诚之心，是说不出来这些铿锵有力的语言的。

二、诙谐幽默，活跃气氛

幽默是一种智慧、机灵、学识和风趣的综合表现，是一种积极乐观的人生态度。幽默是一门独特的本领，它需要有丰富的知识作为基石，体现着一个人的处世哲学和机智聪敏。通过幽默，演讲者就能不时点燃“智慧的火花”，引发欢声笑语，营造一种轻松的氛围，加深听众对演讲内容的理解。听白岩松演讲，就可从其平实的语言中感受到其独特的诙谐幽默。白岩松在耶鲁大学的演讲《我的故事以及背后的中国梦》是这样幽默开场的：

过去的二十年，中国一直在跟美国的三任总统打交道，但是今天到了耶鲁我才知道，其实它只跟一所学校打交道。但是透过这三位总统我也明白了，耶鲁大学的毕业生的水准也并不很平均。

接下来就进入我们这个主题，或许要起个题目的话应该叫“我的故事以及背后的中国梦”。我要讲五个年份，第一要讲的年份是 1968 年。那一年我出生了。但是那一年世界非常乱，在法国有巨大的街头的骚乱；在美国也有，美国的总统肯尼迪遇刺了，但是的确这一切的原因都与我无关。(爆笑)

这样幽默的开场白立刻吸引了听众，这种语言的使用使得白岩松在演讲中一下子拉近了自己与听众的距离。白岩松的出身当然与世界大事毫无联系，但是白岩松却生硬地联系在一起了，造成了非常幽默的效应。

2006 年 6 月，白岩松接到任务，到央视二套《全家总动员》的比赛中担任评委，评委席上的白岩松颇具“娱乐精神”。选手们演了一段赵本山的经典小品《说事》，请白岩松点评。白岩松缓了缓，笑着说：“赵本山刚才打来电话，说他们那儿的精神病院组织收看了这期节目，结果病人都出院了，院长疯了。”逗得观众席一片人仰马翻。

2007 年 1 月，白岩松去给“广东十大金牌主持人大赛”做评委，第七组选手抽到的辩题正方观点是“能力比学历重要”，反方是“学历比能力重要”，两名选手正你来我往相持不下，白岩松站出来说：“当我一个人时，我坚持能力比学历重要，因为我只是本科毕业；当我和我老婆在一起时，我就坚持学历比能力重要，因为我老婆是硕士研究生毕业。”引得现场一片哄堂大笑，气氛一下子就轻松下来。

这些闪烁着智慧的幽默语言大大地调节缓和了现场的气氛。

在白岩松的语言中，听众总能从他平实的表述中感受到幽默与诙谐。这些看似平平淡淡的言语其实都是白岩松个人的经验与体会，总能给听众留下相当深刻的印象，或许这就是白岩松的语言魅力吧！

三、哲理丰富，引人深思

语言是思想的外延，透过白岩松的语言，我们可以感受到一个不平凡的人生旅程，也能领悟到其思想的变化。当有人在演讲会上现场提问“白岩松为什么会出名?”的时候，白岩松是这样回答的，他说：

我曾经跟朋友开玩笑说，把一条狗牵进中央电视台，每天让它在一套节目黄金时段中露几分钟脸，不出一个月，它就成了一条名狗。我在《东方时空》已经待了七年，如此而已。

白岩松的回答是很谦虚的。他实际上是一步一个脚印地向前行进着，当积累到一定程度时，量变就引起了质变，一切看似突兀，而实际上又是那样的理所当然。因为毕竟主持人这个位置竞争是非常激烈的，没有足够的实力是站不住脚的。

在生活中，时常有人会对白岩松说，“无论你承认不承认，你已经是一个明星，一个传媒明星。那你如何在明星和记者之间摆正自己的位置呢?”白岩松引用了一个事例。他说：

有一位年轻人曾求教于一位大提琴家：“我如何才能成为一个优秀的大提琴家?”大提琴家回答说：“你先成为一个优秀的人，再成为一个优秀的音乐人，然后会很自然地成为一个优秀的大提琴家。”这对我们也一样，先成为一个优秀的人，再成为一个优秀的记者或主持人。

这个简单的小故事恰如其分地回答了这样的问题。的确，不论你想要成为什么样的人，都需要确定目标，一步一步去完成，绝对不能抱着一蹴而就的心态。

有人认为白岩松的人生一定很精彩，可是白岩松却说：

生活中只有5%的比较精彩，也只有5%的比较痛苦，另外的90%

> 都是在平淡中度过。而人都是被这5%的精彩勾引着，忍受着5%的痛苦，生活在这90%的平淡之中。

5%的精彩+5%的痛苦+90%的平淡=100%的人生，这就是白岩松对待人生的方程式。日本松下电器的创始人松下幸之助说：逆境给人宝贵的磨炼机会，只有经得起环境考验的人，才能算是真正的强者。然而，人生中真正的逆境也只不过占人生比例的百分之五，那么，只要我们抱着坚韧不屈的态度，在信念的指引下就可以从逆境中奋斗出来。只有经历了暴风雨，人们才会倍加珍惜平平淡淡的生活。

当学生询问怎样正确处理好“胜利”和“失败”的关系，白岩松说：

> 小胜中有小失败，中胜中有中失败，大胜中有大失败，在你享受胜利的时候，有没有想过，对于失败你能扛得动吗？在所有素质中，我宁愿把心理素质放在第一位。恕白哥（白岩松自称白哥）直言，你们今天遇到的所谓困难，在我们看来，简直是令我们羡慕的事情。把自己那颗薄薄的心，磨出老茧来，使其变厚，而不是脸皮变厚。

“胜利”是任何人都喜爱的字眼，然而，总有另一个字眼与其相对，那就是“失败”。白岩松认为，失败并不可怕，可怕的是没有面对失败的勇气。纵观伟大人物，不难发现，越是有成就的人物，越不怕失败，反而是愈挫愈勇，就更加凸显了个人心理素质的重要性。

正是凭着这种脚踏实地、迎难而上、永不言败、处事泰然的精神，才有了今天的白岩松。

四、鼓励青年，自强自立

当前，中国社会正处于转型时期，由于现代社会格局的多元化，受商品社会消费型经济市场和西方文化思潮的影响，当前大学生价值观呈现主体化、世俗化、多元化和复杂化的趋势。大学生作为一个独特的知识群体，对时代精神及其发展最为敏感。毕业后，大学生将走向社会，构成未来社会各结构因素的主体部分，构成未来社会发展的原动力。正因为这样，大学生的心理健康和心理素质就更需要指导与加强。本着对青年人的人文主义关怀，白岩松时常会在演讲中谈及自身对社会的认识、对人生的感悟等，希望能够感染听众。白岩松曾这样谈及大学里的友谊和爱情：

> 在大学里一定要珍惜、维系和发展那种一辈子很难遇到的集体的友情。舒婷有一句话叫“人到中年，友情之树和头发的多少成正比，友情之树日渐凋零。”但是，在大学里面所结下的同学情谊，可以贯穿一生。
>
> 我既不同意更不反对大学期间谈恋爱，但是千万不要丢掉大学四年在你这一生里无法复制的这种集体友情。即使你在谈恋爱，也要融入集体当中，去分享那种骑十几公里或几十公里自行车去踏青，一帮人昏天黑地地打牌，考试前一起临阵磨枪的这样一种记忆。

在大学里，大学生们要正确处理好友谊与爱情的关系，要分清事情的缓急轻重。毕竟，念大学的主要目的是汲取知识，增强素质，提高能力，而不是完全放松学习去谈恋爱，去只顾享受自己两人的天地。不要因为得到了一棵树而失去了一片森林。

关于大学生的心理素质问题，白岩松说：

> 在大学期间一定要锤炼自己非常坚强的心理素养。我们总谈一个人业务素质很高、身体素质很好，但我衡量一个人经常是用心理素质去衡量，一个心理素质足够强的人才可能成功。在大学的时候你会面对失败吗？你会面对成功吗？我工作这么多年，回头去看，发现还是一颗比较强大的心脏帮了我足够多的忙。我也有机会看年轻人的成长，有的时候会很好奇，哪些人更容易成功，而哪些人不可以。到最后就发现，心理素质足够强的人容易成功。因为心理素质不好的人，会演变成一种自卑、压抑；对于心理素质足够强的人，反而越挫越奋。拥有一颗还算强大的心脏，这是将来走向社会的必备条件，而不是你可以选择的条件。

当今很多大学生因为遭受一点挫折就去走极端，甚至放弃自己的生命，每年都有大学生跳楼轻生，结束自己年轻的生命，原因固然是多方面的，但归根到底就是心理承受能力不强，就是不能正确面对困难和挫折，一叶障目不见泰山，无限放大自己的痛苦和悲哀，缺点和不足，最后导致轻生。除了教育大学生要培养较强的心理素质外，白岩松还告诫大学生们，要用独特的思维角度看待事物：

大学期间一定要学会用脑子开始思维。我们走进大学校园的时候，跟同龄人是没有区别的，是什么让你们在四年后发生了很大的区别？学校里专业的设置与其说是给你们专业知识，不如说让你们习惯用专业的思维方式去观察这个世界。大学毕业后，我已经习惯了用新闻人的眼睛去看待这个世界；我有的同学学法律，他们已经学会用法律人的眼光去看待这个世界；而学理工科的同学，会用理工科的方式去看待这个世界……

看问题的角度不一样，思维的角度也就不一样，命运可能因此也不一样。同样一件事情，从不同的角度看最后得出的结论可能就不一样。所谓“横看成岭侧成峰，远近高低各不同”就是这个意思。

关于如今大学生就业压力重、“蜗居”、“蚁族”的问题，白岩松说：

哪一代人的青春容易呢？大家都不容易啊。

白岩松列举了季羡林老师和自己的经历后，接着说：

大学生们不要太自恋，不要总以为自己是最受苦受难的。确实，哪一代人都不容易，看人挑担不吃力，总以为自己是最累最辛苦的，但何必把自己看得太重，每一个人都只是芸芸苍生中的一只蝼蚁，自己的生活和困难在时代的洪流之中，又算得了什么呢？

现在每年大学毕业生七八百万，大学生毕业即失业的问题，房子车子票子的问题，婚姻问题等诸多现实的问题让大学生身心疲惫。但是白岩松将今昔大学生进行对比，得出结论，就是每一代人都有每一代人的幸福和痛苦。白岩松以其特有的人文关怀、人文视角时刻关注着当代大学生的现实问题，关心着当代大学生是否健康成长。

总之，聆听白岩松的演讲，欣赏白岩松的评论，阅读白岩松的作品，感受着白岩松口若悬河般的口才和透视精深的思辨能力的过程，可以说也是年轻人心路历程洗礼的过程。我们要向他学习，学习他能够正确面对人生的酸甜苦辣、成败得失，打造不屈不挠、坚韧不拔的心灵。

我的故事以及背后的中国梦

——白岩松在耶鲁大学的演讲

过去的二十年，中国一直在跟美国的三任总统打交道，但是今天到了耶鲁我才知道，其实他只跟一所学校打交道。但是透过这三位总统我也明白了，耶鲁大学的毕业生的水准也并不很平均。

接下来就进入我们这个主题，或许要起个题目的话应该叫“我的故事以及背后的中国梦”。我要讲五个年份，第一要讲的年份是1968年。那一年我出生了。但是那一年世界非常乱，在法国有它的这个巨大的街头的骚乱，在美国也有，然后美国的总统肯尼迪遇刺了，但是的确这一切的原因都与我无关。但是那一年我们更应该记住的是马丁·路德·金先生遇刺，虽然那一年他倒下了，但是“我有一个梦想”的这句话却真正地站了起来，不仅在美国站起来，在全世界也站起来了。

但是当时很遗憾，不仅仅是我，几乎很多的中国人并不知道这个梦想，因为当时中国人，每一个人很难说拥有自己的梦想。中国与美国的距离非常遥远，不亚于月亮与地球之间的距离。但是我并不关心这一切，我只关心我是否可以吃饱。很显然，我的出生非常不是时候，不仅对于当时的中国来说，对于世界来说，似乎都有些问题。

1978年，十年之后。我十岁，我依然生活在我出生的地方，那个只有二十万人的非常非常小的城市里。它离北京的距离有两千公里，它要想了解北京出的报纸的话，要在三天之后才能看见，所以对于我们来说，是不存在新闻这个说法。那一年我的爷爷去世了，而在两年前的时候我的父亲去世了，所以只剩下我母亲一个人要抚养我们哥俩，她一个月的工资不到十美元。因此即使十岁了，梦想这个词对我来说，依然是一个非常陌生的词汇，我从来不会去想它。我看不到这个家庭的希望，只是会感觉，那个时候的每一个冬天都很寒冷，因为我所生活的那个城市离苏联更近。但是就在我看不到希望的1978年的时候，不管是中国这个国家，还有中国与美国这两个国家之间，发生了非常巨大的变化，那是一个我们在座的所有人，今天都该记住的年份。

1978年的12月16号，中国与美国正式建交，那是一个大事件。而在中美建交两天之后，12月18号，中国的十一届三中全会召开了，那是中国改革开放三十一年的开始。历史，两个伟大的国家，一个非常可怜的家庭，就如此戏剧性地交织在一起，不管是小的家庭，还是大的国家，其实当时谁都没有把握知道未来是什么样的。

1988年，那一年我二十岁。这个时候我已经从边疆的小城市来到了北京，成为一个大学生。虽然我们今天在中国依然有很多的人在抨击中国的高考制度，认为它有很多很多的缺陷，但是必须承认正是高考的存在，让我们这样一个又一个非常普通的孩子，拥有了改变命运的机会。当然，这个时候美国已经不再是一个很遥远的国家，它变得很具体，它也不再是那个过去口号当中的"美帝国主义"，而是变成了生活中很多的细节。这个时候我已经第一次地尝试过可口可乐，而且喝完可口可乐之后会觉得中美两个国家真的是如此接近，因为它几乎就跟中国的中药是一样的。

那个时候我已经开始非常狂热地去喜欢摇滚乐。那个时候正是迈克尔·杰克逊还长得比较漂亮的时候。更重要的是，这个时候的中国，已经开始发生了非常大的变化，因为改革已经进行了十年。那一年中国开始尝试放开很多商品的价格。这在你们觉得是非常不可思议的事情，但是在中国当时是一个很大的迈进，因为过去的价格都是由政府来决定的。但是，就在那一年，因为放开了价格，引起了全国疯狂地抢购，大家都觉得这个时候不会有多久，于是要把一辈子都用的食品和用品，买回到家里头。这一年也就标志着中国离市场经济越来越近了。

当然那个时候没有人知道市场经济也会有次贷危机。当然我知道那一年1988年，对于耶鲁大学来说格外的重要，因为你们耶鲁的校友又一次成为美国的总统。

1998年，那一年我三十岁。我已经成为中央电视台的一个新闻节目主持人。更重要的是，我已经成为一个一岁孩子的父亲。那一年在中美之间发生了一个非常重要的事件，主角就是克林顿。也许在美国你记住的是性丑闻。但是在中国记住的是他那一年访问了中国。在六月份他访问中国的时候，在人民大会堂和江泽民主席进行了一个开放的记者招待会，然后又在北京大学进行了一个开放的演讲，这两场活动的直播主持人都是我。

在北大的克林顿的演讲当中，由于克林顿总统的整个演讲，用的全是美方所提供的翻译。我猜想有很多的中国观众，是一直知道克林顿的确在说话，但是说的是什么就不太清楚。所以我在直播结束的时候，说了这样的一番话，我说看样子美国需要对中国有更多的了解，有的时候要从语言开始，而对于中美这两个国家来说，面对面永远要好过背对背。当然也是在这一年年初，我开上了我人生的第一辆车。这是我在我过去从来不会想到的，中国人有一天也可以开自己的车。个人的喜悦，也会让你印象很深，因为往往第一次才是最难忘的。

2008这一年，我四十岁。很多年大家不再谈论的“我有一个梦想”这句话，在这一年我听到太多的美国人在讲。看样子奥巴马的确不想再接受耶鲁占领美国二十年这样的事实了。他用“改变”以及“梦想”这样的词汇，让耶鲁大学的师生在为他当选总统之后，听说你们举行了游行，甚至庆祝。

而这一年也是中国梦非常明显的一年。它就像全世界所有的伟大的梦想都注定要遭受很多的挫折一样显现出来。无论是期待了很久的北京奥运会，还是神舟七号中国人第一次在太空当中行走，那都是很多年前我们期待了很久的一个梦想。但是，突如其来的四川大地震，让这一切都变得没有我们期待中的那么美好。八万个生命的离开，让整个2008年中国人度日如年。我猜得到在耶鲁校园里头，在每一个网页、电视以及报纸的前面，也有很多来自中国的人，以及世界各地的人们，为这些生命流下眼泪。但是就像四十年前马丁·路德·金先生倒下，却让“我有一个梦想”这句话站得更高，站得更久，站得更加让人觉得极其有价值一样，更多的中国人也明白了：梦想很重要，但是生命更重要。

在北京奥运会期间，我度过了自己的四十岁生日。那一天我感慨万千，因为时间进入到我的生日那一天的时候，我在直播精彩的比赛。二十四小时之后，当这个时间要走出我生日这一天的时候，我也依然在直播。但是这一天我觉得我非常的幸运。因为正是这样一个特殊的，在北京奥运会期间的四十岁，让我意识到了我的故事背后的中国梦。

正是在这样的四十年的时间里头，我从一个根本不可能有梦想的、一个遥远边疆的一个小城市里的孩子，变成了一个可以在全人类欢聚的一个大的节日里头，分享以及传播这种快乐的新闻人，这是一个在中国发生的故事。而在这一年，中国和美国相距并不遥远，你中有我，我中有你，彼此需要。布什总统据说度过了他作为总统以来在国外，一个国家待的最长的一段时间，就是在北京奥运会期间。菲尔普斯在那儿拿到了八块金牌，而他的家人都陪伴在他的身边，所有的中国人都为这样一个特殊的家庭祝福。当然，任何一个这样的梦想都会转眼过去。在这样的一个年份里头，中美两国历史上几乎是第一次同时发出了“我有一个新的梦想”，这样时候，是如此的巧合，如此的应该。

美国面临了一次非常非常艰难的金融危机，当然不仅仅是美国的事情，也对全世界有重大的影响。昨天我到达纽约，刚下了飞机，我去的第一站就是华尔街，我看到了华盛顿总统的雕像，他的视线是那么永久不变地在盯着证券交易所上那面巨大的美国国旗。而非常奇妙的是，在这个雕像后面的展览馆里正在举行“林肯总统在纽约”这样的一个展览，因此林肯总统的大幅的画像也挂在那上面，他也在看那面国旗。我读出了一种非常悲壮的历史感。在离开那个地方的时候，我对我的同事说了这样一句话。我说，很多很多年前如果美国发生了这样状况的时候，也许中国人会感到很开心，因为你看，美国又糟糕了。但是今天中国人会格外地希望美国尽早地好起来，因为我们有几千亿的钱在美国。我们还有大量的产品等待着装上货船，送到美国来，如果美国的经济进一步好的话，在这些货品的背后，就是一个又一个中国人增长的工资，是他重新拥有的就业岗位，以及家庭的幸福。

在过去的三十年里头，你们是否注意到了，与一个又一个普通的中国人紧密相关的中国梦。我不知道世界上还有哪个国家，在过去这三十年的时间里头，让个人的命运发生了这么大的变化。一个边远小城市里的孩子，一个绝望中的孩子，今天有机会在耶鲁跟各位同学交流。或许该换一个视角，去看十三亿个非常普通的中国人。他们并不宏大的梦想，改变命运的那种冲动，依然善良的性格，和勤奋的那种品质。今天的中国是由刚才的这些词汇构成的。

在过去的很多年里头，中国人看美国，似乎在用望远镜看。美国所有的美好的东西，都被这个望远镜放大。经常有人说美国怎么怎么样，美国怎么怎么样，你看我们这儿什么时候能这样。在过去的好多年里头，美国人似乎也在用望远镜在看中国，但是我猜测可能拿反了。因为他们看到的是一个缩小了的、错误不断的、有众多问题的一个中国。他们忽视了十三亿非常普通的中国人，改变命运的这种冲动和欲望，使这个国家发生了如此巨大的变化。但是我也一直有一个梦想。为什么要用望远镜来看彼此？

当然我也希望非常多的美国人，有机会去看看中国。而不是在媒体当中去看到中国。你知道我并不太信任我的所有的同行。开一个玩笑。其实美国的同行是我非常尊敬的同行。我只是希望越来越多的美国朋友去看一个真实的中国。因为我起码敢确定一件事情。即使在美国你吃到的被公认为最好的中国菜，在中国都很难卖出好价钱。就像很多很多年之前，在中国所有的城市里流行着一种叫加州牛肉面，加利福尼亚牛肉面。相当多的中国人都认为，美国来的东西一定非常非常好吃。所以他们都去吃了。即使没那么好吃，由于觉得这是美国来的，也就没有批评。这个连锁的快餐店在中国存在了很多年，直到有越来越多的中国人来到美国，在加州四处寻找加州牛肉面，但是一家都没有找到的时候，越来越多的中国人知道，加州是没有这种牛肉面的。于是这个连锁店在中国，现在处于陆续消失的过程当中。这就是一种差异。但是当人来人往之后，这样的一种误读就会越来越少。

所以最后我只想再说一句。四十年前，当马丁·路德·金先生倒下的时候，他的那句话“我有一个梦想”传遍了全世界。但是，一定要知道，不仅仅有一个英文版的“我有一个梦想”。在遥远的东方，在一个几千年延续下来的中国，也有一个梦想。它不是宏大的口号，并不是在政府那里存在，它是属于每一个非常普通的中国人。而它用中文写成“我有一个梦想”。

第二节　崔永元节目主持的语言艺术

崔永元，中央电视台节目主持人，曾经主持过《实话实说》、《电影传奇》等，是百姓心目中的优秀主持人，其主持的栏目《实话实说》收视率一度飙升，而《小崔说事》，这档以他的姓氏命名的节目刚刚播出几期的时候，便引起媒体的热烈关注。崔永元在他的主持生涯中取得了无数的辉煌成就，他不愧是中央电视台众多优秀主持人中的一员。那么，崔永元的主持为何被称为是一种艺术，他的主持到底有何特色，他的语言又有何独到之处呢？下面试图作这方面的探讨。

一、幽默语言，制造轻松氛围

幽默在生活中是不可或缺的，是生活中一种非常重要的调味剂，是交流中一种很好的润滑剂。萧伯纳曾高度评价幽默的作用，他说：“没有幽默感的语言是篇公文，没有幽默感的人是尊雕像，没有幽默感的家庭是间旅店，而没有幽默感的社会是不可想象的。”

幽默是人人都会用到的交流工具，对节目主持人来说，幽默更是不可或缺的。幽默可以帮助他们调动观众的情绪，营造良好的谈话氛围，巧妙地为自己解围等。在节目主持人中，崔永元的幽默是有目共睹的，更是大家津津乐道和倍加喜欢的。他的幽默体现的是一种机智，一种不露痕迹的挥洒自如。

让主持现场的气氛活跃是主持人义不容辞的责任，真正做到这一点远不是说的这么简单。正所谓众口难调，你不能保证你所说的观众一定会喜欢。有的主持人为避免冷场，会在现场特意安排几个托儿，不致使节目陷入的僵局。崔永元坚持原汁原味的主持节目，例如崔永元第一次主持《实话实说》时候，他上场的时候腿都在哆嗦，一张陌生的面孔，一次没有经验的主持，或许崔永元自己心里也没底，主持最终的效果会怎么样。他组织了这样一段开场白："一家美国人很穷，父亲给上帝写了封信说，上帝呀，我家没吃没喝，你能不能给我寄 100 美元？邮局的工作人员一看是给上帝的信，没地方投呀，就拆开来看了，大家凑了 80 元钱给他寄去了，过了一个星期，这人又寄来了一封给上帝的信，大家一看，上面写着：感谢上帝，我说需要钱，你就把钱寄来了，但是上帝我提醒你一下，以后你再寄钱的时候，千万别让邮局那帮孙子知道，他们扣了 20 美元。"全场哄堂大笑。很明显，崔永元成功地迈出了第一步。这样活跃式的幽默在崔永元以后的节目主持中也一直把握得很好，当节目现场的气氛有点低迷的时候，说句笑话能很好地活跃气氛。

某年春节期间，中央电视台新闻评论部的"名嘴"、"名记"们自导自演搞了一场小型联欢会。

在联欢会上，大家推荐崔永元等人表演一个小品。小崔也不含糊，扮作"新娘"粉墨登场。担当"新郎"一角的是新闻评论部主任。出人意料的是，这个"新娘"手里比别的新娘多了一个小宝宝。于是，主持人白岩松就在大家的授意下前去采访"新娘"崔永元："请问新娘为什么带个孩子？生孩子的感觉怎么样？""新娘"崔永元假装不解地反问白岩松："难道你不知道吗？"白岩松老老实实地回答："不知道。""新娘"崔永元又问："你真的不知道吗？"白岩松再次肯定地回答："不知道。"这时，"新娘"崔永元一脸坏笑地说破了谜底："生孩子的感觉是——痛并快乐着！"台下观众顿时哈哈大笑，并报以热烈的掌声。

原来，"痛并快乐着"正是白岩松新出版的一本书的名字。

崔永元用白岩松当时出版的新书《痛并快乐着》比作生小孩的过

程，贴切生动，清新宜人，饶有趣味。

崔永元也喜欢经常拿自己开涮，他笑称自己之所以能从中央人民广播电台选拔到中央电视台，是因为自己长得丑，对不起观众。那年，他的朋友在中央电视台办了个新栏目叫《东方时空》，找到崔永元问有没有长得比较丑一点的人去给他们做主持。崔永元就大力推荐了白岩松，当时他心里有个小九九：他这样的人要是能行，那我不就更行了吗？没想到白岩松一到那儿就火了。两年后崔的朋友又找到崔永元要他给他们再推荐一个白岩松那样的人，这一次崔永元说："哎哟，没啦，要选的话只有我自己了。"

崔永元的自嘲常常让人们看到他自嘲背后的智慧，而完全忽略容貌。因此，崔永元不但自诩为"邻居大妈的儿子"，也真的做到了这一点，在普通的路边，在某个小区里……崔永元都像邻居、朋友似的和那些不相识的人们轻松地聊天。这恐怕不是每个名人都能做到的。

二、平民语言，尽显与人为善

在人们一贯的印象中，主持人的形象都是长相端端正正，说话字正腔圆的。但是，崔永元的出现，完全颠覆了人们的这种印象。更加颠覆的是，他还以"嘴角的一抹坏笑"和"一口北京话"这种方式赢得了众多人的喜爱。

随着社会的进步和发展，观众越来越要求传播者有平和、平等、平易、平常的心态，而拒绝生硬的说教灌输，厌烦自作聪明的炫耀和装腔作势的煽情。在社会进步和发展的传播环境和丰富多样的文化氛围中，"平民"的主持人，"平民化"的主持风格，理所当然地最为群众赞赏和青睐。以"邻居大妈的儿子"自居的崔永元以其主持心态、相貌行为、谈话方式的"平民化"赢得了广大受众的信任和喜爱，而这最重要的因素就是语言的平民化。

崔永元对平民特征的解释是：善良，真诚，与人沟通，与人为善，得饶人处且饶人，退一步海阔天空。作家刘震云如此评价他的平民化语言："他可能在电视上改变了一种说话方式，这种改变引来了清风扑面。"

崔永元语言平民化的特点主要源于崔永元对《实话实说》节目宗旨、特点和风格的深刻认识。《实话实说》是个有观众参与的言论节目，此类节目对主持人要求之高是不言而喻的。但是，其新颖的“群言式”评论的特色，决定了《实话实说》不是板起面孔做报告的讲坛，不是洗耳聆听的课堂，也不是单位里一本正经的学习讨论会，更不是唇枪舌剑的辩论场。因此，其主持人不该是居高临下的报告人，不应是耳提面命的教师爷，也不当是掌握讨论会的领导者，更不能是冷眼观战评论胜负的裁判长。节目的本意不是要把现成的结论灌输给受众，而是要激活参与者的思维，广开言路，以期碰撞出真理的火花，所以，节目最忌讳主持人摆出一副“先知先觉”的架势，以智者自居，盛气凌人，指手画脚。崔永元是来自中央人民广播电台名牌栏目《午间半小时》的优秀记者，有很强的新闻素质和深厚的生活底子，思维敏捷，聪明过人。不过，在面对谈话现场的嘉宾和观众时，崔永元认为最重要的是真诚，是坦率，是善良，是诚恳，要让观众感觉到自己是一个可以平等对话的人，是一个乐于与之对话的人。他希望观众把他看成“邻居大妈的儿子”。例如在《捐款节余怎么办?》节目中，有一位观众发言时提了四点建议，崔永元很自然地指着观众手里的本子说：“请你把这个本子借我用一下，在结尾的时候我要重复你这几句话。”果然他在小结时引用了其中的观点，这一做法十分有效地拉近了参与者的心理距离，同时他的真诚坦荡、谦虚灵活也给人们留下了深刻的印象。有时，他又以反躬自嘲的现身说法来构成轻松真诚的谈话语境，比如一次嘉宾中的下岗女工谈到自己曾在家具城打工却分不清家具的材质，崔永元插话说：“是挺不好分的，一次我爱人让我买家具，我在店里问好了，是全木的。拉回家我爱人一看，说‘你是全木的’。”立时全场哄堂大笑，参与者早已忘了这里是电视台的演播室，摄像机正对着他们拍节目，全然进入了与小崔拉家常的氛围中。崔永元的语言是平民的语言，主持风格是平民的风格，他的态度是平民的态度。所以，崔永元主持的节目，收视率一直都是很高的。

三、访谈语言，驾驭游刃有余

谈话节目主持人对语言的组织驾驭能力涉及许多方面，主要有：严谨灵活的思维能力——深刻的思辨力、敏锐的判断力、准确的理解力、概括归纳能力及机敏的应变能力等；会听能说的言语能力——对说话人观点的判断、理解和预测能力，快速的语言组织能力，明确有效和清晰生动的语言能力；组织调度能力——开场前的“热身”、谈话氛围的营造、话题走向和层次的把握、引发的“开流”、控制的“截流”、准确的小结、适时的转承、冷场时的“升温”、跑题时的逆转和最后精当的总结。此外，还需要清醒冷静、沉稳机警的心理能力，能妥善分配注意力，有较强的观察力和注意力，有健全的人格心理——善解人意、宽宏大度、热情谦和等等。主持谈话节目需要全神贯注，思维高度集中，是全身心的、紧张的精神“运动”，对主持人的敬业精神、责任感及各方面的素质是一个严峻的综合的考验。很明显，如果崔永元只有平民化的形象定位，而缺乏把握话题驾驭谈话的能力，其“魅力”将失去根基。

在2006年两会期间的《小崔会客》节目中，崔永元采访时任全国政协副主席的周铁农，两个人一开始的对话如下：

崔永元：听说我要采访您，我所有的朋友都为我捏了一把汗。

周铁农：听说要接受你的采访，我所有的朋友也都为我捏了一把汗。

崔永元：您这样说好，您这样说我就特别放心了，首先咱们消除了彼此间的神秘，可能谈话就好进行了。

周铁农：我们经常看你去采访别的人，但是你很少看我接受别人的采访，所以要说神秘的话，我对你来说还稍微神秘一点，你对我来说已经不神秘了。

崔永元：现在我特别放松，我就想跟您聊家常，我就想问问您那个名字是谁起的？

周铁农：名字肯定是老人起的，或者是父亲，或者是母亲，但是我这个名字起得稍微有点特殊，是我外祖父给起的。

崔永元：有什么含义吗？

周铁农：含义嘛，当时我生在1938年，那个时候中国的传统思想就是重农轻商，就是以农为本，所以他可能是希望我将来能够和农业有点关系吧，做个农民。

崔永元：觉得这是最踏实的职业是吧？

周铁农：那个时候如果家里头没有点田，在农村没有个根的话，不管干什么都是觉得没有根基的。

聊家常式的开头，一下子就卸掉了两个人心里的紧张和负担，也使观众能够以平和、轻松的心态来面对这件事情。单从文字来看，我们看不出这是对一位高级官员的采访，倒像是两个初次见面的人之间的熟络交谈。

话题节目的驾驭还有一个难题，即参与者非常广泛，他们的认识水平不在一个层面上。他们看问题的角度不同，对有关情况的了解程度不同，占有信息的多少不同，理解能力也有差别。而节目是办给大众看的，因此，主持人无论提问也好，启发引导也好，强调观点也好，语言表述都要求通俗、简洁、具有条理性，只有这样，才能使不同层面的参与者和观众能迅速而有效地实现沟通，使讨论顺利地进行。为使话题讨论有序，环节清晰，观点突出，主持人必须善于“换个说法”。崔永元在讨论中常以插话、接应等方式把参与者的观点提炼出来。对于偏于感性的叙述性发言给予“提纯”，他采取“概括地说”、“归纳起来说”的方式强调其观点。对于偏于理性的结论式发言，则采用重复的方式，比较抽象的就加以‘稀释”，采用“换一种说法”、“也就是说”的方式使其变得通俗易懂。

四、总结语言，凸显鲜明主题

崔永元做主持的时候有一个特点，他习惯在被采访人说完的时候总结一下，在节目结束时也做一下总结式的陈词。当然这种总结不是鹦鹉学舌，而是主持人对被采访人的话语作出恰当的总结与点评，换一种表达的方式，让被采访人说话的主题更加鲜明。

（一）突出式的总结

主持人对嘉宾的语言进行再阐述或者换一种方式表达，使得嘉宾的观点更加鲜明、突出。在采访检察官杨竹芳的节目中，有一个在进行现场观众采访的环节，一位观众就问到像检察官这样事业型的女性会不会干家务活。检察官就回答道，尽管自己的工作特别忙，但是仍然喜欢干家务，而且干得特

别多，特别喜欢做菜，洗衣服。她觉得那是在享受生活……在检察官说完以后，崔永元就检察官的话进行了一番总结，把检察官说的话提炼概括成“所以说，您值得我们大家学习和效仿的就是心态，干什么事情都高兴。”

（二）截流式的总结

对于谈话类的节目，嘉宾对于自己的语言有时很难控制，有时候说得太少，没讲到要点，有的时候则是嘉宾太尽兴，说得太多刹不住车。这个时候就要求主持人掌握好一个度，我们既要让观众开口，同时又必须围绕主题，适可而止。一场节目的时间有限，不能让大白话占据节目的主要空间，否则节目也就失去了它原有的价值。例如在《广告知多少》这期节目中，主持人问到嘉宾李盾广告多了还是少了，李盾一口气罗列了很多广告，证明广告无处不在。当然我们的问题是要让李盾回答，但是就让他一直这么说下去，剩下的问题怎么办呢？这时崔永元就抓住时机，礼貌性地进行了一下总结说：“李先生的诉苦大会如果我要不及时打断，今天大家就要在这里久坐了。”崔永元将李盾的一大段广告举例说成是诉苦，既精炼地概括出李盾认为广告多的心态，同时也适当地为嘉宾做了礼貌性的提示。李盾也明白了主持人的意图，以简短的语言强调了自己的观点。

（三）理解性的总结

所谓理解性的总结，就是主持人对嘉宾的言语和观点做出真实的、客观的而又富有个性的评论。在《就这么简单》这期节目中，崔永元说到这样一段话“其实张老师这次来到高校巡回演讲的目的，我觉得可能也是这样，她会把一些她所认同的教育理念介绍给大家，由你们来选择，她更相信每个人都有独立思考的能力”。这样总结并不是嘉宾本人所说的，而是崔永元在采访的过程中，对于嘉宾本身持有的观点作出合理的推断和理解性的总结。

第三节　李咏的语言凸显了李咏的“另类”

他有着一张无法复制的大长脸，一头乱乱的长发，腿不直，说话油腔滑调，是一个绝对的“另类”角色，是那种扔在人堆里很扎眼的人。他主持节目活泼搞笑，甚至是恶搞，节目气氛自始至终都高涨无比，甚至几近爆棚。他总会拿自己的长相自嘲，因为他有着非常好的心态；他总会嬉笑怒骂坚持本色，因为他知道这样才不会被人取代；他总是就地取材即兴发挥，因为他有着机敏的反应和高超的说话本事。他就是主持《非常6+1》、《幸运52》、《咏乐汇》等娱乐性很强的节目的著名主持人李咏。下文拟通过研究李咏的语言来看看李咏的另类主持。

一、自嘲性的语言展现了一个真实的自我

自嘲是一种幽默，是一种智慧，更是一种魅力。

自嘲被称为幽默的最高境界。自嘲是缺乏自信者不敢使用的技术，因为它要你自己骂自己，也就是要拿自身的失误、不足甚至生理缺陷来“开涮”，对丑处、羞处不予遮掩、躲避，反而把它放大、夸张、剖析，然后巧妙地引申发挥、自圆其说，取得一笑。没有豁达、乐观、超脱、调侃的心态和胸怀，是无法做到的。

李咏的大长脸是他最鲜明的标志，再加上一头乱发，是一个放在人堆里很扎眼的角色。这些鲜明的特征，再加上搞笑的主持，成就了他更加鲜明的主持风格和语言风格。就是因为有这样的大长脸，所以常常成为被取笑的对象。

他主持的节目真正实现了观众和主持人的互动，最明显的表现就是，观众敢于拿主持人开涮。这一点充分表明观众的心态是极其放松的，主持人的心态也是调整得较好的。

如《非常6+1》中有这样一段电话互动。

> 这一天，电话接通后，李咏即兴来了一段：“你好，我是电信公司的技术人员，我想测试一下你的线路是不是畅通。”对方沉默着没有回答。
>
> 李咏赶紧变招：“现在我给你一个问题，如果你答对了，就会有奖品，准备好了吗？请问你，8与10之间的数字是几？”“9!”

李咏喊道："恭喜你答对了。"对方还是沉默。李咏只得自我介绍道："喂，你好，我是……"

话未说完，对方马上说道："中央电视台《非常6+1》节目主持人李咏!"

"啊呀，听出来了?"

"早听出来了，你一说话就听出来了，我不出声是想看看你会搞什么鬼。"(台下一阵大笑)

"为什么呀?"

"都是被女朋友逼的！她老拿我跟你作比较，说你才是她的偶像，所以我特希望跟你通个电话，能沾上你的一点仙气。"(又是一阵大笑)

李咏眉飞色舞，问道："请问一下啊，你女朋友怎么拿你和我作比较?""我女朋友老说我长得丑，不像李咏你这样，虽然丑，但是丑得有特点……"

李咏的"装腔作势"、"装模作样"，不仅让观众看到了他的搞笑和真性情，而且也是他保持观众情绪、调动观众情绪的一种手段。有故意装腔作势的冒充，有被识破后的不好意思，有被开涮后的无奈，这样的表现或许开头的冒充是事先策划的，但后面的反应基本上都是一种本能的真实反应。这样的反应也让观众感觉到了主持人的可亲，很容易拉近彼此的距离，让气氛更加热烈。

除了《非常6+1》的电话互动以外，《幸运52》的幸运搭档是节目中的一个搞笑环节，这个时段也经常会有一些开涮李咏的事情发生。

这天的一对幸运搭档猜的是动物名词，由男选手描述，他的女朋友猜。两人配合默契，过五关斩六将，将前面的几个词都猜对了，就在这时候，屏幕上出现一个比较难描述的词——河马。男选手一见，轻描淡写地说道："李咏下水!""河马!"回答声一出，台下的观众一个个笑得捂着肚子。

两人顺利闯关。李咏可不高兴了："你们两人倒真是默契，但这个

‘李咏下水’怎么解释？你给我说说清楚！”

“你不觉得自己长得像吗？”

“我怎么了，我不就是脸长得长一点嘛！”李咏一脸委屈。台下自然又是一阵大笑。

过了很久，又有一对搭档选择猜动物名词。说来也巧，这次屏幕上出来的是“海马”，描述的选手立即说道：“李咏下海！”一旁的李咏可不乐意了，只听他“恶狠狠”地喊道：“有‘海’了，过！”

等选手猜词成功，李咏又向他们讨个说法：“请问我与海马有什么关系？”

“你想听好的，还是不好的。”

“好的，不好的，我都要听。”

“好的是说你像骏马奔驰，是很多中老年妇女心目中的偶像，白马王子，坏的嘛，你看你哪儿像马？”

“怎么好的，不好的，我听着全不那么中听呀。”李咏把自己从头看到脚，然后问台下的观众，“我像马吗？”

“像！”观众们异口同声，李咏连问三次，次次都是相同的回答，真把李咏“气得够呛”。

李咏在节目中被开涮已经不稀罕了，但是每次他恶搞别人，或者被人恶搞，都能够让现场和电视机前的观众笑得前仰后合。究其原因，就在于首先他的反应是真实的，他和嘉宾的对话与人们惯常在节目中看到的对话不一样，完全是一种日常的调侃和质询，就像两个熟悉的朋友在互相戏谑；其次，他的回答和问话是搞笑的，这种搞笑既是一种幽默，有时候也是一种恶搞，目的都是为了给观众营造娱乐的氛围。在自嘲嘲人、自娱娱人的过程中，一个真实的李咏活脱脱地展现在观众面前了。

适时适度地自嘲，不失为一种良好修养，一种充满魅力的交际技巧。自嘲，能营造宽松和谐的交谈气氛，能使自己活得轻松洒脱，使人感到你的可爱和人情味，有时还能更有效地维护面子，建立起新的心理平衡。

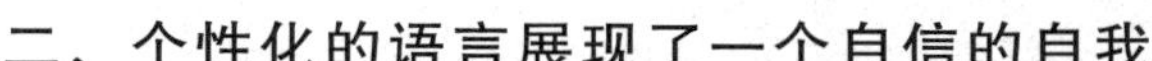

二、个性化的语言展现了一个自信的自我

李咏的语言很富有个性，这与他特立独行的个性也是分不开的。李咏最初并不想当主持人，因为他觉得主持人就是傀儡，就是木偶，而且他偶尔一次亲眼目睹主持人完全受制于人的境况。以他的性格，是绝难接受这样“傀儡”的主持方式的。他始终坚持自己的个性，强调真实，一种出于自然状态下的主持风格。正如他自己所说：

那时候从观众到台里，谁也看不惯我。只有忍。我打掉了牙往肚里吞，我就是这样的主持人！你说我能不能改？可以改，但改了就不是我了。一个主持人，个性非常关键，从出现在屏幕上开始，就得有让别人随便去说东道西的心理承受力。如果别人说什么你就做什么，那你成什么了？我的主持风格不变，我热情、我真诚，不要管我头发什么样，不要管我长相怎么样，不要管我穿什么，咱们在玩。我不想去教导谁，因为电视就是老百姓娱乐和消遣的工具。

《幸运52》是个转机，而按照李咏的说法，是他走了“狗屎运”，他说：

因为碰到《幸运52》这样的栏目，也因为碰到了这样的一群人。上台前我精心地把服装搭配好，仔细把题板收拾好，再在袖口上慎重地洒点香水，这样一拳打过去最好能击起一种兴奋的空气。然后我跑步上台，从出场和观众讲话到介绍擂主，与擂主侃谈，介绍选手，与选手侃谈，节奏很快，紧接着幸运第一关一拳砸过去直接就上，中间不停，观众在紧张的气氛中哈哈一乐，这个节目就已经起‘范儿’了。”

“一般来说，节目是录播的，但我要求自己是直播状态，基本不停。这样做节目我很累，第一个环节结束后我到后面换题板，中间只有几十秒的时间台上音乐狂响，我是跑着步上下的，连擦把汗的时间都没有，上来就是第二关，只有这样做才能保持节奏，才能调动观众，控制气氛。”

李咏自我剖析说：

> 我不是个理性的人，我非常感性，我不知道自己要什么，只知道这个……我不想要，那个……我想要。我的信念很简单，四平八稳的东西我不喜欢，扔掉它！飞扬丰富的东西我有感觉，抓住它，这样的生活我觉得很充实。

有了自己的信念，然后按照信念对一些事情做出取舍，这也正是一个人性格和内心最真实的体现。遵从自己内心的声音，因为那是来自生命的呼唤。

这所有的一切，或许没有非常明确的目标，但看起来都是像为《幸运52》的出现所做的准备。长久的蛰伏，是在积蓄足够的力量，等待机会出现的那一刻，一定要光芒万丈。

《幸运52》的出现，彻底颠覆了以往的电视娱乐节目形态，谁都可以去参与竞争，都有可能获得奖品……竞争的过程充满刺激，人们参与竞争，同样喜欢看别人竞争。这样的时代给了这样的节目一个舞台，也给了李咏一个舞台。于是，李咏成功地从这个舞台走进了观众的心里，因为他的真实，他的本色，他的亲和力。因为，观众希望能看到一个可以痛快淋漓地表露情感的主持人带动自己一起热情高涨。想夺冠吗？想！大声说出来；你有信心吗？有！也大声说出来。

李咏的个性化的语言，鲜明地展示了一个个性化的主持人，一个自信的主持人。

从2002年开始，李咏开始主持春节晚会。对于李咏来说，即便到了春节晚会，他还是他的风格，他还有他的设计。用妻子哈文的话说："他这个萝卜别的坑儿也不适合他，他自己这个坑儿，别的萝卜也填不了。"这就是个人的特色，这就是别人无法取代的魅力。

从李咏的身上，我们看到：一个人的本色是口才的源头，因为口才展现的就是一个人的真性情，一个人的口才会综合一个人的思想、性格、爱好、立场等诸多因素，这些因素都会渗透在口才中，说出来的话也就展现了这一切，包括其疯狂的自信心。

三、即兴化的语言展现了一个敏捷的自我

即兴口才是作为主持人必备的素质之一。虽然主持人事先会对节目有一个全盘的准备，甚至预想很多可能出现的状况并准备好应对之策，但意外状况还是会发生，这个时候就需要主持人的即兴发挥来扭转局面。李咏主持节目中的即兴发挥更是多次打破现场的沉闷，避免了尴尬。

一般来说，在节目录制现场，主持人是唯一的局面把控者，他必须沉着冷静，不慌不忙，及时判断出故障出自何处，并做出弥补漏洞的举措，力求保持录制现场观众的兴奋情绪，避免冷场甚至离场、骚乱等情形的发生。

一次录制《非常6+1》，一个选手是跆拳道运动员，他的级别很高，自我介绍时说自己是黑带。李咏马上一撩西服，露出黑色的腰带，说："我也是黑带。"选手下意识地也一撩上衣，他那天扎的是黄色皮带，观众就乐了。然后李咏又说："你看，我的领带也是黑的，双黑带段位。"

这是有意制造即兴发挥的语言，让现场的气氛更加高涨。

还有一次，在金鸡百花奖的颁奖典礼中，李咏在宣布"马上要揭晓的是最佳纪录片奖，请看大屏幕"后，大屏幕出现的却不是最佳纪录片的候选影片介绍。那次也没有耳迈，经验告诉他，是放带子的人员把时码搞错，放错短片了。此时大屏幕出现了LOGO，导播间里放带人员一定在心急火燎地找时码！这时，他必须让现场稳定，并保持住颁奖的热闹氛围，于是他便开始没话找话。他说："刚才大家看到，工作人员把节目带放错了，之所以放错，不是因为他太疲惫，他不专心，而是因为奖项太多，他弄不清楚了。"这话一说，现场就开始乐了。

按照流程，短片放完之后，就是郎朗的钢琴演奏，此时郎朗还没有到钢琴前就位，他就想把话题在钢琴上打岔。他说："钢琴我不会弹，但是从小我就梦想当钢琴家，老想让我爸给我买钢琴。我爸说太贵，买不起。于是我就跟我爸说，大钢琴买不起，咱就买个小钢琴弹行吗？我爸说：'儿子，那哪儿是钢琴，那是手风琴！'"全场大笑。这时郎朗已经准备完毕，钢琴声

起，危机解除。现场的气氛依然活跃，颁奖得以继续顺利进行。

没话找话，或者就着眼前的故障说事也是即兴口才的一种发挥，总之，不能让现场出现冷场，或者让现场的气氛出现滑落。

李咏的真实、机智、幽默给观众带来了快乐，观众也很宽容地对待他，接受了他的一切，尤其是他个性化的标志：乱扔问题卡；明目张胆地优待女选手甚于男选手；爱穿亮色衬衣，而且是压了花边的那种；笑起来一脸褶子；留着卷卷的大背头……当然，李咏也着实让人佩服，现场都吵成一锅粥了，他还能一字一句语音标准地问上十几个问题，还能头脑清醒快速地告诉选手正确答案。他还会一边走一边说着话，最后一句准是对准了摄像机镜头：别走开，广告过后马上回来！

当生活越来越充斥着面具的时候，人们唯一的要求，或许就是"真"——真人、真实、真正的快乐。而李咏顺应了这样时代的需求，所以，他必然会取得成功。真实、本色、亲切应该是李咏成功的最大秘诀。

第四节　柴静演讲的艺术

柴静，火柴的柴，安静的静。她出生于山西临汾的一个知识分子家庭，早早地上了学，大学毕业的时候才 19 岁。敏感细腻的柴静大一的时候就做了电台的主持，一做就是五六年。19 岁电台主持《夜色温柔》节目；22 岁到北广学习电视编辑，并在湖南电视台主持《新青年》节目。曾担任中央电视台《新闻调查》主持人，出现在非典的第一线，矿难的真相调查，揭露一个个欲盖弥彰的谎言；她曾经故意在节目中反复询问王锡锌关于公款消费的数字，她曾经一人独面黑社会的威胁。2009 年离开《新闻调查》，担任新闻频道《24 小时》主播，新闻频道《面对面》主持人。2011 年担任《看见》周末版主持人。

柴静作为一名记者兼主持人，始终站在离新闻最近的地方，以记者坚定的职业精神深入一线调查采访，并带以冷静、客观的敏锐对社会问题进行犀利的分析与不断的求解，是一个有良知的新闻记者。而此外，她也是一名优秀的演讲家，她的《身边的人》的演讲，短短不超过5分钟却感动了无数的观众，在没有任何宣传的情况下，一周的点击率超过了一千万，而且持续两周保持着点击率第一。她的演讲特色鲜明，就好像是一位经历丰富的老者在给我们讲着她一生中的故事，笑笑过后，更多的是带给我们无尽的思考和启发。总结一下，柴静的演讲具有如下几方面的特点。

一、开门见山，唤起了听众的兴趣和注意力

《身边的人》的演讲中拉萨女教师的感人事迹一开始就像磁铁一样吸引住了听众和评委。已确诊为“胃癌晚期”的女教师指了一下床头的一个箱子，“她说如果我回不去的话，你帮我保存这个。这是她30年，走遍西藏各地，和各种官员、汉人、喇嘛、三陪女交谈的记录。她没有任何职业身份，也知道这些东西不能发表，她只是说一百年之后，如果有人看到的话，会知道今天的西藏发生了什么。”这个开头，不仅将听众与演讲者的距离拉近了，而且将听众的注意力和兴奋点很快地吸引到演讲。

而在《公共精神和个体行动》中，首先讲了一个她办公室的实习生引发的关于“影响”的讨论，其中谈到了实习生自己不知道影响别人什么，而白岩松的解释是“影响，就是我要去影响有影响力的人”，最后她讲了一句话，“今晚我来到这，不是想影响别人，而是想把我老老实实工作的事情和想法和大家分享，能够得到一些我的共鸣。”很诚挚地和北大学生沟通了情感，用自己的想法将彼此的距离拉近，正式开始下面的演讲。

二、真实故事，给听众留下深刻印象

她的演讲没有像一般老师那样在讲课中将观点阐述得头头是道，逻辑严谨。但是，那一个个故事，那种文学式的叙述，却给我们印象很深。

一个个短小精悍的故事，串成了柴静的演讲。《身边的人》就是讲述了她曾经采访的四个人的故事。第一个故事讲的是拉萨一中的一位女教师在走遍西藏各地的各种记录，她胃癌晚期，请求柴静为她保存这些记录；第二个故事讲的是34岁的律师郝劲松因为一张一块五毛钱的矿泉水发票将铁道部

告上了法庭，最终因为他为自己的权利所做的斗争而赢得了尊重；第三个故事讲的是中央财经领导办公室主任陈锡文，一名想帮助农民多做点儿事的中国官员；第四个故事讲的是温家宝出资500元帮助了一个因无钱治病而卖棺材的老农民的感人事例。一个个故事，串成了一条线，讲述都是中华大地上面普通人上演的故事，而每一个故事又是那么的鲜明具有代表性。在这片土地上，在中国人民整体奔赴小康之时，中国仍然存在着那么多的弱势群体，仍然存在着不公平的现象，正是中华大地上拥有这样的老师、律师、官员、国家领导人，存在着这些特点鲜明的能够独立思考的人，能够记录真实的人，能够不计利害为这片土地付出的人，能够去捍卫自己宪法权利的人，才能够让我们为祖国感到骄傲。

三、逻辑严密，一个个故事自然过渡

无论是《身边的人》还是《公共精神和个体行动》，都可以发现柴静的演讲自始至终都在讲述她曾经的采访，她采访的人，采访的事，她采访人说的话，她的思考，而这些也是一个一个的自然过渡，逻辑严谨，不断地深化她的演讲主题。

《公共精神和个体行动》这篇演讲稿，先从她进入央视说起，然后她的听众给了她忠告："你可不要变成最初你自己反对的人"，这话给了她很大的触动。"我是为了追求独立，选择这份工作，但是我发现，我却不得不从众，那种痛苦，是很难忘记的。"这是她最初的心理，可以说还未成熟的她自己的心境。紧接着在地震后意外地发现两个小女孩生活条件的恶劣。在非典的采访中，一些触目惊心的事实让她深刻地明白了一个道理："通往真相之路最艰难的，是我们自己头脑遮蔽了我们自己的无意识。"而后又对自己提出了要求："我起码要对未经验证的事实和数据，要有戒备。对任何不加探寻的结论和评论，也要戒备。"而当她目睹一个记者面对地震中救上来的人瞬间死亡后的表现，又引发了思考："我发现了徒有同情和关切是不够的，只有保持冷静，才能找到解决问题的办法。所以当时我就在想，对于一个记者来说，我们不仅仅是要停留在问题的层面上，我们还要去求解。"而对于方舟子关于胚胎的讨论又让她想到了"很多时候我

们的观点不同，不是因为我们的价值观或者智力不同，只是因为我们对事实的掌握不同。所以我后来就觉得，作为一个记者，最重要的就是，提供尽可能多的事实，不被意识形态所左右的事实，来让大家来做判断。”柴静经历一件件事情的过程，其实也是她自己心理的成长过程，由开始的痛苦从众，到意识到对未加验证的事实保持警惕。她的心理过程的变化随着故事的发展自然过渡，逻辑严谨。

四、注重细节，温情和理性并存

柴静曾经说过：“这是一个像流沙一样的世界。”非常文艺和煽情的表达。其实作为女人的她在演讲中也不乏温柔。而她的温柔是通过她的细节描述出来的。地震之后，很多小孩会从废墟中把自己的书包找出来，然后大家就开始升国旗，唱国歌，一起齐声唱《我们美丽的校园》，这样的报道当时很多，而柴静在做完这个报道后意外地发现了一个场面：“我收拾东西往回走的时候，就看到我报道当中的两个小女孩，没有走。她们鞋带松了，我就帮她们系起来吧，我就随便问她，你现在住哪啊。小姑娘说带我去看。于是我发现她根本就没有了家，她和她哥哥、妹妹都睡在地上。地上放着两床被子，我把手伸进被子里面去摸，当时是零下 12 度，那被子是湿的，里面都是沙子。我问，你们吃什么，喝什么。她就拿了一个小铁皮桶，带我去一个滴雨水的坑那里，把那个枯叶弄开之后，盛了半桶水回来，拿两个石头架着烧。”三个动词“系”、“伸”、“摸”，这是一个系列的很温柔的动作，同时也将这两个小女孩的地震后无家可归的居住状况展现在我们面前。她说的每一字都带有淡淡的哀伤。这是她温情的一面。

“但是在后来采访的过程当中，我就发现了徒有同情和关切是不够的。我们做这个行业最初就像一个实习医生，每天看见急诊室推来的那些病人的时候，我们看到满身鲜血，然后我会感到痛苦，我们会抚慰他们的亲人，我们会陪他们掉下眼泪。但是对于一个成熟的医生来说，他只有冷静才能解决这个病人的痛苦。”这又是她在作为一名记者，在经历众多事情后所具备的理性的一面。只有保持冷静，才能冷静地找到解决问题的办法。

一半冰山一半火焰的柴静，热血与理智，锋芒毕露与亲切柔和并存的这样一个人，她的演讲给予我们更多的是无限的鼓励和理性的思考。

身边的人

——柴静在庆祝共和国六十华诞首都女记者演讲大赛上的演讲

十年前在从拉萨飞回北京的飞机上，我的身边坐了一个50多岁的女人，她是30年前去援藏的，这是她第一次因为治病要离开拉萨。下了飞机下很大的雨，我把她送到了北京一个旅店里，过了一个星期我去看她，她说她的病已经确诊了，是胃癌晚期，然后她指了一下床头的一个箱子，她说如果我回不去的话，你帮我保存这个。这是她30年当中走遍西藏各地，和各种人：官员、汉人、喇叭、三陪女交谈的记录。她没有任何职业身份，也知道这些东西不能发表，她只是说，一百年之后，如果有人看到的话，会知道今天的西藏发生了什么。这个人姓雄，拉萨一中的女教师。

五年前，我采访了一个人，这个人在火车上买了一瓶1.5元的水，然后他问列车员要发票，列车员乐了，说我们火车上自古就没有发票。这个人就把铁道部告上了法庭。他说人们在强大的力量面前总是选择服从，但是今天如果我们放弃了1.5元的发票，明天我们就可能被迫放弃我们的土地权、财产权和生命的安全。权利如果不用来争取的话，权利就只是一张纸。他后来赢了一场官司，我以为他会和铁道部结下“梁子”，结果他上了火车之后，在餐车要了一份饭，列车长亲自把这个饭菜端到他面前说，“您是现在要发票还是吃完以后我再给您送过来?”我问他，你靠什么赢得尊重？他说我靠为我的权利所做的斗争。这个人叫郝劲松，34岁的律师。

去年我认识一个人，我们在一起吃饭，这个60多的男人说起丰台区一所民工小学被拆迁的事，他说所有的孩子靠在墙上哭。说到这儿的时候，他也动感情了，他从裤兜里面掏出一块皱皱巴巴的蓝布手绢，擦擦眼鼻，这个人18岁的时候当大队的出纳，后来当教授，当官员，他说他做这些事的目的只是为了想给农民做一点事。他在我的采访中说到，征地问题给农民的不是价格，只是补偿，这个分配机制极不合理，这个问题的根源不仅出在土地管理法，还出在 1982 年的宪法修正案。在审这个节目的时候，我的领导说了一句话，这个人就说得再尖锐，我们也能播。我说为什么？他说因为他特别真诚。这个人叫陈锡文，中央财经领导小组办公室主任。

七年前，我问过一个老人，我说你的一生已经有过很多挫折，你靠什么保持你年轻时候的情怀，他跟我讲有一年他去河北视察，没有走当地安排的路线，在路边发现了一个老农民，旁边放着一副棺材，他下车去看，那个老农民说因为太穷了，没钱治病，就把自己的棺材板拿出来卖，这个老人就给了他 500 块钱拿回家。他说我讲这个故事给你听，是要告诉你，中国大地上的事情是无穷无尽的，不要在乎一时的得失，要执著。这个人叫温家宝，中华人民共和国总理。

一个国家是由一个个具体的人构成的，它由这些人创造并且决定，只有一个国家能够拥有那些寻求真理的人，能够独立思考的人，能够记录真实的人，能够不计利害为这片土地付出的人，能够捍卫自己宪法权力的人，能够知道世界并不完美，但仍然不言乏力、不言放弃的人，只有一个国家拥有这样的头脑和灵魂，我们才能说我们为祖国骄傲，只有一个国家能够尊重这样的头脑和灵魂，我们才能说，我们有信心让明天更好。

第五节　杨澜主持的表达艺术

杨澜是国内著名资深电视节目主持人。曾在国内具有强大影响力的电视台担任主持人，以极具亲和力的主持风格备受广大电视观众的喜爱。曾主持《正大综艺》、《杨澜访谈录》等电视栏目；曾被评选为“亚洲二十位社会与文化领袖”、“能推动中国前进、重塑中国形象的十二位代表人物”、“《中国妇女》时代人物”。杨澜现任阳光媒体投资控股有限公司董事局主席。

作为当今最知名的主持人之一，杨澜是成功的。而她不凡的口才，自然也增添了她的魅力。一句简单的话，闻者自知其风范与品性。

一、思维敏捷，充满智慧

语言是思维的外衣，是思维的工具，是思想的集中反映。杨澜或演讲或主持节目或现场回答提问时，思维极其敏捷。

2009 年 12 月 3 日，一向习惯采访别人的杨澜做客央视《咏乐汇》，接受李咏采访。节目中，杨澜回顾了自己当年进央视遇到的“刁钻”面试。她过五关斩六将，进入最后一轮面试时，被问到一个问题：“你敢不敢穿比基尼出镜主持?”对于这个难题，杨澜对当年的回答记忆犹新：“我对考官说，这不是敢不敢的问题，而是合适不合适的问题。”凭着这个智慧的回答，杨澜脱颖而出，成了央视《正大综艺》节目主持人。

节目进行中，李咏在现场还准备了一个辩论题：女人是嫁得好重要，还是干得好重要？李咏负责男性嘉宾的采访，杨澜负责女性嘉宾的采访。男性观众代表认为：女人嫁得好重要；女性观众代表也不示弱，申明干得好比嫁得好重要。正好双方激辩难分的时候，李咏把问题抛给了杨澜。杨澜脱口而出：“女人干得好是基础，嫁得好是必要。”这个回答赢得了全场女观众的掌声。

2010 年 3 月 3 日，“2009 职业女性榜样颁奖盛典”在京举行，主持人杨澜宣布李瑞英获奖后，但奖杯迟迟未到，现场气氛有些尴尬，主持人刘仪伟到后台一探究竟。这时主持人杨澜解围道：“虽然今天的主角是女性，但是关键时刻还得靠男人啊。”

面对突如其来的“差错”，主持人杨澜沉着应对，从“女性榜样颁奖盛典”女人是主角的角度出发，打趣刘仪伟找奖杯是关键时刻依靠男人，机智巧妙地打破了尴尬。没有敏捷的思维，不凡的口才和智慧的头脑是很难在如此短促的时间内消除这种尴尬气氛的。

二、表达幽默，洋溢自信

长期以来，幽默一般都被当成男人的专利标签，人们也会用幽默这个指标来要求或者衡量一个男人。而女人似乎与幽默是远离的，她们被人欣赏的标签是优雅，是一种展现女性柔美的气质。实际上当人们用优雅的紧箍咒来约束女人的时候，女人的幽默就像打开世界的另一扇窗，让女人的生活一样拥有明媚的春光。杨澜拥有优雅的同时还拥有幽默的品质。

杨澜有一次在广州市天河体育中心主持一场晚会，中途退场下台阶时，不小心一脚踩空，从台阶上摔了下来。出现这样的情况，的确令人难堪。这时候台下的观众哗然，只见杨澜一跃而起，面带笑容镇定地对观众说："真是人有失足，马有失蹄，我刚才的狮子滚绣球滚得不够熟练吧。看来这次演出的台阶还不那么好下呢，但是台上的节目会很精彩，不信，大家瞧她们。"

杨澜这段非常成功的即兴演讲，不仅为自己摆脱了难堪，而且更显示出她非凡的口才，以致她话音刚落，会场就立刻爆发出热烈的掌声，有的观众还大声说："广州欢迎你！"

如果说平时的主持节目有提前准备好的材料、稿件，那这种预料不到的突发情况最能展现一个人的应变能力。在完全没有准备的情况下，只有思维敏捷、反应灵活才可能做到应对得体，出口成章。这种即兴应变的能力，是与她平时知识的积累、文化的储备有直接关系的。上面事例中，杨澜的应对确实是非常机智的，这跟她本人各方面的修养分不开。当一件尴尬的事情被一个女人用机智幽默如此不着痕迹、轻描淡写地圆满化解掉，确实体现了她优雅的气度。

杨澜在主持一次知识问答类节目时，问参赛者："阿拉伯某小国的公园里，常常有武士模样的人摇着铃铛走东串西，这是干什么的？"参赛者的回答各种各样，结果都是错的。最后杨澜告诉大家谜底："这是卖茶水的人。"此时杨澜见参赛者情绪有些低落，赶快补上一句："看来这地方的水真是太宝贵了，卖茶水的人也穿戴得这么漂亮，把我们都迷惑了。"

这句话看来很平常，可一声"我们"，拉近了双方的距离，化解了参赛者由于回答错误可能带来的尴尬；一个自圆其说的道理，消除了参赛者心中的不快，避免了可能出现的冷场。小小的幽默体现的是一份关怀和体贴，一份大度和爱护，这样的气质也应该算是一种优雅。

或许在两性之间，幽默感从来都不是男人对女人的要求，甚至女人的幽默感对两性关系未必有帮助，但是，一个懂得幽默的女人是幸福的、自信的、乐观的、大度的，幽默同样可以为女人增添魅力。杨澜就是这样的一个女人。

三、话语生香，气质不凡

杨澜给人的印象始终是优雅得体的，带有女性温柔的智慧。这种狡黠的调侃，让人们看到了她的灵动、自信、温柔，还体现了她为人处世的得体。

杨澜被公认为优雅、知性的代表，她的气质卓然出众，她的口才更是为人信服。她从北京外国语大学的一名普通大学生直接进入中央电视台《正大综艺》栏目，其中经历了波折，让她得到青睐的是良好的气质，而真正让她赢得机会的则是过人的口才。

杨澜一开始被推荐试镜，并不被看好，只是因为她的气质较佳，所以才能一路过关斩将杀入总决赛。据一位导演透露，虽然杨澜被视为最佳人选，但是有些人认为她不够漂亮，所以是否用她尚不能确定。

最后的角逐是杨澜和一位长相很漂亮的女孩子，杨澜知道自己的机会就在眼前，一定要抓住。退一步讲，即使不能被录用，也要展现自己的才能。

这次考试两人的题目是：一、你将如何做这个节目的主持人？二、介绍一下你自己。

杨澜是这么开始的："我认为主持人的首要标准不是容貌，而是要看她是否有强烈的与观众沟通的愿望。我希望做这个节目的主持人，因为我喜欢旅游，人与大自然相亲相近的快感是无与伦比的，我要把自己的这些感受讲给观众听。"

在介绍自己时，杨澜是这样说的："父母给我取'澜'为名，就是希望我有像大海一样的胸襟，自强、自立，我相信自己能做到这一点……"

杨澜一口气讲了半小时，她的语言流畅，思维严密，富有思想性，很快赢得了诸位领导的赏识。人们不再关注她是否长得漂亮，而是被她的表现深深吸引住了。据杨澜后来回忆说："说完后，我感到屋子里非常安静。今天看来，用气功的说法，是我的气场把他们罩住了。"

当杨澜再次回到房间，中央电视台已经决定正式录用她了，这次面试改变了她的一生。

亚里士多德曾经说过，漂亮比一封介绍信更具有推荐力，也更容易被人们所接受。事实上也的确如此。可以毫不夸张地说，出色的外表是一种竞争力，但是如果一个人徒有漂亮的外表，却不能很好地表达自己的思想，他一样会一败涂地。

谈话中沟通的效果取决于语言的魅力，这种魅力也表达着谈话者的人格魅力。语言魅力不仅需要丰富的知识系统，还需要言辞表达的技巧。可以说，语言的魅力是知识、形体语言、言辞表达技巧有机的统一。语言的魅力能够“先入为主”，向对方传递一种感染力、吸引力，使对方感到你能够把握整个时间，这种“力”的作用促使对方的思维自觉或不自觉地和你的语言融汇在一起。所以，通过锻炼口才来提升气质是有效的途径。

四、面对听众，诚实表达

杨澜经常在很多高校进行演讲，很多学生对她羡慕不已。因此，每次演讲结束后总有很多学生提出很多问题。例如：杨澜在中央电视台主持《正大综艺》最火的时候，选择去美国求学。这样的选择让很多人不解，觉得她放弃已经打拼出的一片天地太可惜了，而她的回答则是：

> 我觉得我不擅长做综艺节目。我既不会唱歌，也不会跳舞，更不会演小品。只有一次和赵忠祥老师合作演魔术，叫什么大变活人，还没走出去呢，就让别人认出来了。魔术的效果一点没有。所以我想，我真是没有什么艺术天才，我还是老老实实做自己能做好的事。”“作为记者和访谈节目的主持人，我也许还有一个优势，就是容易和别人交流。在与人交流时，你对对方是否有兴趣，对方是完全可以察觉的。你的一举一动、你的眼神都在建立一个气场，所以我能建立这样一个气场，就适合做访谈节目。

找到了自己的比较优势，就要保持并将这种优势加以发展。杨澜的做法是：

> 也许从小受家庭影响，我还比较喜欢读书，还有学习的能力。所以日后开始做访谈节目，每次我都是坚持尽可能多阅读相关的资料，看所

有的东西。按别人的说法：这很笨，主持人就是靠口才好、现场反应快就行了。我恰恰认为不是这样。拿我做访谈节目来说，你事先准备的程度和你做出的节目的效果完全是成正比的。

这也是她的访谈透着浓浓文化气息和与时代特征紧密联系的原因。就像做任何一件事情都可能遇到困境和挫折一样，杨澜能够走到今天也不是一帆风顺的，但是她认为，每一个成功都是困境的开始，人要想着怎样度过困境。人要想做独特的自己，就不要担心受伤，脸皮要厚点。她在一次访谈节目中，对年轻人发出了这样的寄语：

年轻的时候你最大的财富，不是你的青春，不是你的美貌，也不是你有充沛的精力，而是你有犯错误的机会。如果你在年轻的时候都不能够追随自己的梦想，为自己认为值得干的事情冒一次风险，哪怕是犯一次错误的话，那青春是多么苍白！

面对别人“你为什么能采访各国总统等大人物”的提问，杨澜的回答善意而真诚，她说：

你要相信积累，首先你要让你的报道稍微有点不同，就那么一点不同，或许后面的情形就不一样了。比如说今天采访区长，你做得有点不同，改天就让你去采访市长，又有点不同，就让你去采访省长……我刚开始做采访时，约一个证监会主席也是托很多人才约到，还要出场费，心里很郁闷。做了三四年后，节目做得好，底气足了，别人也争相来上我的节目。我不管什么采访，所有功课都自己来消化，你要相信积累的力量。还有，就是诚意、善意的力量。在你能力范围内，善意友善地对别人，善意友善就像空气一样是会流通的，到时会有正面的能量还给你。有一种力量叫爱，当你能为别人寻找自我、表达自我提供帮助时，你的价值也会得到体现。人要学会自己成长，把成长作为人生目标去完成，你就离成功不远了。

杨澜是这么说的，也是这么做的，所以她才能被称为成功女性。由此可见，任何的成功都不是轻易就能得到的，都需要不断地努力和积累，不断地从中得到锻炼和成长，才能不断地进步，最终实现自己的目标。所以，才有她“辛辛苦苦，过舒服日子；舒舒服服，过辛苦日子”的经典感叹。杨澜的这句话听起来颇有唯物辩证法的魅力。她自身的经历很好地诠释了这句话，也给那些梦想成功者以启迪。并且，她曾引用歌德说过的“每个人都想成功，但没想到成长”的话来说明，成功其实是向某个目标前进的过程，是在表达自己对人生的态度。她说：

成功在人生当中只有一两个点，它是外在，由别人去评论；而成长是个持续的过程，是内在，在内心愉悦存在。说起成功，每个人都担心失去，而成长是自己的，虽缓慢成长，但却充满自信。

五、口才给力，为国效力

杨澜的口才、杨澜的应变能力、杨澜在海内外生活的背景等，将她推向奥运会的前台。2001 年 7 月 13 日，杨澜代表中国在申奥中的英文演说虽然仅仅只有 4 分钟时间，但是极具演讲风采和东方魅力。杨澜以亲和的微笑、宁静自信的眼神和流畅的英文，讲述北京的悠久历史文化和北京举办奥运会的文化意义。为了与评委和世界观众沟通，杨澜的论述很有西方技巧：杨澜上场第一句话是：“你们将会在北京享受一个愉快的夏天！”拉近了与西方的心理距离，很平淡的一句话但有技巧。借用西方人马可·波罗这个元素，拉近与西方文化的距离。杨澜的演说还生动阐述了奥运火炬传递壮观景象设想，把东方的雄浑大气、厚重底蕴和西方的浪漫精神、挑战理想融合为一，富有想象力和浪漫感，感染和震动评委和观众。杨澜说：“多年的媒体经验，在国内外生活居住的经验，让我知道该用什么语言，该用什么表达方式来和这些人打交道。”杨澜与西方人打交道的技巧也启发我们每个人：因为我们将首次迎来最大规模的世界客人，我们要做东道主。

她在演讲中的自信、流利、从容和深厚的文化底蕴是她在演讲中最大的成功之处。杨澜的这次演讲在网上被称为“震动世界的演讲”。

从杨澜的身上，我们看到了一个人是怎样成功的。很多人都羡慕杨澜的口才好，却不知这背后是辛苦的打拼和不断的积累。我们也都知道口才是可以后天培养的，但是如果一开始就没有找到自己在口才方面的比较优势，那努力就像失去方向的风帆，虽然鼓起来了，却不是自己想要到达的方向。

我们能从杨澜的主持中听出她的学识和主见，即便是在外力的要求下，她也坚持了自己的方向，对自己该保持和追求什么是心中有底而不为所动的，不会轻易去变更初衷的，不会放弃追求而咿咿哇哇地去迎合的。她的大气、庄重、朴实、自然和亲切的口才是不断学习和积累的结果，也是自我坚持的结果。所以，对想拥有良好口才的人来说，找对方向，坚持才能有所突破。

杨澜经典语录：与思想交朋友

一、养成看书的习惯

在与别人交往的过程中，谈吐与修养是最能征服别人的。喜欢看书的女孩，她一定是沉静且有着很好的心态，一定是出口成章且优雅知性的女人。

二、拥有品位

品味是一个人去观察事物时的态度，同样的东西，不同的人眼光下会出现着不同的版本。在某些程度上，一个人的品位与她的气质相辅相成，品位的高低取决于一个女孩在日常生活里对新事物的发现。

三、要试着发现生活里的美

不要总提醒着自己遇到的不幸，要知道在这个世界上有着很多人比你还不幸，只要能够抬头看到阳光就是幸运的，一个人把自己标榜成什么样，她就只能生活在自己给自己设下的心牢里，只有积极向上的情操才会让生活变得美好，相信明天一定比今天会好，只要你努力了，社会一定是公平的，不要抱怨生活，否则只能证明你自己没有真正地去努力。

四、跟有思想的优秀人交朋友

要开始有目的性地去选择朋友，社会中的人脉非常的重要，不要轻易地交朋友，但是想交朋友，你就要对他们付出真诚，你对别人好与不好，别人也都清楚地看得到。用自己的真诚与那些有思想的优秀人交朋友吧！

五、远离泡沫偶像剧

电视里的白马王子与灰姑娘都是生活里的男孩或女孩向往的，它并不是真的存在的，女孩子不应该再沉溺于这种造假的童话氛围里了。

六、学会忍耐与宽容

因为可能有些时候就因为你的计较会让你失去自尊，成为被人指责的没有教养的女人。给那些不友好的人善意的微笑，既能够让对方无地自容，也能够给别人留下大度且善解人意的好印象。忍耐并不是懦弱，也不是伤自尊，而是宽容美。生活里会遇到很多不公平的事情，也会遇到很多让你无法接受的人，我们不能试着去改变别人，与其非常愤怒地大声指责别人的行为，不如怀着理解的心态给对方一个微笑，任何一个人都不会去伤害一个善良的人。

七、培养健康的心态，重视自己的身体

身体是最重要的，相信每个人都知道，但是在真的做起来时，并不是一件简单的事情。二十几岁的女孩在饮食方面已经应该开始注意了。

八、让美貌成为你的资本

在适当的时候让你的美貌掌握着足够的发言权。漂亮的外貌并不是每个女孩都拥有的，让漂亮的外貌成为你的资本，在需要的时候应使用一下，它可以开启你人生中的很多困境，虽然有时候有人说漂亮的女孩都是花瓶，但是花瓶如果摆在了合适的位置，它就是艺术品。有着美丽的外表又有着智慧的内在才是优秀的女人。

九、离开了任何一个男人，你都会活得很好

感情的事情并不是谁能把握得了的，为什么因为一个男人而让自己陷入不愉快的心情中呢？一个不懂得欣赏你的男人，没有资格让你为他难过悲伤，每一个女孩都是美丽的，她在等待着一个懂她的男人出现，某个男人的离开，只能说那个懂你的男人还没有出现，男人不是女孩生活的全部。

曾经我也以为我离开了他我不能活了，后来我问自己一百遍：离开了他，我还能不能活？结果有一百二十遍回答是：我会活得很好。女孩们千万不要践踏了自己，不要以为委曲求全就能换来一个男人的爱情，爱情是美丽的，女孩子也是美丽的，不容任何一个男人亵渎！离开那个不懂欣赏你的男人，这就是最华丽的转身，虽然心有不甘，但是痛苦的折磨反而让自己没有精力去经营你的工作或学习。

十、有着理财的动机，学习投资经营

女孩到了二十几岁，就要开始学会理财了，不管现在你的收入有多少，都要为你的明天打算着，聪明的女人应该知道如何花钱，这其实也是一门艺术。

十一、爱情跟婚姻是可以共同拥有的

女孩到了二十几岁，就要面临婚姻的压力了，有人会说爱情跟婚姻是两码事，男人娶的女人是能一起过日子的，并不一定就是自己真正深爱的，女人嫁的男人是能给自己提供一个温暖且安逸的家，但并不一定就是自己真正爱的。面对这些言论，好像很多人是为了结婚而结婚的，在家庭与社会的压力下，为了结婚而结婚了。有些人结婚也是有目的性的，可能是为了让自己有个地方停留，也可能是为了以后的事业有所帮助，也有可能是自己能从对方身上得到什么。

问一下那些甜蜜中的新婚，就会知道有时候爱情与婚姻是可以共同拥有的，所谓的婚姻是爱情的坟墓，只能说双方不懂得如何去经营爱情，相信当两个人决定结婚前，双方一定是对对方有感觉的，只是婚后的日子让爱情变平淡了。这仅仅只是因为在婚姻以后，男人与女人都放下了爱情中的浪漫，投入到了工作中去。那些没结婚的女孩，千万不要为了某些目的而去结婚，结婚是非常单纯的事情，别搞得那么复杂，相信每个女孩都是渴望着爱情的。当女孩遇到自己深爱的那个人时，就会发现，想跟他在一起，可能无所谓贫富，无所谓生死。女孩不要为了结婚而结婚，也不要为了想得到某种生活而结婚。

十二、谁说女人不如男

女孩到了二十几岁，就要坚信不管是在生活中还是在职场中，并不只有男人才能有建树的，女人的资本有很多，在职场中女人略显优势，在有些行业里，女人会发挥着自己独特的优势去拼搏着，女人不要总想着在厨房发展，有能力的女人才能够让男人们欣赏，现在不流行家庭主妇的角色了，外面有着大把精彩的世界等待着女人去追求。

女人不要想依附一个男人，在这个社会里，没有谁一定要没有理由地呵护谁。女人如果依附了一个男人，她就没有自己的思想，在这个个性使然的环境中，男人也都喜欢有个性有能力的女人。努力吧，只要你拥有了属于自己的一片天空，你还害怕自己的这片天空下没有白云吗？只要你是一个才华出众的女人，还害怕优秀的男人不欣赏你吗？

十三、找一个能帮你实现梦想的老公

女孩到了二十几岁后，就要有着明确的梦想，然后再为了这个梦想去奋斗着，当你确定了一个梦想后千万不要改变，就好像当你发现一个可以帮你实现梦想的男人，千万要想办法让他成为你的老公一样。女人不要以为有些梦想自己一个人就可以实现的，或者有些非常优秀的女人，特立独行地想通过自己的努力来实现梦想，但是如果有着男人做后盾，这个梦想就能得到很好的实现，特别是能提供资金支持的男人。

现在生活里有梦想的女孩似乎很少，有些女孩只不过是想要拥有着简单的工作与简单的爱情，与一个男人在一起幸福的生活。而真正优秀的男人，他们也会希望自己的老婆是有抱负的女人，所以，如果女人有梦想，男人会全力支持的。女人完全可以让自己的梦想跟随着自己一起嫁给一个男人，只要他愿意帮你实现梦想，就说明他是一个懂得欣赏你的男人。

十四、就让青春放肆一些，笑容灿烂一些

女孩到了二十几岁后，正值青春年华，有着大把的青春可以放肆地绽放。女孩子可以在适当的时候倔强一些，可以在适当的时候骄傲一些，可以让那些美丽的嘴角微微地牵动着。二十几岁的女孩是最美的，可以肆意地笑，可以倔强地哭。二十几岁的女孩不要怕输，青春才刚刚开始，我们有着输的资本，我们可以重新开始自己的追求。二十几岁的女孩要做最真的自己，最美的年华留给灿烂的微笑，让爱情都鲜明地呈现，要敢爱敢恨，敢于追求。

女孩到了二十几岁后，就是一朵盛开最美丽的花，女孩的一季花期一定要记得只开给自己看，千万不要为了别人让自己的花期接受不必要的摧残。二十几岁的女孩是一杯清茶，其中的清秀一定要留给懂得品尝的人，别让那些没有品位的人践踏了你的清纯气息。二十几岁的女孩是片蔚蓝色的天空，它可以是悲伤的，也可以是宽敞的，但，请记住，它一定是有追求的。

第五章　另类人物言语表达研究

第一节　韩寒演讲的语言艺术

韩寒被网友称为中国的“青年领袖”，他的特立独行，他的酷，他的幽默感，都是天生的。所以他可以在演讲时评价白烨“所有的坛后来都是祭坛，所有的圈最后都是花圈”，他可以笑指高晓松“‘高’处不胜‘寒’”，骂诗人“诗歌就是用回车键分行的技术”。

近几年韩寒为数不多的几次演讲为什么能够在网络上掀起一浪浪热潮，笔者认为这与他的独立思考能力以及犀利的语言风格不可分割。下面将对其演讲语言的组织形式和风格进行一些浅析。

一、开场独到，抓住观众

细数韩寒的几次演讲，无论是厦门大学的文化沙龙，世博论坛的演讲，还是成人礼上的致辞，他的开场都非常独特，能够准确掌握每次演讲的主题，利用演讲的环境给观众制造一种欢乐的归属感，比如他有这样几次开头：

“第二次来到厦门，感觉这里的空气很好，难怪大家都喜欢散步啊。”环保大使，那可不是一般的人能够当的。韩寒言下之意如果不是因为他第二次来到厦门在先，厦门的空气估计是很难好的。空气污染严重的城市，救星韩寒来也。

“我很少来这样的场合，我比较习惯回答问题，我觉得在上面讲总有一种想要说服人的感觉。”韩寒通过自嘲来说明此次演讲场合的特点，为自己接下来的演讲做好铺垫，告诉观众不要以被说服的思维方式来对待他的这次演讲。

“这是我第一次被升上来，感觉必须得开口唱两句才是，但是我开玩笑的，因为我感冒了，所以我这两天嗓子不好，这不代表我真实的声音，但我一会要说的，它代表我心里的声音。”这样的开场白更是将娱乐性和严肃性发挥到极致，虽然是在娱乐频道做的演讲，但他的心声依然是观众所最需要关注的。

演讲的开场白之重要性是毋庸置疑的，有魅力的开场白就能立刻吸引住观众，从而使观众能够跟随演讲者的内容心生感悟。韩寒无疑在开场白上下足了功夫，每次的亮相都能使观众有种说不出的惊喜感。另外在韩寒的开场白中，我们能鲜明地注意到观众主体性的彰显，“对症下药”，韩寒心里明白不同种类的观众需要不同的演讲内容去应对，这样才不显得千篇一律，枯燥无味。

二、敢说真话，独立思考

韩寒演讲的语言中充满了犀利和智慧，他的敢说话是出了名的，但是他说的话不是胡话，而是真话，是经过其独立思考过之后的真话。很多演讲者不令观众所喜爱的原因是他们的演讲内容大多是“假大空”，而不说自己的心里话，演讲过程枯燥无味，观众也听得昏昏欲睡。而韩寒往往是有原则的一针见血，他在演讲中评论新闻事件时，往往观点独特、犀利、老道，一下子能入木三分，使人听不出任何出言无忌的不舒服。

三、善用故事，风格幽默

韩寒虽然仅仅是初中毕业，高中读了一年，但是其丰富的社会阅历帮助其在演讲的时候有更多的真实经历去讲述，而且能将自己的经历赋予很强的幽默性，能收到极佳的喜剧效果。这一切的关键在于韩寒的表达能力，一般的演讲者往往将自己的经历或者引用的故事叙述得干瘪空洞，而韩寒却能用故事在不失幽默的情况下发人深省，从而达到演讲的目的。

比如在谈到户口在中国的重要性影响恋爱婚姻家庭时，韩寒讲了自己小时候恋爱的故事：

> 当时我也不在乎户口的问题，妈妈担心我要谈恋爱，其实当时我已经谈恋爱了，但是那个时候的恋爱比较单纯，女朋友从来不问家里房子有多大。当时我们互相留了电话，那个时候装电话是很激动的事。有的时候通过电话聊天，我觉得我家的电话哪儿都好，就是声音有点大，爸爸妈妈在楼上也能听见。

这样一个活灵活现的故事不仅让观众欢乐，而且还极其生动地触及到了影响中国多年的户口以及户籍制度给人民带来的一些困难，用极其现实的经历抨击了当下不合理的制度，有力地启发了听众。

四、韩寒语录，智慧人生

韩寒在演讲时有众多经典的语录，能够令很多观众听众在听完演讲之后细细咀嚼很长一段时间，并且能启迪人生，增加智慧。

韩寒从一开始就是以敢说真话闻名，韩寒说话、写作，从来没有为了顾忌任何人或者任何事而避开某个话题。他不希望，自己有一天成为别人批评的对象，他不想和那些没有良知的文化人一样，空有文化人的头衔，却做一些令人嗤之以鼻的龌龊事。

韩寒为什么能够成功？有人说韩寒喜欢另辟蹊径，喜欢哗众取宠，喜欢特立独行，与众不同。我想，如果是想出名，那他在写《杯中窥人》的时候就已经出名了，单靠写文章就足以让他扬名了。如果是想炒作，那就更没有必要了，这个浮躁的社会，并没有他想要的虚荣。金钱、名利，他可以通过赛车获得。说真话是每个文化人的责任，他们有义务用笔杆子戳一戳民族的脊梁。

由于说真话，韩寒没少受到别人的嘲讽、谩骂，甚至排斥，可是，那又如何，这本就不是他在乎的，正如他曾经说的：

千万不要怕被他人所嘲笑，因为无论你做什么，总会有一些人在后面笑你，你做得好，做得坏，都会有人笑你，不要怕被人嘲笑，就算你喜欢研究蚯蚓，或者是你喜欢做各种各样的事情，哪怕你立志于要做第一个华人的美国总统，不要紧，JUST DO IT。

（本文由笔者与高阳合作完成）

第二节　李敖嬉笑怒骂的演讲艺术

李敖被西方传媒追捧为“中国近代最杰出的批评家”，经他抨击过的形形色色的人物超过三千人，在古今中外“骂史”上无人能望其项背。他的著作前后共有 96 本被禁，也创下历史纪录。李敖平生以嬉笑怒骂为己任，而且确有深厚学问护身，自誉为百年来中国人写白话文的翘楚。他仗义执言，有着打抱不平的正义精神，深受各界人们的敬佩。下文拟对他在中国大陆几所高校的演讲语言艺术作一个简要的探讨。

一、诙谐幽默，娱人娱己

幽默是一种优美的、健康的品质，是一种高雅而可贵的情趣，是智慧和感情的结晶。幽默思维是一种愉快的思维。语言诙谐幽默、妙趣横生是一个成功的演讲者必备的素质之一，同时也是一种极重要的个人魅力。勇于自嘲，是敢于直面过去和现实的一种表现。李敖先生喜欢拿自己开涮，拿身边之人开涮，但没人会觉得这有什么不得体之处，大家都觉得很亲切，很有意思。

他在北京大学演讲时这样开头：

前天晚上我做了一个梦，梦见北京大学一个女孩子进了一个小房间，突然看到一个男的在这个小房间里嘴巴里面念念有词，来回走动，这个女孩子就问他，你在干吗？这个男的说我在背讲演稿，女孩说你在哪儿讲演？他说我要在北京大学讲演，女孩子问：你紧张吗？他说我不紧张。女孩子说，如果你不紧张到女厕所来干什么？（掌声）这个人就是连战。（笑）

李敖先生在这里调侃连战，也调侃自己，说明演讲总是会令人紧张的，哪怕这个人是什么什么领导人，一样会紧张。因为连战先生恰好在李敖演讲前一段时间在北京大学进行过演讲，同学们对连战还记忆犹新，所以李敖先生在这里再次提及连战自然会引发大笑。

接着上面的内容，他又讲了一个小故事。他说：

台湾有一位歌星，是很有名的女人，叫做崔苔菁。你们不晓得这三个字的意思：吹是吹牛，台是台湾人，青是青年。台湾要靠混，靠嘴，又是吹牛，又是台湾人，又是青年人在混。连战就是这种人。他可以糊弄别人，但糊弄不到我们，可以糊弄你们，至少前一阵子糊弄你们。

他的这段话幽默风趣，情趣盎然，引人入胜，调节了人们的情绪，活跃了演讲的气氛。李敖先生的这个故事不但娱乐了听众，而且贴近了他的思想自由这一主题，体现了他的独树一帜的风格。

在同一场演讲中，李敖先生谈到自己的作品《李敖大全集》时，他又毫不客气地调侃起了自己。他说：

顺便跟大家讲一下，为什么叫做《李敖大全集》，不说《李敖全集》？像鲁迅这样，为什么带个“大”字？为什么你那么拽？那么神气？那么不谦虚？我告诉你，我已经很谦虚了，我叫《李敖大全集》，没有叫《大李敖全集》。

李敖先生通过三个反问，通过“大、李敖、全集”等词语前后秩序的颠倒来很好地表述了一些人心中对于他的新作品名称的疑惑和责问，同时他也很轻松地对这个问题做了诠释，避免了这种略带恶意的问题所带来的尴尬。

李敖先生北大演讲时曾提到“红地毯”事件。他说：

……我问过老板刘长乐一句话，把他问得愣住了。我说我进门的时候有没有铺红地毯？他说你没有，克林顿有，连战有，你没有。我说为什么我没有啊？是赞美我，还是抗议我啊？（众人大笑）他说，北大尊敬你，把你的演讲当学术演讲，所以不铺红地毯。我说好，我就做普通演讲，讲得好就是学术演讲，讲不好，讲一半，铺红地毯还来得及。

对于“铺红地毯”这一问题，具有两面性，如何将这个问题说得既严肃紧张，又能被别人接受？李敖恰当地运用了幽默，并且比较成功。不管从哪方面来说，李敖也可以算是一名响当当的知名人士了，给他铺红毯子也未尝不可。但大家都知道，北大的红毯子只给政客铺的，怎样才能让北大意识到这个有点“势利眼”的对待，而又不给自己难堪。他首先提出这个问题，提醒别人，然后又话锋一转，说到自己演讲的好与坏，从而既消除了主办方的尴尬，又给自己台阶下。这就是幽默的力量。

二、旁征博引，博闻强识

如果一个人总是夸夸其谈，没有什么文化底蕴，那么我们可以说他是哗众取宠，甚至丑态毕露、自取其辱的小丑，毫无内涵和思想可言。李敖先生具有深厚的文学修养、文化功底、历史学功底。他在演讲中总是旁征博引，嬉笑怒骂皆成文章。在说到知识分子和专业人才的时候，他说道：

汉朝的皇帝是高帝、惠帝……献帝，献帝时就是三国了。汉高帝刘邦痛恨知识分子，痛恨复旦大学的学生，知识分子来的时候是戴着帽子，汉高祖就一把把帽子抓下来放在下面撒尿，就是看不起这些人。

李敖先生举了2000多年前汉朝高帝刘邦的例子来辅助说明他前文所讲的中国有一段时间浪费了知识分子的原因。同时李敖先生古今结合，让复旦学生穿越时光隧道，进入当时情景之中，增强感知和记忆。

在说到汉语意境的独特及不可模仿时，李敖先生又举了一个例子。他说：

> 好比英文有一个ajar，就是门是半开的，中文没有这个词，但是我们可以用中文的意境，所以我们写书，写《西厢记》，说“待月西厢下，迎风户半开，隔墙花影动，疑是玉人来”。这就是中文的意境。

从这首极具意境的古诗词中，可以看出李敖先生那浓厚的古文学修养和书卷气息。为了证明中文的优点以及思想的极具意境，李敖先生通过中外对比的手法很好地诠释了自己的观点。

而李敖先生的博闻强识，在他演讲的多处都可体现出来，他引用了清朝龚定庵（即龚自珍）的两句诗：

> 科以人重科亦重，人以科传人可知。
>
> 好比说我做了秀才，我做了状元，我有头衔，科以人重科亦重，就是我是复旦大学毕业，可我今天，我是毛泽东，是复旦大学毕业的，毛泽东反过来影响了头衔，复旦大学的头衔也就跟着重了。因为人重要，所以跟着重了。可是人以科传人可知，这个人什么都没有，说我是复旦毕业，靠着这个头衔混的，这种人什么样子我们都知道了……

李敖先生以这两句简单的诗词就让复旦的学生了解了这样一个道理：你们不但要从复旦走出去，还要超过复旦，你们的光芒四射，对于你们的学校才是真正的回馈。

三、妙用修辞，形象新颖

恰到好处的修辞，能够极大地增添演讲的魅力。因为，修辞本身的目的就是提高语言的表现力。成功的演讲一般少不了对修辞的恰切的运用。李敖先生在演讲中常常妙用修辞，给听众形象新颖的感受。

李敖先生在演讲中提到政府和人民的关系，他运用借代和排比的手法，利用北京方言表达意思的准确性，指出人民与政府的五种关系，既形象生动又新颖活泼，深深地吸引住了观众。

> 第一个是我不要活了，我嗝（音 gé）了。（掌声）什么叫嗝了？你看屈原就是看政府不好，我嗝了。我嗝了，就是我不要活了。
>
> 第二个是什么呢？就是我颠（音 diān）了，什么叫颠呢？就是跑了，为什么颠呢？我玩不过你。我去做美国人了，我不要跟你们在一起。在座的我的女儿，李文，就是这种典型的人。（掌声）
>
> 第三种是得（音 dé）了。什么叫得了？得就是说，你找不着我了，我猫起来了。做隐士，得的意思就是我藏起来了。在中国的标准里面，是做隐士，就是我藏起来了。诸葛亮不就是“得”了，可是刘备找着他了，是吧，所以就不“得”了（掌声）。
>
> 第四种是悚（音 sóng）了，什么叫悚？小时候我们在北京斗蛐蛐，斗蟋蟀，斗来斗去，一个蟋蟀打不过另外一个了，你怎么逗它它都不打，就是悚了。悚了就是蔫了，就是人民对政府的态度，我怕你，不跟你玩了。
>
> 第五种是什么呢？第五种就是翻（音 fān）了，就是火了，我火了，我和你干上了，我生气了。什么时候会“翻”了。我告诉你，人民忍无可忍的时候，在找到一个节骨眼的地方的时候就会“翻”了。

李敖先生在这里连续使用的五个动词应该都属于北方方言词。方言词有时候在表达意义方面有着更加精彩的效果。而且李敖先生在这里的举例很有意思，既有屈原这样的爱国人士，又有自己的女儿颠到美国去了的事情。如此有趣的事例怎不新鲜生动呢？第一、第二、第三、第四、第五，这样一组排比句将人民与政府的关系描写得惟妙惟肖。

关于现场演讲的效果问题，李敖先生同样运用了排比的修辞手法：

> 演讲者在这里最怕四样事情。第一样事情是人不来听；第二件事情是来听了后跑去小便；第三个是小便以后不回来；（笑声）第四个是不鼓掌。（掌声）

李敖先生用简单的几句话告诉受众，演讲效果好不好看听众的表现就知道了。李敖先生的演讲常常综合运用比喻、拟人、夸张、对比、对偶、引用等修辞手法，大大地增强了演讲的表现力，给听众留下了深刻的印象。

第三节　软绵绵的昆明来了个硬邦邦的领导

——原昆明市委书记仇和的语言魅力

仇和，中国政坛上的一颗新星。10 多年来，他历任沭阳县委书记、宿迁市委书记、江苏省副省长，现任云南省委常委、昆明市委书记。说他是新星，因为他的激进改革措施以及由此表现出来的领导风格，曾在中华大地上引起轰动，成为媒体爆炒的话题。中央电视台《焦点访谈》栏目接连三次对他主政的沭阳县进行报道，中央有关部委和江苏省也曾先后派出调查组到该县调查，2004 年胡锦涛总书记在江苏省考察期间，专门到宿迁市听取了仇和等人的工作汇报。2007 年年底，仇和就任云南省委常委、昆明市委书记，不到一个月的言行，又一次在春城引起轰动。下文就其语言魅力进行分析。

一、硬邦邦的语言，震撼官员

仇和一向以"铁腕"著称，这不仅表现在他的行为果断，意志坚定，而且也表现在他的语言硬邦邦，不留情面。

2007 年 12 月 28 日，即来到昆明 4 天后，在昆明市委召开的全市干部大会上正式履新的第一次发言，仇和说：

从市委、市政府开始，在全市上下来一次思想大解放，形成一个新的冲击波，扫除一切阻碍发展的思想障碍，清除一切影响发展的制度瓶颈。

定下来的事，必须无条件、无阻力、无障碍地坚决执行、迅速落实，做到说了算、定了干，招之即来，来之能办，办之能成，高效率、快节奏、强力推进各项工作落实。

在昆明市经济社会发展软环境建设动员会上，仇和说：

对各种损坏软环境的行为，要坚决打击，绝不手软，切实做到治得准、治得狠、治得稳……对那些有禁不止、有令不行、有诺不践、不听招呼的，其直接责任人一律先实行离岗再处理，并追究单位主要负责人的责任。

实现发展软环境的根本好转，必须把软环境当成硬任务，出硬招，落实到人头。这次公布全市副处级以上干部的姓名、职务、分工、工作电话，制作《市情手册》摆在书店出售，就是要主动接受群众监督，在全市上下形成这样一种共识、建立这样一种机制——不抓软环境就是失职，抓不好软环境就是不称职；谁损害昆明形象，谁就是破坏昆明软环境，谁就是跟全市人民过不去。

在昆明市环保局检查指导工作时，仇和说：

治湖先治水、治水先治河，治河先治污，治污先治人，治人先治官。

要制定实施最严格的限时办结制度、最严肃的服务承诺制度、最严厉的问责制度。

在昆明市党风廉政建设动员会上，仇和说：

> 腐败我看有三种：第一种是贪污，第二种是决策失误造成经济损失，第三种是宁愿少干事，甚至不干事，保证不出事，四平八稳，按年龄大小、皱纹多少、胡子长短排队等提拔，失去机遇，影响一个区域经济社会发展。后两种比第一种造成的损失更大，更可恶。
>
> 要加大从源头上预防和治理腐败的力度，坚决查处各种违法违纪现象，绝不让腐败分子在党内和公务员队伍中有藏身立足之地。
>
> ……

硬邦邦的语言，震慑了官员。仇和对软环境的治理整顿、对反腐倡廉的建设、对环境保护的手腕，在他主政的江苏沭阳县、宿迁市、江苏省时就出了名。主政沭阳时他曾率领5000多名干部当了一周的清洁工，对全县各种公路进行了改造；治安方面，他说“治安问题的根本就是警匪一家”。免去原公安局长职务，突然宣布38个派出所所长大调防；在反腐方面，1997年一年内沭阳就被逮捕查办的党员干部243名，其中还有2名副书记，3名副县长和一名政协主席。他在沭阳首推的干部任前公示制后被中共中央组织部写进《干部任免条例》，在全国推行；2001年，任宿迁市委书记后，他的这些做法在宿迁继续推行；2006年3月，仇和升任副省长，10月11日，仇和在全省电视电话会议上说，用“最坚决、最严格、最彻底”的措施，彻底整治“小化工”环境污染和安全问题。不到一年的时间，全省2150家小化工企业关闭了1934家。

仇和的这些语言和以往的所作所为，不能不说是给昆明的官员上了生动的一课。现在真的来了一个动真格的领导了。于是，昆明的官员们工作节奏已从3/4拍陡然变成6/8拍，明显快了很多。“不能不快，跟不上也得跑!”这是昆明的一个官员对昆明官场的形容。因为他们身后站着一个举“鞭子”的人。仇和把多年探索的经验和思考带到了昆明，他的铁腕改革风格历经十年而弥新弥坚，他的“跑姿”看似大胆，却步步为营，扎实稳健。

昆明官员慨叹："当官累呀，以前嫌官小，现在嫌官大，官越大越辛苦，责任越大！"昆明的官员不能不紧张了，因为昆明正面向全国公开选拔100名优秀年轻干部，作为县处级后备干部的培养。100名优秀年轻后备干部蓄势待发，在位的干部谁敢不珍惜头上的"纱帽"！

二、人情味的语言，感动百姓

其实，仇和并不是那种毫无人情味的领导。他出生在江苏盐城一个农村家庭，父母都是农民，家里原本有8个孩子，因为穷，夭折了两个。他能上学是牺牲了三个姐姐的上学机会才换来的。他的家是全村最后一个从草房改成瓦房的。他是一个典型的农村娃娃，他了解农村的一切，也想改变这一切。正是因为想改变农村面貌，所以1977年他报考了江苏农学院。生在农村，长在农村，他对农村有深刻的了解，渴望改变农村落后的现状。仇和"爱之深，恨之切"，于是一系列激进的改革措施出台的同时，他也说出了很多感人肺腑、感染人心的话。

在昆明市十一届三次政协会议上，仇和说：

当我们作决策、抓落实时，要想到这事关全市人民的生产生活。所以我们必须尽心、尽智、尽力、尽责，不能敷衍塞责；

当我们住着宽敞的住房、使用便捷的车辆时，要想到还有相当数量的老百姓住茅屋草舍、以步当车，所以我们必须艰苦朴素，不能多占住房、滥用公车；

当我们用纳税人的钱，改善办公的接待条件，甚至享用着夏无酷暑、冬无严寒的办公和接待设施时，要想到农村还有部分老百姓的住房夏天是"火炉"、冬天是"冰箱"、绳子是"衣柜"、吃的是"杂烩"，所以我们必须牢记"两个务必"，禁奢止侈；

当我们接待客人举杯畅饮时，要想到还有一些老百姓少衣寡食、生活困难，有的甚至一辈子未吃过一桌完整的宴席，所以我们必须勤俭节约，不能铺张浪费；

当我们外出开会想以会代游时，要想到农村还有部分老人一辈子连县城甚至小城镇都没到过，所以我们必须洁身自好，不能公款旅游；

当我们下基层为老百姓排忧解难时，要想到自己也是来自老百姓，所以我们必须和老百姓打成一片，不能“演戏作秀”；

当我们的亲属想借助我们的权力和影响谋取私利时，要想到还有一些老百姓可能呼天不应、叫地不灵，办事无助、孤立无援，所以我们必须严格管理好家属、亲属、下属，不能怂恿放纵；

当我们坐在主席台上作报告作部署时，要想到台下有许多人威望更高，能力更强，所以我们必须谦虚谨慎，不能居高临下、颐指气使。

这些感人肺腑的语言多次被各位代表委员的掌声打断。代表们说：“这是老百姓最希望听到的声音，感人肺腑，饱含深情。”昆明市政协委员吴建国说，仇和书记的讲话中，特别强调了“心中装着老百姓、脑中想着老百姓、一切为了老百姓，带着良心和感情干工作，怀着道德和伦理创事业”，而且一连用了 8 个“当我们”的情景下，都要为老百姓着想，说到了老百姓的心坎上，非常令人振奋，也让人对昆明的明天充满希望和憧憬。这段话可以说是温家宝总理的“只有把人民放在心上，人民才能把你放在位上”的生动实践。

“很受鼓舞，很振奋，感动人，很实际！”曾尉林委员一连感叹，说仇和书记的讲话鞭策我们发奋，不仅政府官员要发奋，企业要发奋，所有昆明人都应发奋。这真正是为民办事，为昆明发展办事，做真事、做实事的态度，一点都不作秀。特别感人的是，他到农村看到困难的人民群众发出的那种感叹，很真实、很激发人、很教育人、很感动人，让大家都关心贫困群众，关心昆明的发展。

昆明市一名局级干部说，仇书记上任后，昆明官场正气激扬，就连那些有怨气的官员也不得不承认，“仇书记对公务员要求几乎苛刻，但他对老百姓是真好。他在昆明市政协十一届三次会议闭幕上的感言，充满对百姓疾苦的切身感受，切切真情催人泪下，他对老百姓的好是发自肺腑的。”

一个正常人，一个有责任心的人，一个心里装着人民群众的人，看到听到这样富有人情味的、说到老百姓心坎上去的语言，有几个能不为之所动呢？这样的领导才是人民群众真正需要的领导，这样的领导才能得到人民群众的衷心拥护。也许这就是为什么他虽然“最富有争议”，但依旧一路过关斩将，升至云南省常委、昆明市委书记的重要原因吧。

《尚书》说：“民为邦本，本固邦宁”；《大学》说：“得众则得国，失众则失国”；晚清思想家王韬《重民》说：“天下何以治？得民心而已！国家何以兴？唯变革而已！”诚哉斯言。

三、誓师似的语言，挑战自我

《论语》说：“政者，正也。子帅以正，孰能不正？”

《墨子》说：“政者，口言之，身必行之。”

《淮南子》说：“上唱而民和，上动而下随。”

以身作则，这也是仇和的一贯风格。多年来，他从来就不是那种仅仅发号施令、颐指气使、指手画脚，而自己不怎么干实事的人。率先垂范、身先士卒、向我看齐是他的显著特点。这也就是他主政的地方官场正气激扬的重要原因。

仇和履新时说：

> 从现在开始，我愿做一名合格的纤夫，与昆明各族人民一道，心往一处想，劲往一处使，拉动昆明市这艘‘巨轮’快速平稳前行。

这句话表明了仇和的心迹：我来了不是做官的，不是来享福的，而是来做纤夫的，带动昆明人民共同前进的。我们的官员如果都是这样，何愁全民小康不能早日实现。

> 我到昆明工作，人地两疏，和大家无亲无故；从未共事过，与大家无恨无怨；只身一人，无牵无挂；所以，工作一定能无恃无畏。

这句话表明了仇和书记一种坦荡的心态。古人云：心底无私天地宽。公生明，廉生威。只要自己清正廉洁，不以权谋私，不假公济私，则没有克服不了的困难。

从我做起，向我看齐，凡是要求大家做到的，自己首先做到；凡是要求大家不做的，自己带头不做。

这句话实际上是向昆明人民宣誓：从我做起，向我看齐。这是多么响亮的口号。人们常说：村看村，户看户，群众看的是干部。“其身正，不令而行；其身不正，虽令不从”。干部自己做好了，何愁工作不好开展。

我一定要抓住机会，珍惜机遇，拼命工作，会有累不垮的精神，耗不完的精力，干不厌的激情，折不扰的毅力！

这句话表达了仇和的人生观，价值观。人生短暂，为人民服务的时间是很有限的。应该抓紧时间满腔热情地为党为人民多工作，只有这样，才能不辜负党中央国务院的殷切希望，不辜负昆明人民的期望。这是何等高尚的一种境界！

老大难，老大难，老大重视就不难。事实也是这样，只有一把手重视了，难也不难了。一个单位一个地方的快慢与好坏，全在于一把手的德才与魄力。

这句话真实地反映了单位一把手的重要性，领导的重视是我们事业成功的关键。很多单位工作没有起色，关键就是领导的能力有限，魅力不够。

当前昆明到了工业化加速、城市化提升、市场化转型、国际化拓展的关键时期，在今后的工作中，将尽心尽力，尽职尽责，用昆明铿锵前进的步伐，表达不辱使命的决心。

这句话表现了仇和对昆明近年发展滞后的焦虑心情，同时也表达了自己“拼了命地干”的精神。事实证明：没有拼命三郎的精神，工作就很难开展。

世界上没有随随便便的成功。

> 不久前，昆明公布了一批公务员的电话，我们进行了抽查，发现仍有少数打不通。我们党的干部，与群众如鱼水之情、血肉联系，如果连电话都打不通，何谈血肉联系？公务员是公仆，老百姓是主人，主人都找不到公仆，这是讲不通的。

这是多么实在的语言啊！这是对很多人的公仆观的颠覆。人民需要这样的公仆，国家需要这样的公仆！

……

仇和书记是这样说的，也是这样做的。他上任前几天，便着轻装便服，悄悄空降到了昆明，并且以惊人的速度“认路、认门、认人”。上任第一天就从13楼到1楼地与全体工作人员握手；第二天就跑了四个区；他上任不到两个月，昆明众多的官员就深深地感受到了，这位新任市委书记说话“嘣嘣嘣”、走路“咚咚咚”，由他宣布启动的一系列“新政”带动昆明直奔一个方向：筑巢引凤、激活发展、用足机遇、富民强市。仇和语速快、走路快、工作节奏快，高手出招，让人猝不及防。仇和到昆明报到的第4天，正式履新的第一次开口发言，把一个干部大会开成了热气腾腾的解放思想的动员大会。在会上，他慷慨陈词，豪情万丈，信心百倍，高点亮相。没有“温良恭俭让”的低姿态，没有尽力回避个性色彩，这种“锐利”的亮相姿态，使现场响起经久不息的掌声。

仇和的以身作则不仅仅是工作上，在学习上也是如此。他每天坚持阅读45页书，从不间断。仇和身边的工作人员说，他的发言稿都是仇和亲自执笔。2006年4月，仇和离开宿迁，发表题为《感谢宿迁人民》数千字的讲话稿完全由自己执笔，全谈工作感受，是一篇非常优秀的演讲稿，可以说仇和是一个学习型的领导。

四、排比式的语言，令人信服

老百姓喜欢听仇和的讲话，读者喜欢阅读仇和的文章，除了讲话和文章有内容有新意，确确实实为老百姓说话之外，还有一个特点就是仇和善于使用排比句。排比句不仅能起到增强说服力、感染力的作用，而且能够增强气势，令人信服，鼓舞士气。

仇和在打造昆明的政策品牌方面使用了一系列的排比，这些排比说服力很强，可接受性也很强，操作性也很强。他说：

> 我们要提倡一种精神："凡是符合国家政策法规的，都可以大胆地试；凡是外地成功的做法，都可以大胆参考；凡是不利于科学发展的条条框框，都可以突破。"

这些话很有邓小平当年南巡讲话的一点味道。事实就是这样，改革开放是前无古人的事业，我们必须要大胆地试，大胆地闯，没有一点闯劲是不可能成就大事的。

> 我们要倡导这样一种风气："先干不争论、先试不议论、先做不评论，允许在探索中失败，不允许无所作为，在干中积累经验，在干中完善政策。"

这实际上也秉承了邓小平同志的"不争论"和"摸着石头过河"的思想。我们很多时候为了一些事情争论、讨论、议论，再争论、再讨论、再议论，最后时间就这样浪费了，机遇就这样错过了。仇和同志在这里强调了一个实实在在的"干"字。社会主义是干出来的，而不是争论出来的。

> 我们坚决要克服这样一种思想："没有政策等政策，有了政策等意见，有了意见等经验，有了经验等扶持。"

这实际上是在批评我们有些领导干部的"懒惰"思想，不仅精神上懒惰，思想上懒惰，行为上更是懒惰。懒惰是万恶之源。

> 我们要建立这样一种机制："谁管不住大盖帽，就要摘掉乌纱帽；谁掌不好印，就不要掌权；谁砸昆明的牌子，就砸谁的饭碗。"

这组排比实际上是给官员施加压力。长期以来，我们很多政府官员为人民服务意识不强，得过且过，做一天和尚撞一天钟。仇和这样的一段话好似套在官员们头上的紧箍咒，甚至好似一把悬在官员们头顶上的一把利剑。

> 我们要坚决杜绝从部门利益出发，随意截留和'贪污'好政策，坚决杜绝上有政策、下有对策，坚决杜绝阳奉阴违、明拖暗抗、我行我素、顶着不办。

仇和书记的"三个杜绝"震慑了官员们的"利益原则"、"对策原则"、"阳奉阴违的原则"。这些招呼打在了前面，相信各级领导对这些行为和思想都应有所收敛。

> 如果有一个好的班子，好的思路和好的精神，就没有什么改变不了的面貌，没有克服不了的困难，没有逾越不了的障碍。

仇和书记的"三个没有"一方面强调了领导班子的重要性，另一方面表达了他的决心和信心。

> 我们要创造"一线工作法"，即"干部在一线工作，决策在一线落实，问题在一线解决，创新在一线体现，成效在一线检验。"

他在市委全会上对城市管理部门说：

> 你们的办公室就在街上，你们不应该只坐在办公室，要批文件晚上回办公室批。

这段话表明仇和深入群众的工作作风。这实际上是在倡导官员和百姓的关系应该是鱼水关系，而不是鸭水关系，浮在水面上，而不深入群众。

仇和是当今中国政坛上的一颗新星。他多年来以“铁腕”著称，而且也做出了许许多多扎扎实实有目共睹的成绩，取得了辉煌的成就，得到了省委和中央的认可。“他是一个实干主义者，是一个现实主义者，他自己身先士卒，自己参与到整个决策、执行的过程中，带来一种非常开明、开放的思想和观念和非常好的效率。”昆明市市长张祖林说。

仇和的执政风格从其语言中可以窥见一斑，仇和的语言也为其执政风格的形成摇旗呐喊。在假话大话空话满天飞的地方，仇和的语言横空出世，犹如一匹黑马，语惊四座；又有如一盏明灯，熠熠闪光，散发着魅力的光芒！

仇和语录

改革要冒风险，稳定要付成本，发展要付代价。

大家要尽快就业，只要做到家家能生产，户户能经营，人人有事干，个个有钱赚，社会就稳定了。

要延长自己的政治生命，反正都是60岁退休，争取每天多做几件事。

想得到的不一定办到，但想不到的永远办不到，看准的事情砸锅卖铁也要做！

领导干部要开阔胸襟、视野、思路、眼界，要学习先进经验，不断解决困难及问题，变压力为动力。要多换思想少换人，但不换思想就换人。阻力不是来自百姓、市民，是在领导干部中。

昆明不仅是云南的昆明，也是中国的昆明，更是世界的昆明。

前面的标兵越来越多、越来越远，后面的追兵越来越少、越来越近。

为公才改革，为私谁改革？

不用强制力量怎么行？中国要用50年的时间走完西方国家300年的路，那得怎么走？只能是压缩饼干式的发展。

我们能不能用人治来推动法治，用不民主的方式来推动民主呢？

作为领导干部，要求别人做到的，自己首先做到；要求别人不做的，自己坚决不做。在解放思想的问题上，大家不要做手电筒，只照别人，不照自己；而要做镜子，常审视自己，多检点自己。只有抓好领导集团“一班人”，推动中层干部“一层人”，带动基层干部群众“一群人”，才能形成思想解放的良好态势。

当前特别需要冲破“六个思想障碍”，即冲破传统计划经济的固有习惯和重发展轻环境、重速度轻效益、重增长轻节约的片面发展观，确立市场经济和科学发展的新观念；冲破小富即安小富即满的小农意识，弘扬自强不息，勇攀新高的进取精神；冲破养尊处优、不思进取、看摊守业的思维定势，增强敢试敢闯、敢为人先的创新意识；冲破等靠要的唯条件论，树立事在人为、关键在我的能动观点；冲破“准我干我才干”、“唯上”、“唯书”的僵化思想，不断创新求变的求索作风；冲破地区、部门狭隘的利益观，形成合力求发展的浓烈氛围。

奖励得让人心动，惩罚得让人心痛。

仇和这样描述昆明：城中空间与城郊空间不对称，私密空间与公共空间不对称；春城不绿，城市整体形象不佳；交通拥堵，市民出行不便，被一些市民戏称为‘困民’；城中村见缝插楼，春城几乎成为‘村城’……工业化、城市化、市场化、国际化进程与现代化都市应有的作用极不相称。

对下负责就是最好的对上负责，对昆明人民负责，是对省委省政府最好的负责，更是对党中央国务院负责。

省会城市最大的优势就是有部分立法权——这是最大的优势，要用足。

地球是一个村庄，你我都是老乡；国家是一个家园，你我都是成员。

前面的标兵越来越多、越来越远，后面的追兵越来越少、越来越近。

天下最真实的官只有两个，一是宰相，一是县官，越是落后的地方越有改革的空间和余地。

从今以后，不许政府再创办纯国有企业，现有企业的改制原则是能卖不股、能股不租、以卖为主，所有机关单位的门面房一个不准留，拿在手里出租，就有腐败的可能。

一旦昆明发生地震，那昆明的城中村将成为坟场。（仇和刚到昆明，到

地震局调研时说）

昆明要成为审批项目最少、审批时间最短、收费标准最低的城市，要有最优惠的政策、最灵活的管理制度、最超前的改革措施、最严格的问责制度、最严厉的限时办结制度、最严肃的服务承诺制度。

政治上越乱越穷，越穷越乱，表现为乱折腾；社会上越生越穷，越穷越生，表现为乱生育；经济上越收越穷，越穷越收，表现为乱收费；思想上越保守越穷，越穷越保守，表现为头脑僵化。这就是著名的“四段论”。

在宿迁全市干部大会上的告别演讲

仇　和

这次组织上安排我到省里工作，我坚决拥护中央和省委的决定。因为我深深地知道，个人的命运是由国家、民族和人民的命运所决定的，个人的作用只有依附、融合于党和人民事业的发展中才能得以发挥。我个人工作的变动，这不仅是中央和省委对我的培养、信任和关怀，更重要的是它体现了中央、省委对宿迁工作的肯定、对宿迁领导班子的肯定、对宿迁干部队伍的肯定，体现了中央、省委对宿迁事业的高度重视、大力支持和关心厚爱。

物换星移十载逝，两河两湖情悠悠。1996 年 8 月 11 日，我从省级机关来到宿迁，参与地级宿迁市的筹建，转眼已和同志们朝夕相处了 9 年零 8 个多月的时间。伴随着离别日子的一天天临近，我的心情也越来越难抑平静。连日来，宿迁的山山水水，宿迁的父老乡亲，宿迁的广大干部和一起奋斗的事业，时刻萦绕在我心头、浮现在我眼前，一幅幅画卷、一幕幕场景，是那么的清晰，那么的难忘，那么的令我眷恋。这十年，对宿迁来说，是得到中央和省委、省政府机遇垂青、倍加呵护、倾力扶持的十年，是得到外界高度关注、评论议论、终成共识的十年，是经过顽强打拼、摆脱窘境、奠定基础、加速崛起的十年。十年中，我先后在市、县两级主要领导岗位上工作。如果说工作上取得了一些成绩，这主要归功于中央和省委、省政府的正确领导，归功于前任市委书记徐守盛、市长刘学东、佘义和等老领导、老同志打下的良好基础，归功于与我合作共事的领导班子全体成员的紧密配合，归功于全市广大干部和526万宿迁人民的大力支持。借此机会，我向长期以来关心、支持、理解、信任和帮助过我的各级领导、离退休老同志、驻宿部队、公安干警、武警官兵、各民主党派、工商联、社会各界人士和宿迁的父老乡亲及外埠宿迁老乡，表示崇高的敬意和衷心的感谢！

在宿迁工作的十年时间里，我由衷地感谢中央和省委、省政府的深切关怀。宿迁作为新组建的地级市，农业、农村、农民比重最大，工业化、城市化、市场化比例最低，作为区域政治、经济、文化和社会事业发展载体的中心城市，建设处于零基础、零起点、零起步，具有特殊的市情、特殊的区位、特殊的地位和特定的发展阶段，是沿海发达省份的欠发达市份、经济发达地区的不发达区域。十年来，每当我们处在关键时期，中央和省委、省政府都及时给我们指明前进的方向，创造宽松的环境，并赋予特殊的扶持政策；每当我们取得成绩时，省委、省政府总是从多方面给予肯定、鼓励和鞭策，寄予殷切的期望；每当我们遇到挫折时，省委、省政府都给予悉心指导、大力支持，为我们撑腰壮胆，帮我们越过障碍；每当我们遇到困难时，省级机关和苏州等十二个兄弟市都高度关注、无私援助，帮助我们战胜困难、渡过难关。所有这一切，不仅是对宿迁工作的支持，也是对我个人的厚爱，我会永远铭记心头，永久为之感动。

在宿迁工作的十年时间里，我真诚地感谢全市广大干部的鼎力支持。这十年，是我人生中难忘的一段岁月，是我事业中宝贵的一段经历，是我工作中愉快的一段光阴。宿迁的干部有很高的政治觉悟和政策水平，是一支讲政治、顾大局、能干事、会干事、干成事的好队伍。他们平凡而伟大，是宿迁发展和进步的脊梁。十年来，我们每一项决策的形成，每一项工作的顺利推进，都体现着领导班子全体成员的团结协作，凝聚着广大干部的共同努力，承载着老领导、老同志的传、帮、带。十年来，我与广大干部从不相识到相识、相知、相勉，大家朝夕相处，同甘共苦，风雨同舟，为着宿迁的发展、人民的幸福，一起担负责任、承受压力，一起殚精竭虑、用力使劲，一起加班熬夜、通宵达旦，一起分享喜悦、庆祝成功。共同的事业、共同的目标和共同的奋斗，使我们成为很好的同志、同事和朋友，这种情谊将是我一生中最为宝贵的财富，这种志同道合的同志之情比手足之情要珍贵得多，这种真诚质朴的同志之谊比金兰之义要高尚得多。我将倍加珍视并永远记住在宿迁工作的这段美好时光，倍加珍视并永远记住各位同志的支持帮助，倍加珍视并永远记住与宿迁同事结下的深情厚谊。

在宿迁工作的十年时间里，我深深地感谢宿迁人民的倾情奉献。天下者天下人的天下，宿迁者宿迁人的宿迁。宿迁历史悠久、文化灿烂、风光秀美；宿迁人民勤劳智慧、朴实善良、吃苦耐劳。这是一个令人向往，也令人留恋的好地方。我在宿迁工作近十年，深情地爱上了这片土地，我儿子在宿迁读书近六年，留下了浓浓的宿迁口音，我爱人在宿迁工作及退休近五年，深沉地眷恋着她的同事，我们赡养的三位高龄老人在宿迁生活近四年，她们执著地喜欢宿迁的宁静，更有我永久助养的六位宿迁孤儿使我们不能割舍宿迁情结，我的全家已经融入宿迁，已经成为真正的宿迁人！十年来，同呼吸、共命运的经历，已经把我和宿迁人民紧紧地连在了一起。回首往事，不论是改革开放还是经济发展，不论是交通会战还是城镇建设，不论是顺利之时还是困境之中，广大的宿迁人民，始终以坚忍不拔的意志克难制胜，始终以勇于创新的品质开拓进取，始终以无私忘我的精神顾全大局。他们不仅以自己的汗水浇灌着这块土地，还在需要的时候舍小家、顾大家，凝聚成万众一心的合力。所有这些都深深地感染了我、熏陶了我、教育了我。是他们，赋予了我科学决策的智慧；是他们，支撑着我挺过了人生中最艰难的岁月；是他们，帮助我度过了一生中最难忘的时光；是他们，给了我工作的激情和创新的冲动。只要想起这些，我就会有使不完的干劲，累不垮的精神，干不厌的工作，折不挠的毅力。在这十年中，就我个人来说，有过痛苦、劳累、茫然和等待，但更多的是欢乐、轻松、自信和坚定，这是宿迁人民使然，是宿迁人民赐予的。宿迁人民的殷殷深情已经融入我的血脉之中，使我更加清醒地认识到肩上的重任，也必将成为我今后为党和人民更好工作的力量源泉。

十年，对宇宙变迁是不值计量，对世界变化是长河一瞬，对经济发展是弹指一挥，对社会进步是过眼云烟。但对我个人来说，却是不短的人生履历、社会阅历、政治经历。我本来自农村，出身农民，是组织的培养和信任，是宿迁人民的理解和支持，是许多老领导、老同志、老同事甘为人梯、甘当铺路石，使我走上了重要领导岗位。我经常提醒并告诫自己，一地政权，一域发展，一方稳定，百万百姓，责任重如泰山，不可有丝毫懈怠。回首这段岁月，感到欣慰的是，我没有虚度光阴，在宿迁这块充满活力和希望的土地上，倾注了我全部的追求和心血，融入了所有的甘苦与忧乐；回首这段岁月，虽然付出超常的辛劳和汗水，尽管已眉梢添雪、风霜日重，但我心甘情愿、无怨无悔；回首这段岁月，虽然也曾经历过坎坷和曲折，也曾遭遇意想不到的艰难和险阻，但我从未有过丝毫的懈怠和退却。十年来，我时刻铭记组织的重托、人民的期盼，尽心、尽力、尽责，试图以行动报答党和人民的哺育之恩和舐犊之情。但是，由于能力和水平有限，尽管本人在主观上作出了很大的努力，仍然还有许多没有做好的事，存在着一些解决得不及时、不妥当的问题，留下了一些不足与遗憾。我觉得，如果我在学习上再刻苦一些，决策水平和工作质量或许会更高一些；如果我在工作中能更深入一些、接触群众更广泛一些，考虑的问题或许会更全面一些；如果我的性格再温和一些、领导艺术再讲究一些，或许就会避免因工作苛求太多、批评人较多而伤害少数同志的感情，造成个别同志的误解。虽然过去的一切不能让我们假设，我们也不能挽留住岁月，却可以挽留住岁月留给我们的借鉴和启示、激励和鞭策，以便我把今后的工作做得更好。今天也借此机会，向十年来因我个人主观原因而留给宿迁的遗憾，留给同志们的抱怨，向大家表示深深的歉意！

人事有代谢，往来成古今。建市以来，中央和省委、省政府对宿迁工作十分关心，特别是对宿迁的领导班子建设一直十分重视，不仅先后从宿迁选拔了两名省级国家工作人员，而且总是从宿迁的实际出发，为宿迁选拔了一批又一批素质优良的领导干部，配备了一届又一届坚强有力的领导班子。这次，书记、市长人选都在宿迁市级领导班子成员中产生，再次体现了省委对宿迁工作的充分肯定，对宿迁干部的关怀厚爱，对宿迁地区发展的高度重视。新实同志、瑞林同志的情况，冯书记已作了详细介绍，他们都是与我长期友好和谐共事的同事，都是组织上长期考验的优秀领导干部，都为宿迁的改革发展作出过重要贡献，深受宿迁广大干部群众的拥护和敬重。我相信，由新实同志主持市委工作，由瑞林同志主持市政府工作，一定会比我做得更好，一定能够继往开来，不断谱写宿迁新的篇章，再创宿迁新的辉煌。

在学校读书时，我就一直喜欢艾青先生的诗句："为什么我的眼里常含泪水？因为我对这土地爱得深沉……"今天，在这里，我和同志们、同事们深情告别，和宿迁人民深情告别，和这方热土深情告别，我更读懂了它所蕴含的深情！今后，无论我走到哪里，宿迁，这块给我太多感动和真诚的土地，我都会永远回忆和珍藏。宿迁的每一步发展，我都会关心、支持；宿迁的每一点变化，我都会为之高兴、喜悦；宿迁的每一个胜利与成功，也都会带给我无穷的动力和无限的鼓舞。

最后，让我由衷地说上三句话：

我衷心地感谢宿迁人民！

我深深地眷恋宿迁这块热土！

我真诚地祝愿宿迁的明天更美好！

简析：

仇和，汉族，1957年1月生，江苏滨海人，现任云南省委常委、昆明市委书记。1996年至2006年在江苏省宿迁任职。本文是仇和离开宿迁时作的一次告别演说。

"物换星移十载逝，两河两湖情悠悠"。当要即将离开为之奋斗十载的热土时，仇和浮想联翩，心头浮现的是"与广大干部和一起奋斗的事业"，是"那么的清晰，那么的难忘，那么的令我眷恋"的"一幅幅画卷、一幕幕场景"。"为什么我的眼里常含泪水？因为我对这土地爱得深沉……"这哪里是一个领导干部的讲话，这分明就是作家笔下的优美的诗歌、散文，是画家笔下的美丽画卷。据报道，当时在场的许多人都是眼含热泪听完了这个讲话。没有刻意的雕饰，更没有什么大话、套话，有的是心与心的真诚的交融，是感情的倾泻和升华。

"我在宿迁工作近十年，深情地爱上了这片土地，我儿子在宿迁读书六年，留下了浓浓的宿迁口音，我爱人在宿迁工作及退休五年，深沉地眷念她的同事，我们赡养的三位高龄老人在宿迁生活近四年，她们执著地喜欢宿迁的宁静，更有我永久助养的六位宿迁孤儿使我们不能割舍宿迁情结，我的全家已经融入宿迁，已经成为真正的宿迁人!”有谁能说，这是高居台上的“重要讲话”？这分明是朋友的促膝谈心、是战友的离别道白。这样的讲话，令听众勾起往事和产生共鸣，不失为领导干部讲话中的上乘之作。

附　录　雷人雷语短评

从雷人语录看官员话语形象

媒体上经常出现一些官员的雷人雷语，如下面这些话语都是出自一些官员之口：

房地产商来我市投资，赚了算他们的，赔了算我们的！

这是全国人大代表、河北省廊坊市市长王爱民发布的招商口号。

中国！！老百姓不缺钱！

这是CCTV某个栏目中，芮成刚和几位专家谈内需时，专家冒出的一句话！

春运铁路一票难求在于票价太低。

这是全国人大代表、北京铁路局常务副局长罗金保的话。

中国不存在“上学难、上学贵”问题。

这是十一届全国人大代表、吉林省副省长陈晓光接受人民网记者采访，就教育不公平、上学难、上学贵以及如何使老百姓满意问题时所发表的见解和看法。

所谓看病难看病贵，我走遍全世界，看病最不难是中国，看病最不贵是中国。

政协委员、广州市卫生局副局长曾其毅如是说。

做鬼也幸福。

这是山东省作协副主席王兆山在汶川地震后以一名地震遇难者的口吻写就的句子。

……

没有最雷，只有更雷，甚至每年“两会”期间，有人专门搜集官员的雷人语录。

人们已从各个角度分析了产生这类现象的原因。有人说这是官员的真情流露，有人说这是权力意志持久的渲染与内化，习惯于俯视民众，所以张口就来，好像不必经过大脑。但我们仍然无法确定的是，雷人的官员占据多大比例，大多数官员是如何说话，怎么表达，他们的话语形象怎么样，除了媒体报道，还有多少雷人语录未出，如何把握其中的真实。

我不否认有官员在与公众的对话、交流和沟通中，能够做到有针对性地答疑释惑。但回避公众疑问，拒绝深入和正面辩论的官员也有不少，更多的情况是会议没有不“隆重”的，领导没有不“重视”的，进展没有不“顺利”的，完成没有不“圆满”的。这样预先设置好的语言，更加凸显官员话语形象所面临的问题。

语言的限制表面上是表达的限制，实则是思维的限制，行动的限制。任何国家，处于思想意识系统中的官员，都受制于自己的语言系统，这种语汇与一般民众的语汇是分离开来的。政治语言系统等于是编制了一个空间，将政治生命限定于其中，官员由此无法像一个普通路人一样想到哪，说到哪，要时时想着规矩。

“不过大脑”的话语，就是口语化、滑头化、市井化，一方面这与权力者一贯的自我定位有关，另一方面也反映官员表达能力的贫乏。这种贫乏是指一个官员局限于特定思想意识系统，往往认识不到自己所掌握的语言系统之外的表达的可能性。发雷人之语的人要么不具备寻找更好表达的能力，要么不屑于去寻找，拒绝商量，拒绝对等，对词语和句子必要的过滤与组织在他们看来没有意义。

现代社会，一个官员发表不合时宜、不妥帖的意见，可以被视为一种不为人信任的品质，无论中国还是其他国家，因说错话而离职的官员都有例可循。就社会运行来讲，出现这样的行为并不可怕，如果合理处置，并不影响公众对行政人员形象的基本评价。但应当引起注意的是，话语精神的高度封闭性、排他性是一种更为普遍的流弊。但当我们谈论的不是一个个例，而是一种现象时，就有必要思考人的大脑这个“黑箱”，这个体现人类高度复杂的心理建构的部分，在官员那里怎么才能具有一种丰富性。

语言锁死在一个循环里，词汇匮乏，风格呆板，对复杂性出乎本能的抗拒，就不是开放和自信的状态。并非所有的国家，因为拥有官员的身份，因为在一个特定系统内，就没有好的语言，没有好的表达。

在公共部门和领导场上，集体范式的“共用语言”是必不可少的，官员说话要有规矩，笔者甚至认为也可以平淡无奇。但话语不仅是生存本质上的工具，更是一种公共形象，一种为政资格，平淡是可以接受的一般状态，蛮横和不经过大脑的不当表达甚至也可以被平淡所包容。但从外部例证中，我们还是可以见到个体灵性、体悟和思辨在官员身上出现，即使在那些我们认为比较晦暗的时代和地方，也还有官员以合适的限度让自己的话语形象不那么死板，不那么锈迹斑斑。

语不惊人誓不休

媒体报道，尽管贪官语录一直被人关注，但是，贪官们似乎并没有意识到人们对其的关注。因而，依然屡屡出现贪官“语不惊人誓不休”的现象。

笔者总结一下贪官们“发表”的语录，希望能够起到一定的警示作用。

其一，“面子型”。原中铁信息工程集团有限公司审计部部长李昌波认为，他收钱不是受贿，而是“我这人脸皮薄，人家一再坚持给，我就不好意思推辞”。“脸皮薄”受贿 18 万元，如果脸皮厚一点，会受贿多少呢？真是好一个不要脸的面子型贪官！

其二，“无可奈何型”。原重庆市第三人民医院院长刘松涛，是一个财色双贪的无耻贪官。然而，刘对自己贪色这样解释道：“我是有情人”，“有很多女人喜欢自己，我也没办法”。难道刘松涛是因为有情，很多女人喜欢他吗？其实，刘之所以有“女人缘”，除了刘能言善辩、喜好这一口外，更重要的还是手中的权力与地位。

其三，“表白型”。安徽省淮南市人防办公室党组原书记、主任陈万华被调查时一边表白自己“干干净净做事，清清白白做人”，一边对举报人打压，同时还不忘继续收受贿赂，甚至被“双规”的前三天，还利用休息时间在办公室里加班“点钞”。他还有神奇之处：在等待终审判决期间，将监狱的教导员拉下水了。贪官边表白，边腐败，真是无可救药。

其四，“糊涂型”。江西省大余县下垄钨业有限公司原总经理冯阳，事后这样反问自己：“我要那么多钱干什么？”贪官如此问，你信吗？不信。因为，贪官并非不知道贪那么多钱用来干什么，而是遏制不了心中的贪欲。此时这样问，显然是装糊涂。

其五，“委屈型”。安徽省黄山市政协原副主席吴洪明在法庭上“叫屈”，“在具体的工作中，很多事情是约定俗成的，只要考虑到对大局有利，对长远发展有利，让局部作些牺牲，都是允许的。”更令人叫绝的是，他声称收钱“是为了上下级之间搞好关系”。滥用职权、违规审批，竟然是“约定俗成”的，还有没有原则和法纪？真是一派胡言。收钱才能搞好上下级关系？真是混账之极！

其六，“受害型”。重庆市渝中区环卫二所原所长范方华原本想捞一把，收受贿赂近30万元。然而，令范没想到的是，竟然被行贿人“算计”，最终不仅退回贿金，而且还倒贴40万元“封口费”。因而，当范某被指控收贿时，范叫“委屈”说，“我也是受害者啊！”范因此被人戏称为“史上最倒霉贪官”。收受贿赂，究竟是谁害谁，再清楚不过了。然而，贪官竟然以“受害者”自称。真是早知如此，何必当初？

其七，“比清廉型”。浙江省开化县委原书记王金良落马后，有一句让人震惊的台词：“收了钱，还觉得自己比别人清廉。”贪官够无耻的，腐败了还要比“清廉”，有这种比法吗？真是“前无古人，后无来者”的贪官。

其八，“口是心非型”。“我是党一手提拔起来的干部，不可能去干违法犯罪的事情。我一心为公，绝没有半点私心和私利。”重庆市涪陵区农机局原局长罗姝俐讲这话时信誓旦旦。但检察机关查明，她在任职期间曾大肆贪污、受贿、挪用公款。“口是心非”的自说岂能瞒过检察官？

其九，“法盲型”。四川省乐山市市中区水利局原局长曹桂芳在接受改造中忏悔说，“直到以涉嫌贪污罪被逮捕，我才知道贪污是重罪。”作为一个领导干部难道真的不知道贪污是重罪？笑话！

其十，“安全型”。陕西省高速集团原董事长陈双全，受贿优先考虑国有企业，因为国企“比较安全”。贪官的“安全观”警醒人啊！

（选自《杂文选刊》第二届幽默杂文大奖赛参赛作品）

贪官的语言艺术

网上流传着重庆北碚原区委书记雷政富的一段反腐语录："领导干部要牢固树立正确的权力观、地位观和利益观，从政先修德，做官先做人，律人先律己，时时处处自重自省、自警自励，慎行慎独、慎始慎终，认真算好利益账、法纪账、良心账，自觉筑牢拒腐防变的道德防线。"这是一段多么富有正气的语言啊！

这段话让我想起来十多年前我写的一篇小文章《贪官的语言艺术》，这篇小文章已经在一本杂志上发表过，今天重新翻出来学习一下，发现时代变了，"官性"没变。以下是原文，文中有的金钱数量今天看来不是大数据，但是十几年前那也不是小数据。

贪官其实一个个都是语言学家，尤其是出色的演说家，他们能将语言的艺术发挥到极致，以至能够使用各种美丽的甜言、直言、趣言、格言、断言、誓言、狂言、宣言，甚至谎言、污言来欺世盗名、沽名钓誉、蒙蔽群众。鄙人在此将部分贪官的"金玉良言"、"铮铮誓言"献诸读者，与诸君共同品味享受其高超的语言艺术。

其一，装腔作势式。"喂，保安吗？把这个行贿的人给我赶出去！"这是原四川省交通厅厅长刘中山当场赶走重金行贿者的一句名言。他的这一句话得到了交通厅上下官员的啧啧称赞。可他出事后，大家都傻了眼。检察机关搜查刘府不仅有一辆价值 140 万元的"奔驰"，而且财产总额已超过 1300 万元。

"反腐倡廉是摆在我们面前的一项长期的任务，要坚决惩治腐败现象，严厉查处贪污受贿、弄权渎职、敲诈勒索、以权谋私等不法行为。"这是原安徽省阜阳市市长肖作新在当选市长时答记者问时所作的慷慨陈词。可就在当天晚上，他就"笑纳"了祝贺他"荣升"的 40 多个红包，近 100 万元。

东窗事发后，他作了心灵的告白："当官不发财，请我也不来；当官不收钱，退休没本钱。"

前一个是请保安把行贿人"赶"出去，后一个是"坚决惩治"、"严厉查处"，其用词不可谓不精确，其态度不可谓不严厉，其力度不可谓不透纸背，于是一个正直清廉人民"公仆"的形象很快就树立起来了。

其二，约法三章式。"现在是兰钢的困难时期，组织上让我来是和大家同甘共苦的，不是来享受的。为此我约法三章：第一，不用兰钢的钱为自己买小车；第二，不用兰钢的钱为自己买房子；第三，不乱花兰钢的一分钱！"这是原兰州钢铁公司总经理张斌昌的一次演讲。张总说得好听，也做得好看。上班骑自行车，吃饭进职工食堂。所以当他贪污几百万元的尾巴被揪出来之后，《南方周末》用了这样一个题目："一条深藏不露的蛀虫"。其"约法三章"之严明，陈词之慷慨，不能不令兰钢人信服。真是鹰立如睡，虎行似病，正是它取人嗜人之手段。

其三，赌咒发誓式。"我若贪污一分钱，请开除我的党籍；我若受贿一分钱，就将我枪毙，并可一直枪毙到我的孙子。"这是福建省上杭县女副县长罗凤群的名言。事后查明，罗凤群共受贿人民币 20 多万元。看到这儿，让人不得不想起一首情诗："上邪，我欲与君相知，长命无绝衰——"如果说恋爱中的男女双方是非常纯情的话，那么我们的这位女副县长则非常矫情了。谁都知道，孙子是奶奶最疼爱的，既然连孙子都舍得奉献出来，那毫无疑问，她一定是经得起检查，绝对清正廉洁，毫无自私自利之心的共产党的好干部。罗副县长大概一定也是个法盲县长。

其四，王婆卖瓜式。"请大家放心，我是经得起调查的。我从不收别人的钱，并已上交了九万多元。我想他们肯定会查出一个廉洁奉公的好干部来。"这是原江苏省邳州市委书记邢党婴的名言。事后，判决书写着：先后收受贿赂 35 起 31 万多元，其中不包括上交的 9 万多元。邢书记用词精确，逻辑严谨，无空子可钻。诸如："放心"、"经得起调查"、"从来不收别人的钱"、"廉洁奉公的好干部"。真不知后来的 30 多万元从何而来，也不知在他的眼里什么样的干部是不廉洁的干部。在他的眼里，不知"廉耻"为何物？

"实话实说，我没有做过任何对不起人民的事"。这是原河南省荥阳市财政局长薛五辰的名言。事后查出其有住房九套，面积1300平方米，另有存折200多张，存款共计800多万元。在他看来，他的所作所为还算是没有做对不起人民的事。如果说真的做了对不起人民的事，那还真不知是什么？

“王婆卖瓜，自卖自夸”，也许当年王婆的瓜确实是好。然而，这两位自诩为好干部的人民“公仆”，纯粹是信口雌黄，颠倒黑白，足见其脸皮有多厚，心肠有多黑。

其五，诙谐幽默式。“好人坏人看面相也能看出来，你们看我的面相，像个坏人么?”这是原湖北省副省长孟庆平的名言。鄙人在武汉工作的时候有幸亲耳聆听过他的报告，亲眼目睹过他的风采。他的面像可谓“慈善”，亦可谓“憨厚”。按其逻辑，陈希同、徐炳松、李大强、王宝森、金鉴培，一个比一个长得有轮廓，用青年人的话说就是“酷毙了”、“帅呆了”。可是最后又怎么样呢?

要说最帅的大概要数老大一把年纪还割双眼皮的成克杰，俗话说：“咬人的狗不叫”、“毒蛇口里吐莲花”。“想到广西还有700万人没有脱贫，我这个当主席的觉也睡不好。”这是成克杰的名言。初闻此言，不能不为之动容动情，其拳拳“赤子”心、殷殷“公仆”情，溢于言表。可后来我们才发现成主席之所以“睡不好觉”，是因为佳人不在，“翡翠会寒谁与共?”之所以“睡不好觉”，是因为担心4000万元钱，“钱、钱、钱，命相连”。左手攮金钱，右手揽美女，兴奋尚且来不及，何谈睡觉?寤寐求之，求之不得，辗转反侧，可以理解。

其六，假充斯文式。“淡泊明志，宁静志远”，这是原江西省副省长胡长清手书的格言，装裱悬挂于套房内会客室，用于自勉。如果胡副省长稍许在权钱色方面宁静一点儿，在名利方面淡泊一点儿，也不至于累及其年近90岁的岳父气极而亡，他90多岁的老母终日泪长流（当时他的母亲尚不知胡已经走上不归路)。山东省泰安市原市委书记胡建学曾妙借“钱”的结构以说文解字的方式教育他的部下：“何为钱?这个‘钱’左边代表一个金库，右边两个‘戈’字代表两个卫士在持枪看守，所以绝不可伸手，伸手必然被捉。”胡书记对“钱”的解释不可谓不形象，可是恰恰这个胡建学，偏偏要向金库伸手，而恰恰又被持“戈”卫士所捉。应了陈毅的一首小诗：“手莫伸，伸手必被捉，党和人民在监督，众目睽睽难逃脱。”

其七，明火执仗式。“你们不要为难她（指情人张绮），她是我的人。”“她不仅有色，而且有财、有味。”这是原湛江海关关长曹秀康的名言。曹秀康高居湛江关长高位，有谁敢为难其情人呢？一句“她是我的”，其威慑力超过一百个红头文件；一个女人，“有色、有财、有味”。这一下子勾走了曹秀康的三魂七魄，堂堂一关之长，很快成为石榴裙下的一条狗。曹关长还在抱怨：不怪我关长太恋妹，只怪她小姐太有味。

“他还想不想当局长，敢不听老子的。”这是原湖北省政府秘书长（时任荆门市市委书记）焦俊贤的名言。当焦俊贤纵容下属为其做三陪的情妇伪造各种材料遭到正直官员阻挡时，我们的焦俊贤此时既不俊又不贤，而是心焦如焚，暴跳如雷。这么一句振聋发聩的话，让一个来自农村并且初中尚未毕业的坐台小姐一夜之间跃居为很多人一辈子都难以企及的大学本科毕业生、中共党员、荆门市掇刀开发区宣传部长了。“敢不听老子的”，南霸天、彭霸天、焦霸天的形象昭然若揭。

孔子当年曾说：“吾以言取人，失之宰予；以貌取人，失之子羽。”看来以言取人，以貌取人都失偏颇。但是，贪官的语言艺术又是高超的，让人不能不为其娴熟的表达能力、严密的逻辑能力，雄辩的思维能力动心。但反观其私下的交易及所犯的罪行，又迫使我们学会正面话反面听，正面文章反面做，看到阳光想到阴影。因为我们很多人心里想的，嘴上说的和实际做的往往是大相径庭。我们可以看看那些自称“我从来不占公家便宜”的人是怎样偷偷地把公款划入自己的存折，我们也可以看看那些力主整饬风化的人是怎样的眠花宿柳。正像一首歌所指出的那样，“每一个发现都出乎意料”。

（原载《阅读与写作》2001 年第 3 期）

后 记

在教学过程中，我总在思考这样一个问题：为什么同样是大学老师，易中天、于丹、王立群、金正昆等可以成为中央电视台《百家讲坛》最受欢迎的主讲人；同样是中学老师，纪连海、袁腾飞就曾经成为《百家讲坛》的常客；同样是校领导，为什么华中科技大学校长李培根院士一个毕业致辞使全场七千多名学子潸然泪下并迅速红遍网络，浙江大学原党委副书记现贵州大学校长郑强教授的一个不到两个小时的演讲获得高达一百二十多次的掌声；同样是老板，为什么新东方掌门人俞敏洪的团队在大学生中具有极高的人气，阿里巴巴马云的演讲总是别出心裁；为什么同样是从事小品艺术的人只有赵本山雄踞央视春晚二十载；为什么同样是主持人，年纪轻轻的女孩子柴静居然可以成为央视的一块牌子……想来想去，无非就是一个言语表达的问题。

有一位教徒问神父："我可以在祈祷的时候抽烟吗？"他的请求遭到了神父的严厉斥责。而另一位教徒也去问神父："我可以在吸烟时祈祷吗？"后一个教徒的请求得到了允许。

同样一个意思，由于表达方式的不同，产生了截然不同的效果。后一个教徒的请求能够成功就是源于他良好的口才，因为他让神父感到了喜悦——多么虔诚的教徒啊！

其实，我们生活中一刻也不能离开良好的言语表达，良好的表达往往可以化腐朽为神奇。因为，上下级之间的沟通需要表达，同事之间的沟通需要表达，师生之间的沟通需要表达，医患之间的沟通需要表达，夫妻之间的沟通需要表达，婆媳之间的沟通需要表达……良好的言语表达使人际关系和谐，使社会关系和谐。没有良好的表达造成沟通不畅，小则造成人际关系的失和，大则造成国家之间的隔阂甚至战争。

实际上，美国早在20世纪40年代就把“口才、金钱和原子弹”看作是在世界上生存和发展的三大法宝；而20世纪60年代后又把“口才、金钱和电脑”看成是最有力的三大法宝。“口才”一直雄居三大法宝之首，“口才”就是言语的表达才能。

本书所收录的人物都是笔者自认为他们在某一领域有一定影响或者知名度较高的人，当然还有很多成就更大知名度更高的人物，只是由于篇幅有限，或者笔者与他们接触不多或者了解不多，便没有收录。笔者以为，这些人物的成功主要源于他们目标远大、勤奋刻苦、努力钻研、深厚积累和抓住机遇，但是与其杰出的沟通能力或表达能力也是分不开的。有时候人们辛辛苦苦做了很多工作，甚至做出惊天地泣鬼神的宏绩伟业，但是如果不善于表达（无论是口头表达还是书面表达），不善于沟通，那么他们的所作所为的社会影响或效果甚至对后来人的影响或效果就会小得多。

本书的版块基本上是按照这样分类的。第一章主要是教育领域的人物，既有高校教师如易中天、于丹、王立群等，也有中学教师如魏书生、纪连海、袁腾飞等；第二章主要是企业家，这些企业家有的是当年的风云人物，有的现在仍旧红红火火，有的可能逐渐淡出历史舞台了，但是他们也曾经独领风骚三五年，他们的表达能力也了得；第三章主要是知名度较高的艺术家，这些艺术家曾经或者正在给我们的生活带来很多快乐，他们的言语表达很有趣味很有艺术；第四章主要是央视的名嘴名主持人，这些名嘴都具有很大的影响力，而且也都很年轻，在广大观众尤其是青少年中的影响不可小视。当然有个别名嘴因为各种原因离开了央视，但是当时他们的主持艺术也给全国观众留下了深刻的印象；第五章主要选择了三个有点特别的人，他们也是某一领域知名度很高的人物。书中所选人物，有的可能比较特立独行，有的可能存在这样那样的缺点或不足，那都不是我们研究的对象，我们主要是研究他们的言语表达艺术，正所谓“攻其一点，不及其余”。研究并学习这些知名人物的言语表达或沟通艺术，有助于提高我们自己的表达能力或沟通能力，也有助于我们事业的成功。

附录部分是对部分官员的雷人雷语进行的一些简单研究。阅读这样的文字有利于我们今后在进行表达的时候注意避免类似的话语出现，否则容易遭人唾骂。

作者

二〇一四年春